DANS LA TANIÈRE DU LOUP

www.editions-jclattes.fr

TRAUDL JUNGE
Avec la collaboration de Melissa Müller

DANS LA TANIÈRE DU LOUP

Les confessions de la secrétaire de Hitler

Traduit de l'allemand
par Janine Bourlois

JC Lattès
17, rue Jacob 75006 Paris

Titre de l'édition originale :

BIS ZUR LETZTEN STUNDE
Hitlers Sekretärin erzählt ihr Leben
publiée par Claassen Verlag, du groupe Econ Ullstein List Verlag
GmbH & Co. KG, München.

Note de l'éditeur

Les écrits de Traudl Junge, datant des années 1947-1948, restituent des souvenirs subjectifs et sont publiés ici dans la version originale. En collaboration avec Mme Junge, le texte a simplement été légèrement modifié, là où il montrait les faiblesses propres à un manuscrit (orthographe non uniformisée, erreurs dans l'écriture des noms, mots manquants, etc.).

Les rares suppressions, insignifiantes pour le contenu, sont indiquées par des crochets.

Traudl Junge est décédée le 15 janvier 2002.

« Nous ne pouvons pas corriger notre biographie *a posteriori*, il nous faut vivre avec elle. Mais nous pouvons nous corriger nous-mêmes. »

Reiner Kunze, *Am Sonnenhang. Tagebuch eines Jahres* (1993).

Préface

de Traudl Junge

Ce livre n'est pas une justification tardive. Ni une auto-accusation. Je ne veux pas non plus qu'il soit compris comme une confession. Il s'agit plutôt d'une tentative pour me réconcilier, non pas avec mon entourage, mais avec moi-même.

Pendant deux ans et demi, j'ai été la secrétaire de Hitler. En dehors de cela, jusqu'à présent, il n'y a rien eu de sensationnel dans ma vie. En 1947-1948, j'ai couché sur le papier les souvenirs encore très vifs de ma vie à proximité immédiate d'Adolf Hitler. C'était à une époque où « nous tous », les Allemands, regardions vers l'avant et où – avec un succès étonnant du reste – nous minimisions et refoulions ce que nous avions vécu. Je me mis alors à l'ouvrage en toute candeur, et je voulus fixer les événements et les épisodes les plus importants de cette époque, avant que des détails susceptibles d'être plus tard intéressants ne pâlissent ou ne tombent complètement dans l'oubli.

Quand je relus mon manuscrit avec un recul de plusieurs années, je fus effrayée, et remplie de honte par le manque de critique et de distance avec lequel je m'étais mise alors à l'ouvrage. Comment pouvais-je avoir été si naïve et insouciante ? Mais ce n'est qu'une des raisons pour lesquelles je redoutais jusqu'à présent de faire publier le manuscrit dans mon pays. Une autre raison est que, face au flux de littérature sur Adolf Hitler et son « Reich de mille ans », mon destin et mes observations ne me semblaient pas suffisamment marquants. De plus, je m'inquiétais de la soif de sensation, et des applaudissements de mauvaise part.

Je n'ai jamais caché mon passé mais, dans les années d'après-guerre, mon environnement m'a beaucoup aidée à le refouler : j'aurais été trop jeune et trop inexpérimentée pour percer à jour mon patron, dont la façade honnête dissimulait un homme au désir de puissance meurtrier. La commission de dénazification, qui me disculpa en tant que « jeune suiveur », n'était pas la seule à agir de la sorte. C'était aussi l'avis de toutes les personnes que je connaissais avec qui je parlais de mon expérience, non seulement celles qui étaient elles-mêmes soupçonnées de complicité, mais aussi celles qui avaient été persécutées par le régime. Je n'ai que trop volontiers admis cette disculpation. Après tout, je venais juste de fêter mon vingt-cinquième anniversaire quand l'Allemagne nationale-socialiste s'effondra et je ne désirais qu' une chose : vivre.

C'est seulement au milieu des années soixante que j'ai commencé petit à petit à réfléchir sérieusement à mon passé et à mes sentiments croissants de culpabilité. Au cours des trente-cinq dernières années, je devenais de plus en plus tourmentée, cherchant sans fin à me comprendre moi-même et à comprendre mes motivations de l'époque. J'ai appris à l'accepter : en 1942, je n'avais que vingt-deux ans et j'étais aventureuse, fascinée par Hitler, qui était un patron agréable et un ami paternel. J'ignorais alors volontairement la voix qui m'avertissait et que je percevais parfaitement. Je prenais même plaisir au temps passé près de lui presque jusqu'à la fin cruelle. Après les révélations sur les crimes de cet homme, je vivrai jusqu'à ma dernière heure avec le sentiment d'avoir été complice.

Il y a deux ans, j'ai fait la connaissance de l'écrivain Melissa Müller. Elle vint me voir pour me poser, en tant que témoin de l'époque, quelques questions sur Adolf Hitler et ses préférences artistiques. De cette conversation naquirent beaucoup d'autres entretiens concernant ma vie et l'effet à long terme qu'avait eu sur moi ma rencontre avec Hitler. Melissa Müller appartient à la deuxième génération d'après-guerre, son regard est marqué de ce qu'elle sait sur les crimes du Troisième Reich. Mais elle ne fait pas partie de ceux qui, après coup, savent tout mieux que les autres. Pour elle, ce n'est pas aussi simple. Elle écoute ce que nous, témoins de l'époque qui étions autrefois sous le charme du Führer, avons à raconter, et elle essaie d'aller jusqu'aux racines de ce qui s'est passé. « Nous ne pouvons pas corriger notre biographie *a posteriori*, mais nous devons vivre avec elle. Cependant, nous pouvons nous corriger nous-mêmes. » Cette citation de Reiner Kunze, extraite de son *Tagebuch eines Jahres* (« Journal d'une année »), est devenue un principe important dans ma vie. « Mais l'on ne s'attend pas toujours à la génuflexion publique », est-il dit plus loin. « Il existe une honte muette plus parlante que tout discours – et parfois plus sincère. » Melissa Müller réussit finalement à me convaincre de publier quand même mon manuscrit. Si je parviens, pensai-je, à *lui* faire comprendre combien il était facile de succomber à la fascination de Hitler et combien il est difficile de vivre en sachant que l'on a servi un criminel de masse, cela devrait aussi pouvoir le faire comprendre aux lecteurs. C'est en tout cas ce que j'espère.

L'an dernier, Melissa Müller m'a fait rencontrer André Heller, qui est pour moi non seulement un artiste extrêmement intéressant, mais aussi un homme très engagé d'une morale politique inébranlable. Des conversations intenses avec lui furent une autre impulsion, infiniment précieuse, pour réfléchir sur Traudl Humps, la jeune fille avec laquelle je fus si longtemps sur le pied de guerre. Une partie importante de nos entretiens se déroula devant la caméra. André Heller et Otthmar Schmiderer montèrent à partir des prises de vue le film documentaire *Im toten Winkel* (« Dans l'angle mort »).

Dans le présent livre, c'est tantôt la jeune et tantôt la vieille Junge[1] qui parle. La jeune Junge, même de façon posthume, s'est laissé convaincre de publier ses premiers écrits par l'intérêt toujours croissant de « connaître de l'intérieur » le régime nazi et espère pouvoir, avec son texte, fournir des éclaircissements. La vieille Junge ne veut certes pas se faire un apôtre de la morale, mais espère tout de même transmettre quelques idées moins banales qu'elles peuvent le paraître au premier abord : les belles façades sont souvent trompeuses, cela vaut toujours la peine de jeter un coup d'œil derrière. L'homme doit écouter la voix de sa conscience. Il ne faut guère autant de courage qu'il paraît pour avouer des fautes et apprendre d'elles. L'homme est au monde pour se transformer en apprenant.

Traudl Junge
Janvier 2002

1. Junge : « jeune ». *(N.d.T.)*

Introduction

Une enfance et une jeunesse en Allemagne

par Melissa Müller

Munich, 1947. La « capitale du mouvement » est devenue une ville en ruines. Les gens sont épuisés de faim et de froid, en même temps, ils sont au commencement de quelque chose. Une misère déplorable et une joie de vivre excessive coexistent. Traudl Junge a vingt-sept ans, c'est une femme gaie, qui a soif de vivre. Elle est considérée comme « disculpée », d'abord en raison de son âge, la commission de dénazification le lui a certifié. Elle travaille comme secrétaire, change souvent de place. On vit au jour le jour. Traudl Junge passe pour être de bonne volonté, un certificat de travail de l'époque souligne « son esprit vif, son bon style épistolaire et ses performances en dactylographie et sténographie bien au-dessus de la moyenne ». Le soir, elle est une habituée des cabarets et des spectacles de chansonniers, qui poussent en ville comme des champignons. L'argent et les vivres sont rares, les cigarettes aussi. Amis et voisins se soutiennent et partagent ce qu'ils ont. Traudl Junge a la vie devant elle et aussi – elle l'espère – le très grand amour et le très grand bonheur. Elle n'a pas de visions concrètes de l'avenir, mais elle y croit.

Seconde version de l'Histoire : Munich, 1947. La « capitale du mouvement » est devenue une ville en ruines. Traudl Junge a vingt-sept ans et elle est veuve depuis trois ans. Son dernier employeur, le « plus agréable que j'avais eu jusqu'alors », est mort, beaucoup de ses collègues les plus proches des jours de guerre sont portés disparus. Elle ne sait pas s'ils ont été déportés dans des camps russes ou s'ils se sont suicidés. Elle-même a été détenue par les Russes pendant plusieurs mois, a survécu à une pénible diphtérie et à une fuite aventureuse de Berlin pour Munich. Elle est revenue avec des sentiments mitigés, dans la crainte d'être mise au pilori ou d'être évitée. Elle ne cache pas qu'elle a été, pendant deux ans et demi, secrétaire privée de Hitler et constate avec soulagement combien l'on s'intéresse peu à son passé. Même sa mère ne veut pas en savoir davantage. Elle entend certes souvent la question *« Dis, Hitler est-il vraiment mort ? »*, mais les détails ne semblent intéresser personne, toute tentative d'explication ou de justification encore moins. On lui ôte ses auto-reproches diffus d'avoir servi l'auteur d'un génocide et d'être ainsi complice de son crime. *Mais tu étais encore si jeune...* En 1947, l'oubli a commencé depuis longtemps ; une auto-protection pour les coupables, les suiveurs et les victimes pareillement.

Une actrice principale, deux scénarios – les deux concordent.

Pendant les premières années d'après-guerre, la vie de Traudl Junge est divisée. D'un côté, les souvenirs accablants de la période insouciante passée dans l'entourage d'Adolf Hitler et de sa fin dramatique, avec lesquels elle reste seule. De l'autre côté, le quotidien des ruines, avec ses soucis et ses joies immédiats, qu'elle peut partager avec d'autres : amis, relations, mère et sœur.

Traudl Junge parvient rapidement, et même, dans son souvenir, aussitôt après l'effondrement du Troisième Reich, à se libérer de la force d'attraction de Hitler. Cela tient peut-être au fait qu'elle admirait, certes, cette facette, comme elle dit, charmante, amicale et paternelle de sa personnalité, qu'elle connut de près pendant deux ans et demi, mais qu'elle a toujours fait preuve d'indifférence à l'égard du national-socialisme et ne s'est pas préoccupée de ses constructions idéologiques, ni de sa barbarie. Son passé est un mélange non digéré de bons souvenirs personnels et de découvertes terrifiantes qu'elle fait petit à petit et de façon fragmentaire après la guerre, mais qu'elle n'abordera que beaucoup plus tard. Traudl Junge est arrivée par hasard dans l'environnement de Hitler, et son discernement – ce qui n'est guère concevable d'un point de vue actuel, pour elle non plus – était extrêmement restreint. Elle se trouva prise dans le courant de l'influence de Hitler, se sentit flattée, et ce qui ne la concernait pas personnellement ne l'atteignait pas. Naïveté ? Ignorance ? Vanité ? Facile bonne foi ? Suivisme inculqué ? Docilité fautive ? En 1947, elle ne se posait pas ces questions. Elle a survécu, elle commence alors – avec la force de la jeunesse, précise-t-elle – à vivre en passant littéralement par-dessus son passé. C'est seulement dans les années soixante que les questions vont commencer à la tourmenter. Des tourments qui persistent jusqu'à aujourd'hui.

En 1947, Traudl Junge fait la connaissance, par l'intermédiaire de son ancien ami Heinz Bald, du protecteur de celui-ci, un entrepreneur aisé. Il est fasciné par son passé et l'incite à écrire ses souvenirs sur la période vécue avec le Führer. Son ancienne épouse – juive d'origine allemande, elle vit aux États-Unis depuis le divorce qu'il a obtenu dans les années trente, mais elle est en bonne relation avec lui – proposerait le texte à un quotidien américain. L'idée plaît à Traudl Junge, et elle se met bientôt au travail. Elle-même, dit-elle *a posteriori*, avait également besoin de fixer une période aussi décisive avant que les souvenirs ne pâlissent. Les spéculations effrénées sur la mort de Hitler, auxquelles elle est couramment confrontée, sont une autre motivation. Au cas où elle devrait à nouveau être interrogée, elle pourrait alors renvoyer à son texte.

Elle tape environ cent soixante-dix pages de manuscrit dans les mois qui suivent, pendant les soirées libres et les week-ends. Elle prend plaisir à l'écriture. Finalement, le texte n'est pourtant pas publié, parce que « les lecteurs ne s'intéresseraient pas à ce genre d'histoires », comme on le dit en 1949. Traudl Junge vit toutefois ce travail d'écriture comme une sorte de catharsis. Il y a à vrai dire peu de moments de réflexion sur ce qu'elle a vécu, mais elle ne cache rien non plus, n'essaie pas de se justifier. Elle archive simplement les événements, les épisodes, les impressions subjectives, et tire ensuite un trait provisoire sous cette partie de son passé ; et ses notes restent longtemps ignorées.

Effectivement, les rapports de Traudl Junge avec Adolf Hitler – c'est ainsi que se lit en tout cas son manuscrit – sont encore indécis dans ces premières années d'après-guerre. C'est pour cette raison que son texte doit parfois choquer le lecteur d'aujourd'hui.

Quand elle-même le relit des décennies plus tard, le manque de distance et la naïveté qu'il traduit dans de longs passages la bouleversent et la couvrent de honte. Il est banal, et revêt parfois des accents d'une impertinence inexcusable, dit-elle. Elle n'arrive pas à percevoir sa valeur pour l'histoire contemporaine, son côté direct et authentique l'irrite à présent. Elle ne voit pas que ses descriptions apparemment anodines du quotidien bonhomme de Hitler dans la Tanière du loup ou sur le Berghof sont un document important à l'appui de la thèse souvent citée de Hannah Arendt sur « la banalité du mal ». Qu'elle puisse ainsi offrir un aperçu éclairant à ceux qui schématisent Hitler et ses soutiens proches en monstres sans traits humains est une mince consolation. Pour elle, c'est avant tout le témoignage d'une période vécue de manière irréfléchie, une sorte de liquidation de sa jeunesse passée avec ingénuité dans un environnement qui était loin d'être innocent.

Gertraud Humps, nommée Traudl, vient au monde le 16 mars 1920 à Munich. Un mois avant son anniversaire, le 24 février, dans le cadre du premier grand rassemblement populaire du NSDAP dans la Hofbräuhaus de Munich, Adolf Hitler et Anton Drexler, fondateur du Parti ouvrier allemand (Deutsche Arbeiter Partei, DAP), proclament le programme xénophobe de leur parti. Si cela mérite d'être mentionné, c'est que la manifestation s'adresse « Au peuple miséreux ! ».

En effet, la situation sociale d'une large part de la population est misérable et provoque discorde et protestation politique. Rien qu'entre décembre 1918 et la mi-février 1919, le nombre de chômeurs de la ville passe de huit mille à près de quarante mille, il y a pénurie de logements, de nourriture et de matériel de chauffage.

Le père de Traudl, Max Humps, né en 1893, est maître brasseur et lieutenant de réserve. Il est considéré comme un « charmant évaporé » et « pas forcément fait pour le mariage ». La mère, Hildegard, née Zottmann, a trois ans de moins, elle est fille de général et c'est pour elle une mésalliance. Le jeune couple emménage dans un petit appartement mansardé à Schwabing. Cependant, aussitôt après la naissance de Traudl, le natif de Regen, en Basse-Bavière, perd son emploi à la Löwenbrauerei, les difficultés économiques rendent prématurément problématiques les différences considérables de caractères des époux. Hildegard est une femme à l'esprit lent, mais très attachée aux sentiments, avec une image rigide du monde et un code moral strict. Max est un opportuniste, il prend la vie à la légère et avec beaucoup d'humour, ce qui fait que, s'il est difficile de lui en vouloir, il est impossible de compter sur lui.

Max Humps, sans orientation, qui préfère de toute façon son cercle de camarades et de soi-disant amis sportifs à la prétendue idylle familiale, se rallie – comme beaucoup de chômeurs à cette époque – au « Corps franc Oberland », l'une de ces formations politiques d'extrême droite dans lesquelles se rassemblent des courants antirépublicains, nationalistes et antisémites. Une formation armée rigoureusement organisée – germano-nationale et populiste – avec de nombreux membres originaires de l'Oberland bavarois, qui fut créée en avril 1919 pour contrer la république des soviets de Munich. Elle recherche activement des membres et trouve une grosse clientèle parmi les hommes profondément décontenancés de cette époque. La défaite militaire et les tiraillements suscités par le traité de Versailles, l'émancipation des femmes favorisée par la guerre et leur droit de vote nouvellement acquis, la misère économique, c'est tout cela que veulent compenser les groupes d'hommes en uniformes qui font ostensiblement étalage de leurs armes et décorations. La Bavière est le pôle d'attraction des formations de droite, car le nouveau gouvernement bavarois, qui marque une tendance vers la droite, tolère largement ces groupements.

Après la marche sur Munich, en mai 1919, destinée à renverser la république des soviets, le corps franc lutte en avril 1920 contre des soulèvements communistes dans le territoire de la Ruhr et, de mai à août 1921, contre la Pologne dans la guerre de frontière de Haute-Silésie. Max Humps participe à la violente prise d'assaut de l'Annaberg, grâce à laquelle le corps franc acquiert une grande considération dans les milieux conservateurs. Son beau-père subvient aux besoins de son épouse et de sa fille, lui-même est rarement présent. Quand les Alliés obtiennent en été 1921 la dissolution de toutes les formations armées, des éléments du « Freikorps Oberland » fondent le « Bund Oberland » avec un siège central à Munich. Son règlement soutient un « combat contre l'ennemi intérieur » et se tourne expressément contre la République. Son nouveau président, Friedrich Weber, prépare une étroite collaboration avec le NSDAP. Le 1er mai 1923, des formations armées de l'« Oberland » et de la SA attaquent, sur l'Oberwiesenfeld munichois, des sociaux-démocrates et des communistes en train de manifester. En septembre, le « Bund Oberland » devient membre du « Deutscher Kampfbund » nouvellement créé et mené par Adolf Hitler.

Le « Bund Oberland » participe au putsch de Hitler des 8 et 9 novembre 1923 avec plusieurs compagnies, Max Humps aussi y prend part et, pour son intervention, il est décoré de l'Ordre du sang du NSDAP. Le Bund est ensuite interdit, mais il subsiste sous le nom « Deutscher Schützen- und Wanderbund ».

Max Humps soutient-il le putsch de Hitler par conviction politique ou seulement par manque d'occupation plus judicieuse ? Croit-il vraiment Hitler capable de mettre en œuvre un essor économique ? Cela n'est pas clair. Sa fille le considère en tout cas comme une sorte de lansquenet patriotique qui trouva opportun de suivre la horde de ses camarades, dont faisait aussi partie le chef de la Leibstandarte-SS, Sepp Dietrich, et de lancer des slogans germano-nationaux. Après le putsch raté, il n'est pas appréhendé, il joue un rôle trop secondaire pour cela. Il ne trouve pourtant toujours pas de travail régulier, femme et enfants – la deuxième fille est née un mois après la tentative de putsch, en décembre 1923 – sont dans une véritable détresse, la mère ne sait souvent pas ce qu'elle pourra mettre sur la table le lendemain. En 1925, Humps se replie dans la Turquie de Mustafa Kemal Pacha, le futur Kemal Atatürk. Le pays, qui se rapproche de l'Europe, a besoin des connaissances pratiques du personnel qualifié occidental, Max Humps reprend enfin son métier de maître brasseur. Il laisse la famille à Munich, c'est au plus tard à ce moment que la patience de Hildegard Humps envers son mari est à bout. Elle ne veut plus rien avoir à faire avec lui et, ne voyant pas d'autre possibilité, comme femme au foyer et mère de famille sans revenus, elle regagne avec ses enfants le foyer parental. Quand Max Humps a acquis une certaine réputation en Turquie et qu'il fait plusieurs tentatives pour récupérer sa famille à Smyrne – l'actuelle Izmir –, Hildegard refuse de le suivre. Au lieu de cela, elle demande le divorce.

Traudl a cinq ans quand son père les quitte. Il est vrai qu'il ne jouait pas non plus auparavant le rôle classique du père, c'est-à-dire du protecteur, mais pendant les rares moments où il était présent, elle le considérait comme un camarade affectueux et un compagnon de jeu plein de bonnes idées.

En 1926, elle entre à l'école. Le fait qu'on l'envoie à l'école interconfessionnelle de la Luisenstrasse à Munich a sans doute moins à voir avec l'ouverture d'esprit de la mère qu'avec la proximité de l'appartement des grands-parents dans la Sophienstrasse, près du vieux jardin botanique. Traudl a eu un baptême protestant, mais elle grandit sans attachement à l'Église, elle manque souvent la messe dominicale pour les enfants.

Dans l'appartement de cinq pièces presque luxueux de la Sophienstrasse, le grand-père, Maximilian Zottmann, né en 1852, donne le ton. Traudl le trouve strict et autoritaire, un pédant qui établit son emploi du temps à la minute près, accorde la plus grande valeur à la discipline et à l'ordre et ne plaisante pas beaucoup. Il ne peut pas remplacer le père. « Élève mieux tes gamines », doit s'entend dire la mère régulièrement quand Traudl et Inge rient trop fort de quelques décibels enfantins. Tant que la grand-mère vit, tout se passe bien quand même pour les enfants : Agathe Zottmann a une influence conciliante sur les habitants de la maison. Traudl adore cette native de Leipzig, qui a connu son mari lors d'une cure à Bad Reichenhall. Plus tard, elle décrira sa grand-mère comme une femme extrêmement compréhensive et aimante. Traudl écoute avec enthousiasme les récits qu'elle fait de sa jeunesse à Leipzig, et quand, à l'école, elle doit écrire une rédaction sur le thème « Le voyage de mes rêves », à la différence de ses camarades qui rêvent d'Hawaï et de l'Himalaya, elle choisit naturellement Leipzig.

Agathe meurt en 1928, cette perte atteint durement Traudl, alors âgée de huit ans. Par la suite, le grand-père se révèle être plus que jamais un tyran domestique, et avare. Il se plaît en célibataire tardif et « sugar-daddy » de la jeune danseuse Thea, et fait savoir à chaque occasion à sa fille, qui tient son ménage, qu'elle et ses enfants vivent à ses crochets. En 1930, quand Traudl entre au lycée de jeunes filles Luisen, la mère demande une réduction des frais de scolarité car, avec l'argent compté pour les dépenses de ménage – 4,50 marks par jour pour quatre mangeurs –, elle ne peut pas assumer l'intégralité de la somme. Les jours d'excursion de l'école, Traudl doit souvent se déclarer malade parce que la mère ne peut pas trouver les 2,70 marks de participation aux frais. Malgré tout, Traudl ne trouve nullement son enfance et son adolescence malheureuses : aussi oppressante que soit la situation pour la mère et les enfants, elle les soude toutes les trois. Hildegard Humps n'est pas une femme particulièrement tendre – on ne peut pas la câliner et l'embrasser –, mais, malgré cette carence, les enfants se sentent aimées et aussi tout à fait comprises. La mère leur apporte la sécurité et son modèle d'éducation correspond aux idéaux de l'époque : vous devez devenir des gens « convenables », ne pas mentir, être serviables, honnêtes et modestes, vous montrer accommodantes et avoir du tact, et ne pas vous mêler des affaires des autres.

Les jeunes filles doivent s'exercer de manière singulière à la vertu du tact quand le frère cadet de la mère fait son entrée dans la famille. Hans est un jeune homme très doué du point de vue artistique, il a terminé ses études d'architecture, mais il souffre de schizophrénie. Son délire de persécution et ses idées loufoques amusent souvent les enfants, mais les importunent parfois. Lorsqu'elles saisissent à quel point la mère doit souffrir des idées et des accusations démentielles de son frère, leur malaise grandit. Au milieu des années trente, comme au moins trois cent soixante mille Allemands qui souffrent de prétendues anomalies génétiques, Hans Zottmann est stérilisé de force. La famille ne s'interroge pas sur l'intervention, mais l'accepte comme un mal nécessaire. Comme père de famille, Hans serait vraiment irresponsable, se dit-on.

Jeune fille, Traudl se réjouit de la vie. Elle aime la nature et les animaux, un chien ou des chats font toujours partie du foyer. Et elle va volontiers à l'école, non qu'elle soit particulièrement avide de culture, mais parce qu'elle se sent bien dans la communauté de la classe et qu'elle se retrouve volontiers avec ses amies. Rétrospectivement, elle se décrit comme un animal grégaire qui n'est pas fait pour la solitude, quelqu'un qui ne se fait pas remarquer par des idées individuelles et originales, mais qui cherche assurance, sécurité et reconnaissance dans la communauté et qui a un besoin prononcé d'harmonie. Ses performances scolaires sont d'une bonne moyenne, ses matières préférées sont le dessin et la gymnastique, l'allemand et l'anglais lui plaisent aussi. Elle est considérée comme une enfant pleine de vivacité, et quand son tempérament exige trop du grand-père ou de la mère, elle envoie le soir une instante prière tout à fait sincère à Dieu : « S'il te plaît, rends-moi gentille. » C'est surtout sa mère qu'elle ne veut pas faire souffrir, car son malheur personnel ne lui échappe pas. Malgré tout, elle ne manque pas d'insouciance. À des réprimandes comme : « Ah, Traudl, si seulement tu n'étais pas aussi turbulente », elle réplique déjà à six ans avec malice : « Et si Dieu voulait que ce soit comme ça ? » Cette phrase passe dans le langage courant de la famille. Les petits moments les plus beaux de sa jeune vie sont les rares sorties au cinéma – l'entrée du cinéma de Bogenhausen coûte 70 pfennigs, Traudl et Inge marchent une bonne heure à pied de Schwabing à Bogenhausen et de même au retour ; ou ce sont les vacances d'été dans les pré-Alpes bavaroises, là où le grand-père a loué sa chasse : elle est située pendant longtemps à Aschau, puis à Seeon et enfin au Ammersee où, à l'âge de quatre-vingts ans, il abat son dernier chevreuil.

À de multiples points de vue, 1933 est une année décisive pour Traudl, alors âgée de treize ans. Tout d'abord, la prise de pouvoir de Hitler est célébrée à l'école comme un grand événement solennel et comprise aussi par Traudl comme signal de la révolution et de l'essor imminents. Les images des hommes misérables, à l'air un peu louche, avec leurs visages sombres, qui traînent en bandes sur la Sendlinger-Tor-Platz, lui font encore peur. Rien que des chômeurs, lui a-t-on expliqué. Cela devrait changer désormais…

De plus, en 1933, Max Humps réapparaît. En tant qu'allié de l'« époque du combat » et porteur de l'ordre du sang, on lui procure un poste dans l'administration du NSDAP. La position qu'il y occupe n'intéresse pas sa fille, car elle n'a plus de relations avec son père depuis longtemps. Elle lui rend visite en 1934 ou 1935 dans son bureau de la Barer Strasse, une seule fois, car la mère ne se montre pas enthousiasmée par ce contact. Dans le bâtiment du numéro 15 se trouvent la « Direction de l'organisation du Reich », la centrale de la « Cellule nationale-socialiste d'organisation de l'exploitation » ainsi que le « Bureau central des victimes de guerre » et le « Bureau central de la santé du peuple ». La direction de la SA réside à cette époque dans les deux hôtels également situés dans la Barer Strasse, *Marienbad* et *Union*.

Max Humps s'efforce de gagner la sympathie de Traudl avec des friandises et des preuves d'affection de même nature, mais elle reste distante et entretient ses préjugés contre son père. En décembre 1932 – en l'absence du père –, le divorce a été prononcé, il n'a pas échappé à Traudl à quel point sa mère souffrait du procès dégradant. Max Humps avait tout d'abord fait preuve de peu de scrupules et d'une imagination surprenante pour rejeter la responsabilité de la séparation sur sa femme. Le général Maximilian Zottmann trouvait cela absolument indéfendable socialement d'avoir pour fille une femme divorcée fautive – selon le droit du mariage en vigueur à l'époque. Elle dut donc accepter un compromis douteux et proposer à son époux de renoncer à sa pension alimentaire s'il prenait tous les torts sur lui. Ainsi resta-t-elle dépendante de la charité du père. Défendue par un avocat juif, elle avait, lors de la confrontation, de plus mauvais atouts que le porteur de l'Ordre du sang qu'était Max. Il était facile de soupçonner que le juge chargé de l'affaire nourrissait des sympathies évidentes ou prenait docilement les devants : depuis la fin de juillet 1932, le NSDAP était, au moins provisoirement, la plus puissante force politique dans le pays.

Le jugement consolide en tout cas la conviction de Hildegard Humps : « ce Hitler » aurait – dès 1923 – détruit son mariage. C'est ce qu'elle exprime fréquemment après la prise de pouvoir et qui irrite la jeune Traudl. Celle-ci considère que l'opinion de sa mère est sans nuance, elle prend la défense du Führer et rêve comme une midinette de lui sauver un jour la vie. La célébrité par l'abnégation. Pendant ces années, elle l'aperçoit une fois en personne, alors qu'il se fait conduire dans sa voiture à la « Maison brune » dans la Brienner Strasse : un sentiment exaltant, même dans son souvenir.

L'adolescente de près de quinze ans formule son impression sur Hitler dans cette simple pensée : le Führer doit être quelque chose de très grand… Elle est fière de l'Allemagne et du peuple allemand, frappée par l'idée sublime de la « communauté du peuple ». Dès que l'hymne allemand retentit, des larmes d'émotion lui montent aux yeux. Elle ne reçoit aucune formation politique, ni à cette époque, ni plus tard, ni à l'école, ni à la maison. Les professeurs du lycée Luisen se tiennent à couvert, Traudl n'a pas à écrire de rédactions propagandistes telles que des enseignants zélés de beaucoup d'écoles en inscrivent à leur programme. On traitait bien sûr des lois de Nuremberg, de notions comme la « question juive » ou l'« hygiène raciale » et la « honte raciale », mais comme des faits établis. Et prises aussi comme tels. Elle intériorise alors, comme une réalité qui fait peur autant qu'elle est irrévocable, que le bolchévisme est le plus grand ennemi du monde civilisé, qu'il menace de ruiner les mœurs et la culture. La littérature nationaliste que promeut le national-socialisme ne l'atteint pas, il y a sur sa table de nuit *Trotzkopf* et *Nesthäkchen*[1], plus tard des nouvelles de Theodor Storm ou le best-seller d'Agnes Günther, *Die Heilige und ihr Narr* (« La Sainte et son Fou »).

À la maison, ni le national-socialisme, ni d'autres questions idéologiques ne font l'objet de discussions. La mère entretient, il est vrai, sa colère personnelle contre Hitler, mais ses mesures politiques ne l'intéressent pas. Sur le bureau du grand-père se trouve un petit portrait du prince régent Luitpold, avec un compliment personnel pour son soixantième anniversaire, daté de 1912, un souvenir des temps anciens. Meilleurs ? Maximilian

1. Héros de livres pour enfants et adolescents.

Zottmann ne s'exprime pas, l'autorité régnante est pour lui celle qui doit être reconnue et, comme pour la plupart des « Allemands ordinaires », le système national-socialiste ne représente pas une réelle menace. Il est abonné au service de prêt de revues et périodiques, le seul magazine qu'il lit est *Der deutsche Jäger* (« Le Chasseur allemand »), les livres ne l'intéressent pas. Les *Münchner Neuesten Nachrichten* arrivent chaque jour à la maison pour que l'on ne manque pas un épisode du feuilleton du moment. Sur le poste à galène, la famille écoute des concerts à la carte, elle est assise le soir autour de la table avec des écouteurs et le livret et prête l'oreille à la représentation de l'opéra transmise en direct par téléphone. Le grand-père se met chaque fois en colère quand un appel pour l'une des jeunes filles gêne la diffusion.

1933 est avant tout une année décisive pour Traudl Junge parce qu'elle découvre sa passion pour la danse. Par sa sœur Inge, elle fait elle aussi la connaissance des deux sœurs Erika et Lore Klopfer, deux jeunes filles de bonne famille, le père avocat chez BMW, l'appartement luxueux de l'Arcisstrasse avec un personnel de maison conforme au rang. La mère Klopfer favorise les relations de ses « enfants un peu gâtées », comme elle dit, avec la solide Inge. Et quand elle les inscrit toutes les deux à l'école de danse pour enfants Lola Fasbender, où elles doivent surtout apprendre le maintien et l'agilité, elle paie aussi un cours pour Inge, dont le talent inhabituel ne peut passer inaperçu. Pendant les cours de danse, Traudl presse le nez contre la porte vitrée pour qu'aucune leçon ne lui échappe. Quand le professeur a pitié d'elle et l'invite à participer, c'est pour elle comme si la porte du paradis s'ouvrait, et elle commence à découvrir la gymnastique rythmique.

C'est seulement en 1936 que Traudl et Inge s'aperçoivent qu'Erika et Lore sont juives, quand toutes les deux émigrent à New York. Cela peut tenir au fait que les amies ne le savaient pas elles-mêmes auparavant. Ses parents lui ont fait un baptême protestant, raconte Erika Stone, née Klopfer, elles entendaient dire par leur mère que la religion était dans le cœur. Celle-ci réagit avec retenue, il est vrai, à l'enthousiasme des enfants « pour le faste et l'apparat de la propagande nationale-socialiste de masse, pour les marches et les chants », mais c'est juste avant le départ qu'elle parle aux jeunes filles, tourmentées par la douleur des adieux, de leurs racines juives et du danger pour les Juifs en Allemagne.

Pendant les trois années d'amitié, il échappe à Traudl que le père Klopfer reçoit l'interdiction d'exercer sa profession, que la famille congédie ses employés de maison et emménage dans un appartement nettement plus petit dans la Tengstrasse. Elle envie pourtant les jeunes filles pour leur voyage aventureux en Amérique… et celles-ci l'envient pour son uniforme du BDM.

Depuis 1935 environ, Traudl fait partie du Bund Deutscher Mädel (Union des jeunes filles allemandes). La mère épargne péniblement de l'argent du ménage pour la « veste d'escalade » brune qui fait partie de l'uniforme, et lorsque Traudl porte enfin l'objet de désir en velours, elle est extrêmement fière. Elle dirige un groupe de six jeunes filles de sa classe – elles se nomment « les six grâces ». Elles font des exercices sur la terrasse du lycée – à droite, marche – et lancent les paroles du « Sieg Heil ». « Sieg », crie Traudl. « Heil », clament en retour ses protégées. Il lui reste sinon peu de choses en mémoire des activités du BDM : seulement des soirées ennuyeuses au foyer, des haies lors de différentes manifestations, la fête d'inauguration de la première cité ouvrière à

Ramersdorf, au cours de laquelle elle et ses camarades exécutent des danses folkloriques, les collectes pour les œuvres de bienfaisance d'hiver, l'excursion à Wolfratshausen avec feu de camp et tentes – et Herta. Celle-ci est sa chef de groupe quand Traudl a seize ou dix-sept ans et elle fréquente déjà l'école de commerce. Elle explique aux jeunes filles ce que le Troisième Reich entend par art et littérature, fait de la musique avec elles et leur montre des sentiers pédestres idylliques. Traudl la prend pour modèle. Une fois, alors qu'elle se trouve seule invitée chez elle, Herta la prend dans ses bras pour lui dire au revoir et l'embrasse sur la bouche. Traudl, dont l'intérêt pour le monde masculin n'est pas encore éveillé, mais qui aspire à la tendresse, est profondément impressionnée par tant de chaleur.

En 1938, elle perd de vue la chef adorée car, pour la première fois, quelque chose de plus intéressant se présente : Traudl entre dans l'organisation « Glaube et Schönheit » (Foi et beauté), une nouvelle institution à l'intérieur du BDM pour les femmes « aryennes » du Reich, âgées de dix-huit à vingt et un ans. « La mission de notre union est de faire de nos jeunes filles des protagonistes de l'idéologie nationale-socialiste. Des jeunes filles qui construisent une harmonie entre le corps, l'âme et l'esprit, qui incarnent par la santé de leur corps et l'équilibre de leur être cette beauté qui manifeste que l'être humain est une création du tout-puissant », ainsi Jutta Rüdiger, dirigeante du BDM à partir de 1937, pose-t-elle les objectifs de l'association. « Nous voulons former des jeunes filles fières afin qu'elles choisissent un jour des combattants pour compagnons. Nous voulons des jeunes filles qui croient sans réserve à l'Allemagne et au Führer et déposent un jour cette foi dans le cœur de leurs enfants ; alors, le national-socialisme et, par là même, l'Allemagne subsisteront à jamais. »

Dans « Glaube und Schönheit », on parle à peine de politique, tout aussi peu que dans la plupart des organisations de jeunesse du Troisième Reich. On y pratique surtout avec grâce la gymnastique et la danse, pour empêcher un « devenir de garçon manqué » ou une « virilisation » en entretenant intentionnellement une « ligne féminine ». En effet, la gymnastique artistique vise aussi à réaliser une fonctionnalisation des jeunes femmes pour répondre aux objectifs du parti et de l'État. Bien sûr, on ne le leur dit pas aussi clairement, et Traudl Junge ne l'entend pour la première fois que des décennies après la guerre. Leur engagement artistique doit éduquer les jeunes filles à une « personnalité liée à la communauté » et les tenir à distance d'une retraite prématurée dans le rôle de mère et d'épouse. Au lieu de cela, elles doivent continuer à s'engager pour « le Führer, le peuple et la patrie ». Finalement, « Glaube und Schönheit » sert aussi à qualifier une partie de la génération féminine pour le commandement, c'est-à-dire pour des fonctions dans le BDM, dans la Ligue des femmes nazies ou dans le Service du travail du Reich.

Traudl n'est pas gênée par les thèmes « conduite et organisation de la vie » ou « formation politico-intellectuelle » qui, selon le règlement, font aussi partie de l'enseignement de « Glaube und Schönheit », elle ne peut pas s'en souvenir aujourd'hui en tout cas. Elle se laisse fasciner par le Troisième Reich à travers ses grandes manifestations culturelles spectaculaires – la « capitale du mouvement » est la ville des défilés. En juillet 1937 et les deux années suivantes, elle est enthousiasmée par le faste avec lequel est célébrée la « Journée de l'art allemand » avec son cortège long de plus de trois kilomètres,

« Deux mille ans de culture allemande », tout comme par la « Nuit des amazones », qui a lieu chaque année entre 1936 et 1939 dans le parc du château de Nymphenburg. Le concept nazi de l'autoreprésentation émotionnelle et idéologique unifiante est en train d'éclore. À cela s'ajoute que la sœur de Traudl participe à la première partie du programme de la « Journée de l'art allemand » : elle danse lors de la représentation de *L'Enlèvement des Sabines* sur la scène flottante du Kleinhesselhoher See dans le Jardin anglais. Traudl aussi participe en marge aux efforts culturels des nazis. Elle est figurante dans la « Nuit des amazones » et – dès quinze ans – elle sert de modèle au sculpteur et tailleur de marionnettes suisse, Walter Oberholzer, qui doit modeler une fontaine. La jeune fille en bronze qui lance une balle à un faune crachant de l'eau a le corps bien formé de Traudl, mais pas son visage. En 1937, l'ensemble est exposé dans la Maison de l'art allemand.

Il est aussi impossible de saisir l'opinion claire de l'adolescente sur le Troisième Reich que, probablement, celle de la majeure partie de la population allemande et à plus forte raison de la jeunesse de cette époque. Autant Traudl se laisse envoûter par l'esthétique des grandes manifestations, autant elle se joint à l'allégresse suscitée par les triomphes des sportifs allemands lors des Jeux olympiques et par les succès de la politique étrangère de Hitler, autant elle trouve repoussants les aspects brutaux de la politique communale du parti. La « nazitude outrancière » et ses « manigances de bonzes » lui semblent « prolétaires » et « terre à terre », comme elle dit aujourd'hui, mais elle est pourtant aussi loin que la plupart de ses contemporains de mettre en question le gouvernement. Autant elle peut rire des blagues qui circulent sur Hitler, aussi étrange et répugnant qu'elle puisse trouver le *Stürmer* et ses caricatures antisémites, autant elle réalise peu à quel point la menace est d'une importance vitale pour les opposants et les Juifs. Au lycée, elle a trois camarades juives. Pendant leur scolarité commune, jusqu'en 1936 donc, elles étaient traitées à égalité aussi bien par les professeurs que par les élèves, et, si tant est que leur judéité ait été mentionnée, c'était seulement comme leur croyance religieuse. Ensuite, elle les perd toutes trois de vue, elle entend dire que l'une d'elles émigre avec ses parents, elle ignore encore aujourd'hui ce que sont devenues les deux autres. La jeune fille de dix-huit ans ne comprend pas grand-chose au pogrome de novembre 1938, aux « représailles contre les magasins juifs dont toutes les vitrines ont été en grande partie brisées », comme les *Münchner Neuesten Nachrichten* le rapportent le lendemain, aux synagogues en flammes et aux arrestations arbitraires de centaines d'hommes juifs. Bien sûr, elle et ses amis sont choqués par ce qu'ils entendent les jours suivants sur la brutalité avec laquelle les nazis ont procédé, mais ils se rassurent en se disant qu'il doit s'agir d'un événement exceptionnel. Et cela les touche finalement tout aussi peu que les autres brimades contre les Juifs, le premier boycott des Juifs ordonné par l'État le 1er avril 1933, les pancartes avec l'inscription « Interdit aux Juifs », la « déjudéisation » complète de l'économie à partir du début de 1939 ou le marquage des Juifs avec l'étoile jaune à partir de septembre 1941. Elle ne peut se souvenir que d'une seule rencontre avec une femme ainsi stigmatisée, une impression fugitive à laquelle elle ne réfléchit pas plus longtemps. Et une preuve du bon fonctionnement du refoulement.

Traudl vit une vie hors de la politique, comme beaucoup de jeunes Allemands de son époque. C'est ainsi qu'elle le ressent en tout cas et cela confirme – une fois de plus – deux faits qui ne sont contradictoires qu'en apparence : d'un côté, à quel point la tactique du régime était habile pour constituer une « jeunesse d'État » fidèle à la ligne du parti ; d'un autre côté, qu'il y avait bien sûr des espaces de liberté dans lesquels les jeunes « non affectés » comme Traudl pouvaient se déplacer sans contrainte et – comme ils le pensaient – sans être du tout observés.

Les intérêts de Traudl se concentrent pendant ces années-là sur la gymnastique rythmique, son rêve et son vœu de plus en plus pressant est de faire de la danse son métier, comme sa jeune sœur. Elle n'a pas d'autre souhait professionnel solide. En 1936, elle a quitté à contrecœur le lycée avec son examen de fin de sixième année, mais il faut qu'elle gagne de l'argent au plus vite et qu'elle aide sa mère. Si tu passes un an à l'école de commerce, tu pourras ensuite travailler comme secrétaire dans un bureau, lui conseille-t-on. L'amie d'une amie travaille à l'Allianz, elle pourrait lui procurer un poste avec un droit à la retraite, une idée cauchemardesque pour une Traudl qui ne tient pas en place. Elle ne veut sûrement pas entrer à l'Allianz, c'est sans entrain qu'elle en finit avec l'école de commerce, elle apprend de mauvaise grâce à taper à la machine à l'aveugle. « D'autres sont peut-être douées pour ça, maman, mais certainement pas moi ! » La sténographie et la comptabilité lui sont plus faciles. À la fin de son cursus, elle cherche un travail dont elle exige avant tout qu'il lui laisse suffisamment de temps pour la danse. Finalement, elle prend un poste d'employée de bureau dans l'agence munichoise des Vereinigten Deutschen Metallwerke, où elle ne tarde pas à gérer le stock de matériel de forage et fait régulièrement l'inventaire – ce qui est véritablement un défi, s'il n'y avait pas le chauffeur de la maison qui la suit dans la réserve et lui montre des photos pornographiques. Pour Traudl, le seul moyen de se tirer d'embarras est de démissionner – en alléguant de fausses raisons, car elle n'ose pas dire les vraies à son patron. Par la suite, elle travaille temporairement dans l'étude du vieux conseiller de la cour, Dillmann, elle change en 1939 pour la Rundschau Verlag, dans l'Ohmstrasse, et devient assistante du rédacteur en chef de *Die Rundschau*, un journal spécialisé pour les métiers de la couture. Lorsque le rédacteur en chef adjoint est mobilisé, elle assume les tâches de celui-ci et les exécute consciencieusement, parfois même avec plaisir, mais avec la conviction toutefois qu'elle démissionnerait de toute façon dès qu'elle aurait réussi l'examen final de danse.

Pour Traudl, son travail est un moyen pour parvenir à ses fins, rien de plus. Elle vit pour le temps libre passé avec ses amis : ils vont ensemble au cinéma et, en été, à la piscine, ils entreprennent des parties de campagne et, dès que l'occasion se présente, organisent de joyeuses fêtes. De 1938 à 1941, elle se consacre cependant la plupart du temps à sa formation de danse. Son professeur la trouve suffisamment douée pour s'occuper plus intensément de gymnastique artistique et l'invite à se faire inscrire dans son école, la Herta-Meisenbach-Schule de la Franz-Joseph-Strasse à Munich. Comme Traudl ne peut payer les honoraires pour les cours, le professeur lui propose un poste d'assistante. Mais même quand elle ne danse pas elle-même, Traudl fréquente les milieux artistiques. Depuis le milieu des années trente, le remarquable maître de ballet Helge Peters-Pawlinin vit à Munich et monte une compagnie. À cette époque, à l'école de danse Lola Fasbender, il a découvert Inge, la sœur de Traudl, alors âgée de quatorze ans, et il la forme à la danse classique. Inge devient membre de son « Ballet romantique », abandonne l'école, part avec la troupe en tournée et gagne ainsi déjà tôt de l'argent. En 1940, elle est engagée à la Deutsche Tanzbühne à Berlin. Traudl a désormais un objectif clair : elle veut suivre sa sœur douée dans la capitale.

Traudl Junge considère sa faculté d'adaptation ou – pour employer un terme moins positif – son tempérament très influençable comme l'une des caractéristiques les plus marquées de sa jeunesse. Mais qui sont ceux qui prennent de l'ascendant sur sa pensée et son comportement ?

Son père, qui profite si visiblement du national-socialisme ? En 1936, il a été promu directeur de la sécurité des Dornier-Werke à Ludwigshafen et s'est marié pour la deuxième fois. Traudl et Inge lui rendent visite ainsi qu'à « la tante » pendant les vacances d'été dans leur villa de service sur le Bodensee – une expérience frustrante pour Traudl. Il lui manque un père, car elle n'arrive pas à respecter le sien.

Ses meilleures amies ? À seize ans, elle perd de vue Trudl Valenci, sa camarade de classe la plus proche, et ne la retrouve que plusieurs années après la guerre. À la fin des années trente et au début des années quarante, Ulla Kares est sa meilleure amie, elles partagent leur enthousiasme pour les stars de la UFA, Renate Müller, Heinz Rühmann ou Hans Albers, et elles adorent Gary Cooper. Les sentiments d'Ulla à l'égard du régime commencent à s'aiguiser dès 1938 : c'est à ce moment que la blonde « cheftaine de zone » est renvoyée du BDM du jour au lendemain, parce qu'on a appris que sa mère est ce que l'on appelle un « quart de Juive ». Ulla fuit sa ville natale, Essen, pour Munich, même sa meilleure amie

Traudl n'apprend que bien des années après la guerre qu'elle était considérée comme « huitième de Juive » En 1943, Ulla tombe amoureuse de son futur époux, un « demi-Juif ». En 1944, il est interné : travaux forcés au service de l'industrie de guerre allemande. En mars 1945, Hans Raff réussit à s'enfuir, il est caché par Ulla jusqu'à la fin de la guerre. Cela aussi, Traudl ne l'apprend qu'après la guerre : quand elle part pour Berlin, le contact avec son amie est d'abord rompu.

Un ami ? Un ancien amant ? Son intérêt pour les hommes s'éveille tardivement. Pendant que sa sœur cadette joue avec les garçons, elle joue encore à la poupée, plaisante-t-elle plus tard. Pour elle – sa mère s'est chargée de l'avertir –, la sexualité est pendant longtemps quelque chose de « douteux, repoussant », jusqu'à ce qu'elle rencontre son mari.

Vers dix-huit ans, Traudl et sa sœur se joignent à un cercle d'étudiants et d'artistes étrangers, dont la plupart sont grecs. Presque tous ont déjà une liaison, seules Traudl et Inge n'ont pas encore de partenaire. La relation de ces amis avec le Troisième Reich est encore plus candide que la leur, ils sont des sources sûres pour les dernières blagues nazies, écoutent les radios étrangères interdites et expriment parfois même des critiques sur le régime. Mais en fin de compte, seul leur univers artistique et théâtral les intéresse.

Traudl Junge elle-même cite deux personnes qui, du milieu des années trente jusqu'à son départ pour Berlin, ont eu sur elle une influence décisive. Il y a d'abord le maître de ballet Pawlinin, qui forme son style de vie et dirige son attention sur le monde du théâtre, indemne et loin de la réalité. D'un autre côté, il y a Tilla Höchstl. Elle est la mère de Lotte, une collègue de danse de la sœur de Traudl. Tilla est une mère seule comme Hildegard Humps, mais, contrairement à elle, c'est une femme émancipée, très volontaire et spontanée, avec un humour prononcé, une ironie mordante, des idées obliques et une nette antipathie pour le national-socialisme. Les deux femmes sont étroitement liées. Tilla n'essaie pas seulement d'éduquer Traudl et Inge, mais aussi leur mère, Hildegard, à plus d'individualité et d'autonomie de pensée. Elle ne fait que se moquer des gens qui se soucient davantage des soi-disant normes sociales que de leurs besoins personnels. Elle n'admet pas des platitudes comme « ça ne se fait pas ». Elle introduit dans la famille Humps – avec grand succès – le mot « terre à terre » comme injure et, bien plus : il semble à Traudl que, sous son influence, la famille trouve des modes de relations plus nonchalants, mais aussi plus assurés.

En été 1941, Traudl se présente à l'examen de danse. Dans la section « danse d'expression », elle doit traduire le thème de la « prière ». Ses genoux tremblent d'excitation – cela ne nuit pas à l'entrée en scène dramatique. Traudl réussit l'examen. Désormais, elle veut enfin réaliser son projet d'aller à Berlin, mais elle se heurte à la résistance de son patron. Il n'accepte pas sa démission en se réclamant de la « conduite du travail liée à la guerre » décrétée par les nationaux-socialistes. Elle décrit elle-même dans son manuscrit comment, en 1942, après plusieurs mois de tiraillements, elle parvient quand même, par l'intermédiaire de la danseuse Beate Eberbach, une collègue de sa sœur et belle-sœur d'Albert Bormann, chef de la chancellerie privée de Hitler, à « être réquisitionnée » à Berlin.

Malgré toute la joie de déménager à Berlin, Traudl est accablée de devoir laisser sa mère seule à Munich. En

1941, le grand-père est mort et, depuis, elle sous-loue une chambre. C'est de cela et de ce que sa fille envoie de Berlin que Hildegard Humps vit désormais. Les augures se sont renversés : Traudl se sent à présent responsable de sa mère, qui s'est « sacrifiée pour ses enfants » pendant tant d'années. Et au sentiment de responsabilité se mêle toujours aussi la mauvaise conscience d'abandonner sa mère. En fin de compte, l'Allemagne se trouve depuis deux ans et demi en état de guerre.

La nouvelle vie de Traudl commence lorsque les Alliés provoquent le tournant de la guerre. En décembre 1941, l'Allemagne a déclaré la guerre aux États-Unis, le dur hiver russe de 1941-1942 a interrompu la progression de l'armée allemande, les Soviétiques sont devenus des adversaires acharnés et, malgré leurs divergences politiques, se mettent d'accord avec les États-Unis et l'Angleterre sur l'ouverture d'un deuxième front à l'ouest. En mars 1942, Lubeck est la première ville allemande visée par des bombardements massifs britanniques. Il est vrai que peu de tout cela parvient jusqu'à la population civile allemande, la machine de propagande nationale-socialiste y veille. Le nombre de victimes à Lubeck est par exemple réduit de trois cent vingt à cinquante.

Après une phase de grande insécurité au commencement de la guerre, Traudl s'est habituée au quotidien : exercices de défense passive, ordres de *black-out*, rationnement alimentaire. Comme probablement la majorité de la population allemande, elle adhère aux propos de Hitler, qui affirme que l'Allemagne a été agressée et que la guerre est un acte de défense. Malgré tout, elle ne s'est pas réjouie des nouvelles de victoires de la phase initiale car les tendances expansionnistes de Hitler ne signifient rien pour elle. Elle espère une fin rapide des conflits. Pendant les premiers mois de sa période berlinoise, elle ne se doute pas, bien sûr, dans quelles circonstances et avec quelle proximité elle va finalement y assister.

LE TEMPS QUE J'AI PASSÉ AUX CÔTÉS DE HITLER

Notes de 1947 par Traudl Junge

1.

Première rencontre

En général, on n'interroge pas beaucoup les secrétaires sur leurs anciens patrons. Mais, après avoir été pendant trois ans secrétaire de Hitler, on me demande sans cesse : « Dites, comment était-ce ? » Puis vient presque chaque fois la seconde question : « Comment êtes-vous donc arrivée près de cet homme ? » La plupart du temps, les gens sont alors déçus ou au moins surpris par les deux réponses, car je ne peux leur parler ni des fameux accès de fureur de Hitler, ni de ses coups de dents dans les tapis, et ce n'est pas en raison de mes services extraordinaires rendus au national-socialisme ou de mon numéro inférieur de membre du parti que je suis devenue sa secrétaire. Cela est arrivé plus ou moins par hasard.

Je ne serais probablement jamais devenue secrétaire de Hitler si je n'avais pas souhaité devenir danseuse. Je crains devoir faire un récit un peu plus détaillé pour que cette affirmation soit compréhensible. Ma sœur cadette et moi avons toutes deux fréquenté des écoles de gymnastique et de danse depuis notre prime jeunesse, et je ne doutais guère pouvoir exercer un jour mon métier dans l'un de ces deux domaines. Mais, malheureusement, nous vivions dans des conditions financières difficiles et, quand j'eus fini l'école, il me fallut d'abord penser, en tant qu'aînée, à gagner de l'argent aussi vite que possible. J'imaginais aussi que ce serait très bien et très facile, et je pensais que, comme employée de bureau, je pourrais gagner suffisamment pour me payer en plus la formation de danse. Mais il s'avéra que ce n'était pas du tout aussi simple de trouver une entreprise dans laquelle, premièrement, on gagnait suffisamment et, deuxièmement, on avait encore assez de temps pour faire ce que l'on voulait. Mais je trouvai finalement un emploi qui, s'il ne me plaisait pas du tout, remplissait néanmoins ces deux conditions. Je pensais de toute façon que cela ne durerait pas longtemps et qu'un jour je pourrais tourner définitivement le dos à l'univers de la machine à écrire. Il fallait seulement que je passe d'abord l'examen de danse. Entre-temps, la guerre avait commencé et, petit à petit, chacun commença à ressentir des restrictions et des obligations personnelles. Je dus donc moi aussi apprendre que j'avais compté sans mon hôte, c'est-à-dire l'État. Car, en 1941, quand j'eus enfin réussi l'examen de danse et que j'annonçai triomphalement ma démission à mon entreprise, la conduite du travail et la réduction de l'emploi [1] avaient entre-temps pris effet. On ne pouvait plus simplement devenir ce que l'on voulait, il fallait faire

1. La conduite du travail au niveau national, pratiquée par les nationaux-socialistes pour la réalisation des idées et projets du « Nouvel ordre de l'espace vital allemand » : la mobilisation pour le travail et le changement d'emploi étaient surveillés et réglés par l'« obligation de service ».

ce qui était le plus important pour l'État. Désormais, on avait beaucoup plus besoin de secrétaires et de sténotypistes que de danseuses. Les danseuses étaient somme toute devenues totalement superflues. Mais j'avais déjà vingt et un ans, à ce moment-là, et la guerre ne semblait vraiment pas devenir une guerre éclair, mais plutôt une véritable entreprise de longue durée. Dans quelques années, ma souplesse péniblement acquise serait rouillée, et alors, mon rêve de danse serait définitivement enterré. Dans ma déception, je n'étais probablement plus tout à fait objective, car toute ma haine désespérée se tournait contre mon entreprise et mon patron, que j'accablais du terrible reproche d'avoir gâché ma vie par égoïsme parce qu'il n'avait pas accepté ma démission. Car, avec l'accord de l'employeur, j'aurais pu abandonner mon emploi. Je ne voulais en aucun cas le voir plus longtemps et, de dépit, j'aspirais à quitter cette entreprise. C'est ainsi que se mit lentement en branle l'avalanche qui, ensuite, en 1945, faillit m'engloutir à Berlin.

À l'époque, ma sœur Inge vivait à Berlin en tant que danseuse à la Deutsche Tanzbühne. L'une de ses collègues était une parente d'Albert Bormann [1], et c'est grâce à lui qu'un beau jour je reçus une offre à la Chancellerie du Führer à Berlin. Si ce milieu et ce poste ne me séduisaient pas particulièrement, la seule idée de sortir de chez moi, de connaître la capitale et, surtout, de vivre enfin quelque chose m'attira. De plus, les conditions de travail semblaient être agréables. Aussi acceptai-je sans trop réfléchir et partis pour Berlin. Le premier voyage de ma vie en wagon-lit fut certes très excitant, mais lorsque

1. Albert Bormann était en 1933 le chef de la chancellerie privée du Führer, en 1938 membre du Reichstag, en 1943 NSKK-Gruppenführer et aide de camp personnel de Hitler.

ensuite je pénétrai dans le gigantesque labyrinthe de la nouvelle Chancellerie du Reich pour me présenter, ma décision commença à m'apparaître un peu risquée. Mais je ne pouvais plus revenir en arrière, cela aurait été trop humiliant. Je fus accueillie par le Gruppenführer Albert Bormann, un frère du Reichsleiter Martin Bormann. C'était une personne agréable et sympathique. Je fus engagée dans un département de la Chancellerie du Führer où le courrier adressé à Adolf Hitler était réceptionné, trié, retransmis et partiellement traité. Ma fonction était extrêmement anodine, et je n'avais pas grand-chose à faire. Albert Bormann, qui était en même temps aide de camp de Hitler, était souvent absent de Berlin. Je me demandais parfois pourquoi l'on avait fait venir une secrétaire exprès de Munich. Je me retrouvais au cœur d'un bâtiment énorme et somptueux dans lequel je me perdais sans arrêt, je faisais des glissades à travers la grande salle de marbre encaustiquée et attendais par ailleurs l'évolution ultérieure de mon activité. Bientôt se produisit le premier remous de mon existence paisible : tout à coup, le bruit se répandit que Hitler avait besoin de nouvelles secrétaires et que le choix se ferait parmi le personnel de la Chancellerie du Reich.

Toutes les secrétaires, sténotypistes, apprenties et aides de bureau furent prises d'une excitation sans pareille. Une compétition en sténographie et en dactylographie fut organisée, et je dus y participer. Dans l'intervalle, on m'avait mutée au service des aides de camp du Führer – une division qui se trouvait dans le même bâtiment, dans une aile donnant sur le parc. C'est avec très peu d'ambition que je pris part à la compétition car je n'y croyais pas vraiment et je ne m'estimais pas capable de devenir secrétaire de Hitler. Quand je vis les doigts des autres jeunes filles pianoter sur le clavier, je perdis ce qui me restait de confiance en moi. Et c'est probablement pour cette raison que, lors de la dernière épreuve, je fis le moins de fautes et me retrouvai parmi les meilleures. Et, un beau jour, on me donna un billet qui m'ordonnait de me rendre dès le lendemain avec le train postal au quartier général du Führer où, avec neuf autres jeunes filles, je devais me présenter à lui.

Hitler avait à l'époque trois secrétaires dont la plus jeune, Mme Christian, qui s'était mariée entre-temps, avait quitté son poste. Les deux autres, Mlle Wolf et Mlle Schroeder, travaillaient avec lui depuis plus de dix ans et l'accompagnaient partout. La fatigue due à cette vie irrégulière et l'âge avaient déjà nui à leurs performances. Un jour, en effet, Hitler voulut dicter une lettre – Mlle Wolf était malade, et Mlle Schroeder se trouvait à Berlin au théâtre – et fut furieux de n'avoir personne à sa disposition. Bormann fut réprimandé assez brutalement et reçut l'ordre de veiller sur-le-champ à ce que cela ne se reproduise pas. Il fut donc décidé que de nouvelles secrétaires seraient engagées pour décharger les deux anciennes. C'est ainsi que, fin novembre 1942, dix filles plus ou moins jeunes furent envoyées au commandant suprême. Le train postal dans lequel nous montâmes le soir à Berlin, avec pour destination – inconnue – « contre-station », entra le lendemain matin en gare de Rastenburg, en Prusse orientale. Là, sur une voie parallèle, les visiteurs du quartier général du Führer étaient attendus par un autorail qui les fit pénétrer dans la forêt. Finalement, nous parvînmes devant une petite gare de peu d'apparence, sans plaque. Nous étions arrivés. Nous fûmes accueillis par le Gruppenführer Albert Bormann, tandis que l'autorail poursuivait sa route, et que les autres passagers disparaissaient dans la forêt enneigée. Il n'y avait aucune habitation, aucune maison – et pourtant nous étions au quartier général du Führer. Bormann nous proposa de nous conduire vers notre logement provisoire. C'est seulement alors que nous remarquâmes un autre train qui stationnait sur la deuxième voie. Voilà où nous devions habiter ! On nous précisa alors que nous nous trouvions encore à l'extérieur du quartier général du Führer proprement dit et que son train spécial – qui était toujours sous pression à proximité de lui – serait notre gîte jusqu'à ce que le Führer nous ait rencontrées et fait son choix.

Cela vaut vraiment la peine de décrire ce train dans les détails, car il était aménagé comme un hôtel très confortable. Mais j'y reviendrai plus tard, quand je raconterai les voyages que nous avons entrepris ensemble avec ce train. Provisoirement, chacune des jeunes filles occupait un compartiment du wagon des invités, soignée pour le mieux par le personnel bien formé de la Mitropa[1]. Plusieurs jours passèrent sans qu'il se produisît quoi que ce fût. Nous partions faire de petites promenades à travers la forêt. Et un jour nous nous heurtâmes à une barrière, en fer barbelé, et des gardes armés nous demandèrent nos papiers et le mot de passe. Malheureusement, nous n'avions ni les uns, ni ne connaissions l'autre, nous n'avions pas du tout non plus l'intention de pénétrer en terrain interdit, nous ne faisions que de petites « troupes de patrouille » pour voir à quoi ressemblait en fait un « quartier général du Führer ». Entre-temps, nous avions aussi découvert, bien camouflés entre les arbres et les buissons, une quantité de baraques et de petits bunkers, que beaucoup de routes bien entretenues traversaient la forêt et que de nombreuses personnes, toutes en

1. Compagnie assurant des services de wagons-restaurants et de wagons-lits.

uniformes, vivaient ici. Bien nourries, nous commencions à considérer ce séjour hivernal et enchanteur comme des vacances, oubliant presque la raison de notre présence. La petite cuisine du wagon-restaurant recelait maintes bonnes boissons, et le garçon, qui n'avait pas vu de femmes depuis longtemps, nous gâtait : le soir, il nous servait nombre de liqueurs délicieuses.

Nous ne nous doutions pas que le grand moment arriverait précisément quand nous l'attendions le moins, c'est-à-dire au milieu de la nuit. Nous venions juste d'aller nous coucher quand deux ordonnances du bunker du Führer vinrent chercher toute la compagnie. Cela déclencha la panique. Les bigoudis s'emmêlaient, les chaussures restaient introuvables, les doigts tremblaient tellement que l'on pouvait à peine boutonner les vêtements. Toutes les dents furent rapidement brossées, car on savait que « la femme allemande » ne devait pas fumer – du moins, cela ne devait pas se sentir.

Finalement, nous pénétrâmes dans la forêt en trébuchant sur des chemins obscurs. Les deux gardes nous pilotèrent à travers le contrôle, où nous fûmes éclairées avec des lanternes et reçûmes une carte provisoire pour pénétrer dans la zone interdite. Difficile de comprendre comment les deux hommes retrouvaient leur chemin dans cette obscurité. De temps à autre, une faible lueur brillait entre les arbres. Je suppose que les deux soldats n'étaient pas aussi excités que nous. (Aucune de nous n'avait déjà vu Hitler de près, nous savions qu'à Berlin, et où qu'il se trouve, des centaines de milliers de personnes s'étaient pressées pour au moins l'apercevoir de loin.) Tout cela rendait notre aventure excitante. On ne se trouve pas tous les jours un chef d'État !

Enfin, nous étions arrivés devant une lourde porte de fer d'où brillait une lumière claire. Je pus vaguement reconnaître les contours d'un bunker bas et relativement petit. Le garde armé qui était posté à l'entrée nous laissa passer sans nous contrôler. Nos sacs à mains, dont certains étaient assez imposants, ne furent pas fouillés, on ne soupçonnait apparemment ni armes, ni machine infernale sur nous. Peut-être nos visages effarés ont-ils d'emblée exclu ce soupçon, car je crois que nous donnions plutôt l'impression d'être conduites à une exécution capitale qu'à un heureux événement.

Après avoir franchi la porte basse, nous débouchâmes dans un étroit couloir en béton, vivement éclairé, semblable à celui d'un grand paquebot et percé de nombreuses portes. Nous entrâmes tout de suite par la première porte à gauche dans une salle d'attente. Cette pièce mesurait environ trois mètres sur quatre et servait en même temps de salle de réunion au domestique personnel et aux aides de camp du Führer.

Le domestique de Hitler déclara qu'il nous faudrait encore patienter un peu et nous proposa de prendre place dans de confortables fauteuils rustiques autour d'une table ronde ; Hitler était en train de nourrir son chien. Naturellement, nous demandâmes comment nous devions saluer le Führer. Il dit que Hitler nous saluerait d'abord et que nous devrions ensuite répondre : « Heil, mein Führer. »

Nous voulions aussi savoir si nous devions lever le bras tendu ou plié mais, déjà, Albert Bormann entrait et nous invitait à le suivre : Hitler était à présent dans son bureau et souhaitait nous recevoir. Il fallait se comporter de la manière la plus naturelle et la plus spontanée possible.

Le couloir étroit tournait de temps en temps, traversant un petit salon de thé, puis nous parvînmes devant la haute porte à double battant du bureau. Le domestique,

Heinz Linge, frappa, ouvrit et annonça : « Mein Führer, les dames de Berlin sont là. »

Lorsque nous entrâmes dans la très grande pièce, nous nous retrouvâmes directement devant le bureau. Hitler vint vers nous en souriant, il leva lentement le bras pour nous saluer et nous serra ensuite la main. Quand il demanda à chacune d'entre nous comment elle s'appelait et d'où elle venait, sa voix était très profonde et forte.

J'étais la dernière et la seule Munichoise. Il me demanda aussi mon âge, sourit encore une fois, nous regarda toutes à nouveau avec ce célèbre regard perçant, leva encore le bras pour saluer, et nous fûmes congédiées sans avoir eu l'occasion de lancer notre « Heil, mein Führer ».

Dehors, la tension et la fascination se relâchèrent enfin. Commença alors un caquetage sur la manière qu'avait Hitler de serrer la main, son regard hypnotique, sa silhouette et tous les menus détails si importants lors d'une telle rencontre.

Ravi d'avoir enfin rempli sa mission, Bormann nous offrit à chacune un verre de champagne pour fêter cette journée et nous fit conduire, quelques pas plus loin, dans le mess de la troupe.

Les soldats et officiers se réjouirent beaucoup de notre visite, nous mangeâmes quelques sandwichs – car l'excitation donne faim – puis Bormann nous fit ramener à notre train spécial.

Le lendemain matin, nous nous lançâmes dans des conjectures sur celle d'entre nous qui avait le plus plu à Hitler. Nous pensions qu'il ferait son choix en fonction de notre physique et fûmes assez bouleversées quand Bormann nous déclara que l'affaire n'était pas si simple : il nous fallait encore attendre l'épreuve de dictée. Le personnel du train spécial ainsi que quelques visiteurs de la zone interdite, qui rôdaient autour du train, m'assurèrent que j'avais de grandes chances de devenir secrétaire de Hitler. D'abord, à cause de sa prédilection pour Munich et les Munichoises et, ensuite, à cause de ma ressemblance avec Eva Braun. Mais mon « rejet des examens » me laissait à penser que mes chances de réussite à la dictée étaient assez réduites.

Les quelques jours initialement prévus devinrent des semaines, et il était impossible de prévoir le moment que Hitler choisirait pour cette épreuve de dictée. Parfois, on nous employait pour aider les deux anciennes secrétaires, occupées à établir les listes pour les cadeaux de Noël et les dons d'argent, nous érigions dans les alentours quelques bonshommes de neige, démolis le lendemain par le commandant du quartier général du Führer parce qu'ils lui paraissaient trop futiles pour cet environnement, et nous nous livrions à des batailles acharnées de boules de neige.

Et c'est précisément après une de ces batailles, alors que j'étais assise dans mon compartiment, échauffée et les cheveux mouillés, que le signal fatal arriva.

Je fus appelée pour l'épreuve avec une collègue – une jeune fille blonde et frêle, venant elle aussi du service des aides de camp du Führer. De nouveau la même nervosité, de nouveau le même chemin jusqu'au bunker du Führer.

J'étais la première « victime », Mlle Böttcher devait me remplacer si j'échouais. Après quelques minutes d'attente, je fus encore conduite par Linge dans le bureau, annoncée à Hitler, et cette fois, la porte se ferma derrière moi. Je remarquai qu'il portait des lunettes. Des lunettes démodées, bon marché, avec une monture en nickel – peut-être était-elle en platine mais, en tout cas, elle était fort laide.

Il me tendit à nouveau la main et me conduisit vers une table où trônait une machine à écrire, à proximité de son bureau. Tandis que je soulevais nerveusement le couvercle de la machine et que j'arrangeais le papier, il m'expliqua avec amabilité et gentillesse – comme à un enfant qui doit se faire photographier : « Ne soyez pas nerveuse, je fais moi-même dans mes dictées des fautes que vous ne commettriez pas ! »

Je lui affirmai bien que je n'étais absolument pas nerveuse mais, malheureusement, mes mains me démentirent : quand il entama enfin la première phrase, mes doigts tremblaient tellement que je ne tapais pas une seule bonne lettre. Avec effarement, je fixai la première ligne qui ressemblait à un texte chinois et j'essayai désespérément de ne pas perdre le fil et d'obliger mes mains à se calmer.

Au même instant, on frappa, le domestique entra et annonça l'ambassadeur Hewel, homme de liaison entre Hitler et Ribbentrop[1]. Hewel eut avec Hitler un bref entretien qui s'acheva par une conversation téléphonique avec Ribbentrop. Quand je vis Hitler téléphoner avec une aisance et un naturel absolus, comme M. Müller ou M. Schulze ou n'importe lequel de mes anciens patrons, je retrouvai mon calme et mon sang-froid. La dictée se poursuivit sans difficultés. À vrai dire, je n'ai plus aucune idée aujourd'hui du genre de document qui fut rédigé alors. Je crois que c'était un quelconque mémorandum qui ne fut jamais publié.

Quand j'eus terminé, j'empilai les pages et les tendis au Führer.

---

1. Ministre des Affaires étrangères du Reich.

J'avais été informée au préalable que je devais écrire avec de larges espaces entre les lignes pour que le Führer puisse corriger facilement. Après avoir pris congé de moi en m'assurant que j'avais remarquablement écrit, il s'assit au bureau.

Soulagée, je quittai la pièce et rencontrai devant la porte le Gruppenführer Bormann, qui était resté assis là pendant tout le temps sur une chaise, regardant l'heure avec nervosité et espérant que je n'allais pas le couvrir de honte. Quand je lui annonçai que tout s'était bien passé, il fut bien plus heureux que moi, comme s'il avait réalisé une grande performance. J'appris plus tard qu'il avait beaucoup redouté une humiliation car son frère, qui était son ennemi le plus acharné, voulait lui aussi choisir des secrétaires pour Hitler afin de le supplanter.

Mlle Böttcher avait certes espéré qu'elle pourrait prendre ma relève, mais elle se réjouit pourtant avec moi de ce que mon épreuve ait réussi. Tandis que nous étions encore ensemble dans la salle d'attente pour commenter l'événement encore imminent pour ma collègue, Hitler apparut tout à coup à la porte, s'assit avec nous à la table ronde, m'interrogea encore sur ma famille et mon passé, et il répéta que j'avais très bien écrit.

Je pensai en mon for intérieur : « Vous n'avez pas encore testé d'autres secrétaires et vous allez bien vous apercevoir vous-même que je n'ai pas réalisé une brillante performance. » Je ne pouvais pas me douter qu'aucune comparaison n'aurait lieu, et que mon destin était déjà scellé.

En effet, Hitler ne voulut guère tester d'autres secrétaires, estimant que j'avais réglé mon affaire de façon satisfaisante. C'est ainsi que, le lendemain, neuf jeunes filles repartirent pour Berlin, tandis que je restais désormais dans la Tanière du loup, comme s'appelait le quartier général.

Je dus alors troquer mon logement dans le train spécial pour une cabine dans le bunker des secrétaires, je reçus une carte permanente pour la zone interdite et habitai à une centaine de mètres du bunker du Führer.

Mais je n'étais pas du tout contente de ma nouvelle demeure. J'ai besoin de lumière et d'air, et fuis comme la peste l'atmosphère de bunker. Je disposais, dans la journée, d'une pièce avec de petites fenêtres, mais il me fallait dormir dans une cabine inconfortable et sans fenêtre, qui n'était pas plus petite, mais incontestablement moins sympathique que le joli compartiment du train spécial. L'aération s'effectuait par une hélice de ventilation au plafond. Quand on la fermait, on avait la sensation d'étouffer, quand on l'ouvrait, l'air sifflait avec fracas dans la petite pièce, et l'on avait l'impression d'être dans un avion. Ce doit être pour cette raison que les deux autres secrétaires, Mlles Wolf et Schroeder, avaient préféré dormir sur les canapés dans leurs bureaux et s'étaient aménagé une combinaison de salon et de bureau dans la partie antérieure du bunker, qui était pourvue de fenêtres et dont les pièces étaient plus grandes et plus claires. Je suivis bientôt leur exemple et, avec l'aide et l'accord de Bormann, j'arrangeai confortablement le bureau général. C'est que je devais maintenant rester là pour une durée indéterminée.

Quand Hitler avait quelque chose à dicter, c'était moi qu'il faisait venir chaque fois, me plongeant constamment dans un état de nervosité et d'excitation. Je ne savais pas encore s'il s'agissait d'autres « épreuves » ou si j'étais déjà fermement engagée. Le 30 janvier 1943, je fus de nouveau appelée près de lui. Quand j'entrai, les deux secrétaires étaient là, et je remarquai tout de suite qu'il ne voulait pas dicter. Je pensai qu'il allait sûrement y avoir maintenant une sorte de prestation de serment ou d'engagement officiel, et je me sentais un peu bizarre. Hitler dit qu'il était très satisfait de moi, et ses deux collaboratrices expérimentées pensaient aussi que j'était très apte à devenir sa secrétaire : est-ce que je voulais rester chez lui ? Je ne pus résister à la tentation, j'avais vingt-deux ans, je n'avais aucune idée de la politique et il me semblait extrêmement excitant de me voir offrir un emploi si exceptionnel : bref, je dis « oui ».

Mais l'entretien n'était pas terminé pour autant. Hitler s'apprêtait à dire encore quelque chose, et semblait chercher les mots justes. Finalement, il me déclara en souriant, et presque un peu emprunté, que j'étais quand même encore assez jeune, et qu'il y avait tellement d'hommes ici, que la plupart ne rentraient que très rarement chez eux, que l'attrait pour l'éternel féminin était particulièrement fort chez les soldats, en un mot : il me faudrait être prudente et réservée. Et si j'avais à me plaindre de quoi que ce soit, je pouvais venir le voir à tout moment. Voilà, j'avais maintenant la prestation de serment !

Je n'avais pas pensé à ce genre de chose, je croyais qu'il me faudrait témoigner de mes convictions nationales-socialistes et de mon appartenance au parti, jurer fidélité et promettre de garder le secret. Au lieu de cela, Hitler s'inquiétait pour ma vertu ! J'étais bien soulagée de pouvoir lui dire avec bonne conscience qu'il n'avait aucun souci à se faire sur ce point, mais que j'étais très reconnaissante de sa protection. Il rit, me confia aux bons soins de mes deux collègues plus âgées. J'étais à présent secrétaire de Hitler.

À partir de là, à l'exception de quelques semaines de congé, rares furent les jours où je n'ai pas vu et parlé à Hitler, travaillé et partagé mes repas avec lui.

2.

Dans la Tanière du loup

Il me fallut relativement peu de temps pour m'habituer à ce monde nouveau et étranger. Il est vrai que la nature, la forêt et le paysage furent de grands médiateurs dans mes relations avec mon nouveau lieu de travail. Il n'y avait pas d'atmosphère de bureau, pas d'horaires fixes, je faisais de grandes promenades et jouissais de la forêt. À aucun moment la capitale ne me manquait.

Hitler lui-même prétendait bien que l'on avait choisi pour lui la région la moins chère, la plus envahie de moustiques et la plus défavorable sur le plan climatique, mais je la trouvais splendide. Au moins en hiver, la Prusse orientale possède un charme indescriptible. Je n'oublierai jamais les bouleaux enneigés, le ciel clair et le vaste espace des plaines avec leurs lacs.

En été, il est vrai, je devais donner en grande partie raison à mon patron, car des myriades de moustiques nous envahissaient et se nourrissaient de notre sang. L'air était lourd et humide, parfois oppressant. Par un temps pareil, il était difficile de décider Hitler à faire sa promenade quotidienne. Il se terrait dans la fraîcheur de son bunker et c'est seulement pour l'amour de son chien Blondi qu'après le petit déjeuner, il faisait un tour dans le petit terrain contigu à son bunker et réservé à cet usage. C'est ici que la chienne berger allemand devait montrer ses tours d'adresse et que son maître en fit l'un des animaux les plus intelligents et les plus adroits que j'ai jamais vus. Le plus grand plaisir de Hitler était que Blondi puisse encore sauter quelques centimètres plus haut et se balancer quelques minutes de plus sur une mince perche : s'occuper de son chien était sa meilleure détente.

Ce que faisait Blondi était vraiment étonnant. Elle sautait à travers des pneus, triomphait sans peine d'un mur en bois de deux mètres de haut, grimpait sur une échelle et, en haut, faisait la belle sur la petite plateforme. C'était une joie d'observer avec quel plaisir maître et chien poursuivaient ces exercices.

Au bord du terrain, beaucoup de spectateurs contemplaient le jeu et pour moi, ce fut pendant les premières semaines la seule occasion d'entrer en contact avec le Führer. Quand il me voyait, il me saluait amicalement avec une poignée de main et me demandait comment j'allais.

Il ne m'appelait pas pour la dictée. Durant les quatre premières semaines, mon activité principale consistait à être toujours prête, à demander chaque matin s'il fallait s'attendre à du travail et à toujours dire, soit au domestique de service, soit au central téléphonique, où l'on pourrait me trouver.

J'employais le temps à faire plus ample connaissance avec l'entourage de Hitler. Il y avait surtout ses domestiques, Heinz Linge et Hans Junge, qui alternaient leur service un jour sur deux. Ils avaient tous deux été choisis dans la SS-Leibstandarte et occupaient un poste qui impliquait beaucoup de travail et de responsabilités.

La désignation « domestique » est en fait trop restreinte, car ils étaient plutôt majordomes, compagnons de voyages, maîtres d'hôtel et bonnes à tout faire.

Le domestique devait réveiller Hitler le matin, c'est-à-dire frapper à sa porte, annoncer l'heure exacte et lui transmettre les nouvelles du jour. Il lui fallait déterminer le menu, fixer l'heure du repas, faire passer les ordres à la cuisine et servir le Führer à table ; il commandait une suite de plantons qui tenaient en ordre la garde-robe de Hitler, nettoyaient les pièces et devaient s'occuper de l'aménagement ; il appelait le dentiste et le coiffeur et surveillait les soins du chien.

Personne ne connaissait non seulement les particularités et habitudes personnelles, mais aussi les états d'âme et les humeurs du patron aussi bien que Linge, qui était un homme extrêmement adroit et habile. Il possédait en outre le calme nécessaire, ne se laissait jamais décontenancer grâce à un solide sens de l'humour, qui lui permit de sauver bien des situations.

Même les plus éminents collaborateurs de Hitler se renseignaient volontiers dans l'antichambre auprès de Linge pour savoir s'il était opportun de se présenter devant le Führer avec une mauvaise nouvelle, et le domestique conseillait parfois d'attendre que Hitler ait derrière lui une sieste réparatrice et soit de meilleure humeur. Nous, les secrétaires, étions obligées de maintenir un contact étroit avec les domestiques, puisque c'étaient toujours eux qui nous prévenaient si l'on avait besoin de nous. De ce fait, nous apprenions beaucoup de détails sur les habitudes de Hitler, que nous ne connûmes personnellement que bien plus tard.

En dehors des domestiques, le seul occupant permanent du bunker du Führer était l'aide de camp en chef de Hitler, le Gruppenführer Julius Schaub. Pour la recherche historique, cela ne vaut pas la peine de faire de compte rendu sur lui, mais, aujourd'hui encore, on me demande souvent comment il était possible qu'un homme d'État ait pu avoir en permanence avec lui un personnage aussi étrange et l'élever à un tel poste de confiance. Je vais essayer de l'expliquer, même si je ne l'ai jamais tout à fait compris moi-même.

Le bon Julius se prenait pour une personnalité remarquable et d'une importance inouïe. Je ne le connaissais pas encore quand on me raconta la petite histoire suivante, dont je ne sais pas à cent pour cent si elle est véridique, mais si caractéristique de son attitude. Dès la nuit des temps, Schaub était déjà membre du parti, il avait un numéro très bas. À l'époque, on lui demanda qui faisait en fait la politique de ce parti national-socialiste de travailleurs. Julius Schaub, qui nettoyait alors les bottes de Hitler et le servait, répondit : « C'est moi – et Hitler » et, après une brève hésitation, il ajouta : « … et Weber[1] ! » […]

Schaub avait subi pendant la guerre mondiale une mutilation des deux pieds puis, plus tard, il avait adhéré au NSDAP et Hitler l'avait remarqué comme participant infatigable aux assemblées, boitant sur ses béquilles. Quand Hitler apprit ensuite que Schaub avait perdu son emploi à cause de son appartenance au parti, il le prit comme domestique. Dévoué, digne de confiance et fidèle, il lui était vite devenu indispensable, il s'éleva peu à peu grâce à son travail au poste d'aide de camp et

1. Il s'agit de Christian Weber, l'un des premiers membres des « troupes de choc » de Hitler, conseiller municipal de Munich de 1926 à 1934.

finalement d'aide de camp en chef, parce qu'il était le seul de la vieille garde, qu'il avait participé à la période de combat et qu'il avait vécu beaucoup de choses avec Hitler. Il était le confident de tant de secrets personnels de Hitler que celui-ci ne pouvait simplement pas se résoudre à se passer de lui.

Ainsi M. Schaub était-il aussi pour nous, les secrétaires, une sorte de supérieur. Nous devions également régler son courrier, copier les requêtes qui lui étaient adressées, venant pour la plupart du cercle de connaissances de Hitler, et qu'il voulait soumettre au patron, et nous occuper du courrier reçu et à expédier au nom du service personnel des aides de camp.

Il va de soi que nous ne pouvions guère écrire une lettre telle qu'elle nous était dictée, mais qu'il nous fallait d'abord en traduire la majorité du bavarois en allemand. Dans l'ensemble, Julius Schaub avait extrêmement bon caractère, mais il était aussi très curieux. Il rassemblait toutes sortes de nouvelles pour pouvoir divertir le Führer pendant le petit déjeuner, y compris n'importe quelle blague entendue le matin chez le coiffeur du camp.

Il avait depuis longtemps arrêté de fumer pour son Führer et gardé la boisson comme unique passion. Ses performances étaient surprenantes en ce domaine. Jusque tard dans la nuit, il y avait encore de la lumière dans sa chambre, quand on n'entendait pas sa voix venir du mess ou d'un autre bunker où quelques messieurs étaient assis autour d'une bouteille lors d'importantes discussions de service. Étonnamment, il arrivait chez le coiffeur le matin à huit heures, lavé de frais, et effectuait ensuite une ronde dans le camp pour en imposer en tant que lève-tôt et réprimander ceux qui faisaient la grasse matinée. C'est seulement bien plus tard que je découvris qu'après sa promenade du matin, une fois que tout le camp avait constaté avec un profond respect que M. Schaub était déjà levé, il se remettait au lit, satisfait, et dormait jusqu'à midi.

Auparavant, Hitler avait toujours pris le déjeuner en commun avec ses collaborateurs et généraux les plus proches dans le mess. Mais comme il ne voulait pas être soumis à une heure fixe et qu'en outre il n'arrivait jamais pendant les repas à se dégager de conversations de service, il déjeunait seul depuis des mois dans son bunker. C'était seulement lors des visites de Himmler, Göring, Goebbels ou d'un autre visiteur rare de haut rang qu'il partageait le repas avec son hôte dans sa chambre. Nous avions dans le camp un très bon cuisinier mais qui préparait toujours un peu la même chose. Il était Berlinois et, pour les spécialités bavaroises, il devait s'en remettre à de bons conseils ou à son imagination. En réalité, il se nommait Günther, mais très peu connaissaient encore ce nom, et Hitler lui-même ne l'appelait que par son surnom : « Krümmel » (« Miette »). Au-dessus de la porte de la cuisine resplendissait une grande affiche : « Qui Krümel ne vénère, ne mérite pas le dessert ! » Le petit Krümel faisait la cuisine pour tout le personnel de la zone interdite. Il nourrissait chaque jour presque deux cents personnes avec ses énormes chaudrons. Pas surprenant qu'un cuisinier de collectivité comme lui, habitué depuis des années à cuisiner pour des soldats, ne puisse pas s'occuper particulièrement des humeurs extravagantes d'un végétarien. Il détestait de tout son cœur ceux qui dédaignaient la viande ou, plutôt, lui les dédaignait. Mais comme, bon gré mal gré, il devait préparer la cuisine pour le Führer – il n'y avait pas d'autre cuisinier alentour et, en fin de compte, Hitler était le personnage principal –, il faisait des efforts sincères pour élaborer un menu végétarien. Je dois dire que, de ce point de vue,

Hitler acceptait pas mal de choses, comme je pus le constater plus tard lors des repas sur le Berghof. C'était un mangeur simple et sans exigences. Parfois seulement, il se plaignait de ce que sa nourriture soit vraiment ennuyeuse, de n'avoir toujours que les accompagnements sans la viande. Krümel était d'avis que l'homme ne peut vivre sans viande et, pour cette raison, il ajoutait dans chaque soupe et dans la plupart des plats au moins un trait de bouillon ou un peu de saindoux. Le plus souvent, le Führer remarquait la tromperie, se mettait en colère et prétendait bien sûr ensuite que cela lui avait donné des douleurs d'estomac. Finalement, il ne se fit plus faire par Krümel que des crèmes d'orge ou de riz, de la purée de pommes de terre et rien que des plats garantis préparés sans composants animaux. On imagine que son menu n'en devint pas plus attrayant ni plus varié.

Au bout de quatre semaines, le 30 janvier 1943, je revins enfin chez Hitler pour une dictée. Je dois avouer que j'étais à nouveau tout aussi nerveuse que la première fois quand, tout à coup, un aide de camp s'approcha de ma table pendant le repas au mess et me dit que je devais venir chez le Führer. C'était une heure tout à fait inhabituelle pour une dictée, en plein jour ! J'abandonnai mon repas et me rendis dans le bunker. Là, Junge, qui était de service ce jour-là, me dit que le Führer voulait dicter la proclamation pour le dixième anniversaire de la prise de pouvoir. Je n'avais pas du tout pensé à cela ! C'était bien l'une des occasions certaines pour lesquelles Hitler devait énoncer un discours. Cette fois, il ne voulait pas parler devant le peuple, mais lire le discours à la radio et le faire publier dans la presse.

Quelques minutes plus tard, je fus introduite dans le bureau. C'est alors seulement que j'eus le loisir d'observer l'espace de plus près.

C'était extrêmement agréable, après avoir traversé les pièces du bunker, basses, étroites, éclairées à la lumière artificielle, d'entrer par la grande porte à double battant dans le baraquement qui servait de bureau. Le domestique m'annonça et je saluai le Führer.

Il portait les célèbres pantalons noirs, le veston croisé vert de gris, une chemise d'un blanc éclatant et une cravate noire. Je ne l'ai jamais vu porter d'autre costume. La veste était complètement sobre, avec des boutons argentés, sans galons ni décorations quelconques. Seul le côté gauche de la poitrine portait l'insigne doré du parti, la Croix de fer et la médaille noire des blessés.

Pendant que Hitler donnait encore au domestique quelques instructions pour la prochaine réunion d'information, j'observai la pièce d'un peu plus près. La lumière du jour éclairait tout l'espace par les cinq grandes fenêtres aux rideaux rustiques imprimés de couleurs variées. Presque tout le côté des fenêtres était occupé par une longue et large table sur laquelle se trouvaient quelques téléphones, lampes de bureau et crayons. C'était ici que les cartes étaient étalées pour les réunions d'information militaire. Quelques petits tabourets en bois servaient de sièges. En face de la porte, à l'extrémité de la pièce, se dressait en biais le bureau de Hitler. C'était une table en chêne ordinaire, comme on en trouve dans tout bureau moderne. Il y avait bien une pendule dessus, mais Hitler n'y a jamais jeté un coup d'œil, il s'est toujours fait donner l'heure par quelqu'un d'autre. Il le faisait aussi quand il portait sa montre à savonnette dans sa poche de pantalon. Dans le mur en face des fenêtres était encastrée une vaste cheminée, devant laquelle se trouvaient une grande table ronde et, tout autour, peut-être huit fauteuils confortables avec des sièges et des dossiers cannés. Enfin, l'ameublement était complété par une armoire à disques incorporée de l'autre côté étroit de la pièce, en face du bureau, et quelques placards en chêne discrètement encastrés. Tout en regardant autour de moi, j'installai la machine à écrire et arrangeai le papier. Entre-temps, le domestique se retira.

Hitler vint vers moi et demanda : « Vous n'avez pas froid, mon enfant ? On gèle ici. » À la légère, je répondis que non, pour le regretter amèrement peu de temps après car, au cours de la dictée, je découvris qu'il faisait un froid de canard.

Hitler commença son discours tout en marchant à grands pas de long en large dans le bureau, les mains croisées dans le dos et la tête baissée. Il me fallut encore faire très attention au début pour tout comprendre. Hitler dictait à nouveau d'un seul jet, presque à la même vitesse qu'en prononçant un discours, et sans aucun manuscrit. Il est vrai qu'il n'avait pas non plus grand-chose de nouveau à dire sur le thème de la prise de pouvoir. Ce n'est qu'à la fin, quand il en vint à parler du dur combat qui devait s'achever avec la victoire qu'il haussa la voix, et je n'eus plus de peine à le comprendre, même quand il me tournait le dos et se tenait à l'extrémité de la pièce. Au bout d'environ une heure, la dictée était terminée, je lui tendis les feuilles en lui expliquant que je l'avais très mal compris. Il sourit aimablement, me tendit la main et dit que cela ne faisait rien du tout.

Je le quittai avec les pieds glacés, mais la tête échauffée. Dehors, je demandai au domestique pourquoi il faisait si froid dans le bureau. En jetant un regard furtif sur le thermomètre, je n'avais pu constater que onze degrés. Un chef d'État pouvait pourtant se permettre de bien chauffer. Toute l'installation était à distance et il faisait chaud partout. J'appris alors que Hitler se sentait bien à cette température et ne faisait jamais chauffer davantage. À présent, je comprenais pourquoi messieurs les officiers d'état-major et les généraux sortaient toujours des réunions d'information qui pouvaient durer des heures, avec le nez rouge et les mains bleues de froid pour avaler aussitôt un schnaps dans la salle des domestiques ou au mess. Le général Jodl prétendit même que les réunions lui avaient fait attraper des rhumatismes chroniques.

Petit à petit, je fis la connaissance des personnes et des installations les plus importantes du camp. Il y avait surtout une baraque aménagée en cinéma. Puisque tant de soldats devaient vivre aussi isolés dans la forêt, il fallait veiller à leur offrir un peu de divertissement. C'est pourquoi un film était présenté chaque soir à huit heures, presque tous l'accueillaient avec joie et, très vite, la salle dut être agrandie, tant le cinéma était recherché.

Seul Hitler lui-même ne venait jamais. Il se faisait seulement présenter les actualités de la semaine et censurait les prises de vue, mais jamais il n'assistait à une séance, pas même à une première d'un film allemand[1]. Je rencontrais en allant au cinéma une quantité de messieurs qui faisaient partie de l'entourage proche de Hitler. Il y avait surtout les médecins, le professeur Morell et le professeur Brandt[2], rarement présent, l'un spécialiste des maladies internes et médecin personnel de Hitler, l'autre chirurgien et médecin d'escorte du Führer, plus tard commissaire du Reich pour la santé publique.

---

1. Initialement, Hitler était un spectateur enthousiaste de films et de représentations théâtrales. Depuis le début de la guerre, toutefois, il refusait cette forme de distraction.

2. Après l'attentat contre Hitler le 20 juillet 1944, Karl Brandt est démis de ses fonctions de médecin d'escorte du Führer. Le 16 avril 1945, il est arrêté par les SS sur ordre personnel de Hitler pour la raison suivante : manque de foi en la victoire finale. Il sera condamné à mort en 1947 par le Tribunal militaire international.

Ces deux messieurs étaient probablement les plus antagoniques que l'on puisse imaginer, et il faut que je réserve un chapitre particulier à la description de leur personnalité. En outre apparaissaient aussi au cinéma la plupart du temps les messieurs de la presse, le chef de la presse du Reich, Dietrich, qui ressemblait à une souris et donnait l'impression d'être tout à fait inoffensif, banal et incolore, son collaborateur Heinz Lorenz, homme de presse né, drôle, charmant, plein d'esprit, et le plus souvent en civil. On voyait plus rarement les généraux, qui avaient d'ordinaire des réunions à cette heure-là. Mais on entendait parfois le rire gras et sonore de Martin Bormann. Son nom était derrière tous les ordres et directives concernant l'organisation et la direction du camp, mais on le voyait rarement en personne. Cet homme trapu, au cou de taureau, était l'une des personnalités les plus redoutées et les plus célèbres du Reich, presque toujours assis derrière le bureau dans son bunker et exécutant avec acharnement du matin jusqu'au soir les ordres de son Führer.

L'ambassadeur Walther Hewel était une des personnalités sympathiques : je le remarquai la première fois lors d'une séance de cinéma parce que son rire si chaleureux et gai contaminait toute l'assemblée. Plus tard, je le rencontrai souvent en compagnie du Führer, et j'aurai encore l'occasion de le décrire plus en détails. Nous vîmes une fois le film allemand très larmoyant *Mutterliebe* (« Amour de mère »). Il était si pathétique qu'il fit plus d'effet sur nos muscles zygomatiques que sur nos glandes lacrymales.

Je fus très étonnée quand, à la fin du film, je remarquai deux messieurs d'un certain âge complètement en larmes, dont l'apparence robuste ne laissait pas soupçonner un cœur si sensible. Je demandai à mon voisin,

Heinz Linge, qui étaient ces officiers à l'âme tendre, et j'appris qu'il s'agissait du chef du service de sécurité, le SS-Oberführer Rattenhuber, et du conseiller criminel Högl. Tous deux avaient pour mission de veiller à la sécurité du Führer et du camp, mais j'avais l'impression qu'il ne devait pas être difficile de les convaincre par n'importe quelle histoire sentimentale. En tout cas, mes visites au cinéma me mirent en contact avec beaucoup de gens nouveaux et, par la suite, je trouvai toujours de la compagnie à ma table pendant le repas ou le café de l'après-midi au mess. Curieusement, dans les conversations avec toutes ces personnes, il n'était jamais question de politique et de tout ce qui agitait l'Allemagne et le monde, et, s'il était question de guerre, on n'entendait que les mots « espoir », « certitude de la victoire » et « confiance absolue » dans le Führer. Derrière toutes ces paroles, il y avait ce que chacun prenait pour sa propre conviction. En vérité, c'était sans doute l'influence du Führer.

J'étais arrivée si naturellement et sans préjugés dans cet environnement que je l'absorbais comme un nourrisson le lait maternel. Depuis la fin de la guerre, je me suis souvent creusé la tête pour comprendre comment j'avais pu à l'époque me sentir bien, sans aucune inhibition, parmi ces gens. Mais quand je pense qu'au même moment, avec la barrière et le fil de fer barbelé, le moindre doute, la moindre rumeur ou orientation politique différente étaient exclus, je me rends compte que je n'avais aucune possibilité de comparaison ni aucun conflit. Au début de mon activité, tout de suite après la première dictée, Julius Schaub m'avait avertie que je ne devais discuter avec personne de mon travail, et je savais que cette directive était aussi un ordre strict pour tous les autres collaborateurs, de l'aide de camp jusqu'au feld-maréchal.

Deux mois s'étaient écoulés, je m'étais complètement habituée et j'avais aussi établi des contacts amicaux avec quelques personnes. Les journées se déroulaient tranquillement et régulièrement, jusqu'à ce qu'un jour je remarque une agitation inhabituelle dès le matin.

Des aides de camp entraient et sortaient du bunker, des voitures traversaient le camp et, finalement, l'aide de camp du bunker du Führer m'appela auprès de Julius Schaub. Il prit un air très mystérieux quand j'entrai chez lui.

Il me remit un plan de voyage en m'expliquant que le Führer devait s'envoler pour le front de l'Est et que c'était extrêmement confidentiel. Il aurait probablement préféré que je copie les pages sans les lire. Je le quittai rapidement pour taper ce document important qui contenait les instructions pour la colonne d'automobiles et les aviateurs ainsi que toutes les personnes prévues pour l'escorte[1].

J'appris ainsi que Hitler projetait un vol pour le front de l'Est, à Winniza, afin de rendre visite aux troupes armées sur place. Un cercle restreint devait l'accompagner : un domestique, deux aides de camp, le médecin personnel, les aides de camp des différentes fractions de la Wehrmacht et encore quelques autres dont je ne peux plus me souvenir. Mon nom ne se trouvait pas sur la liste.

---

1. La tâche de Traudl Junge consistait entre autres à dactylographier des plans de voyage et des rapports sur les pertes et à prendre sous dictée les discours et paroles d'hommage publics d'Adolf Hitler. Les ordres militaires étaient tapés par les secrétaires des services responsables respectifs.

L'après-midi, le bunker du Führer était vide. Le silence qui avait ainsi pénétré dans tout le camp était curieux. C'était comme si le moteur de l'exploitation s'était arrêté tout à coup. J'ai alors ressenti pour la première fois à quel point la personnalité de Hitler était la force motrice : le marionnettiste qui tenait en main les fils des marionnettes les avait brusquement laissés tomber.

Aujourd'hui, je sais que c'est seulement par un hasard providentiel incompréhensible que les fils lâchés purent être repris en main car, dans l'appareil avec lequel Hitler revint du front de l'Est, se trouvait aussi une machine infernale qui aurait déchiré l'avion en mille morceaux si elle avait explosé. Il n'apprit jamais à quel mince fil sa vie avait été suspendue pendant ce vol.

La vie dans la Tanière du loup ne reprit son cours habituel que pendant quelques jours. J'eus alors à nouveau un plan de voyage à écrire et, cette fois, il y avait non seulement mon nom sur la liste, mais aussi celui de mes collègues, car tous les collaborateurs devaient aller s'établir à Berchtesgaden, c'est-à-dire sur l'Obersalzberg, où Hitler voulait passer dans son Berghof un temps de détente et, en même temps, organiser d'importantes réceptions officielles.

Je vécus ainsi, dans les derniers jours de mars 1943, le départ et l'émigration d'un appareil gigantesque. Le séjour était prévu pour plusieurs semaines, et il était surprenant de voir les préparatifs se dérouler sans incidents et dans le calme en si peu de temps.

Nous, les secrétaires, fîmes nos bagages avec nos effets personnels, mais il nous fallut en même temps emporter notre bureau de voyage. Il pouvait facilement venir à l'esprit du Führer d'écrire quelque chose pendant le trajet, et il fallait que cela soit possible dans le train.

Nous emballâmes donc, dans les caisses spécialement fabriquées à cet effet, nos deux machines à écrire Silenta, deux machines à gros caractères et une pour écrire les discours (une machine avec des lettres d'environ un centimètre pour une meilleure lecture). Une grande malle contenait dans de nombreux petits tiroirs et compartiments les feuilles de papier nécessaires et autre matériel de bureau.

Nous devions prendre garde d'emballer toutes les sortes de papiers à lettres, car nous pouvions être certaines qu'on aurait précisément besoin de celles que nous aurions oubliées. Il s'agissait, par exemple, du papier que Hitler utilisait en sa qualité de chef d'État pour tous ses écrits personnels. Des feuilles blanches où, dans le coin supérieur gauche, étaient imprimés en doré l'emblème de la nation (l'aigle avec la croix gammée) et, au-dessous, « Le Führer ». En revanche, pour toutes les lettres à caractère privé, il utilisait des feuilles très semblables, à la différence qu'au-dessous de l'emblème de la nation se trouvait le nom « Adolf Hitler » en lettres capitales. Pour parer à toute éventualité, nous devions aussi emporter les feuilles imprimées en relief pour les affaires du parti ainsi que quelques feuilles avec une impression ordinaire pour les écrits militaires. Pour ces deux derniers registres d'activité, nous n'avions jamais de dictée car, dans ces domaines, Hitler transmettait ses instructions et ses ordres à Bormann ou, selon le cas, à Keitel[1] ou à d'autres commandants militaires. Mais, pendant le voyage, il pouvait arriver que l'on dépende de nos réserves. En tout cas, chacun devait veiller à ce que

1. Chef de l'OKW (Commandement suprême de la Wehrmacht) à partir de 1938, signataire de la capitulation allemande en 1945, Wilhelm Keitel fut condamné à mort en tant que criminel de guerre.

les objets, documents et bagages nécessaires à son travail fassent le voyage en bonne et due forme.

C'étaient les jeunes aides de camp SS, Fritz Darges et Otto Günsche, qui avaient le plus à faire. Ils devaient s'occuper de toute l'organisation du voyage, de la préparation des véhicules, de l'information de tous les participants, établir les horaires du train et donner des instructions à ceux qui restaient là. Tout devait se passer le plus secrètement et rapidement possible. Les téléphones fonctionnaient sans interruption, l'administration du Berghof devait être informée de notre arrivée, l'appartement du Führer à Munich devait être préparé pour l'accueillir, et, surtout, le train spécial, qui était certes toujours prêt à partir à proximité de Hitler, devait être équipé pour un voyage de longue durée et de nombreux passagers.

Le départ fut fixé à vingt et une heures trente. La totalité de l'équipage se trouva sur place ponctuellement. On communiqua d'abord à chacun son numéro de voiture et de compartiment, puis arriva la voiture de Hitler avec domestique, accompagnateur et chien, le Führer monta et, au même instant, le train se mit en marche. C'est par une nuit hivernale, claire et clémente, que nous nous éloignâmes secrètement et sans bruit de la forêt enneigée. Je me tenais devant la fenêtre sombre de mon compartiment et contemplais le paysage vaste et paisible. J'éprouvais presque un peu de peine et un sentiment d'inquiétude face aux événements à venir. De nouveau, quelque chose d'étranger m'attendait.

Je sortis dans le couloir. Le train roulait si doucement que l'on s'en apercevait à peine. Je n'avais absolument pas l'impression d'être en voyage. Le quartier général avait simplement déménagé, apportant avec lui son atmosphère.

Alors que, en attendant l'entretien avec Hitler, je logeais dans le petit compartiment du wagon pour invités, je n'avais jamais oublié que je me trouvais dans un train à l'arrêt. À présent, la petite cabine était tout à coup devenue une petite chambre comme toutes les autres. Elle était même plus luxueuse que beaucoup d'autres !

Le lit pouvait être transformé pendant la journée en canapé moderne avec des coussins merveilleusement confortables. Le revêtement était en soie, d'une couleur différente dans chaque compartiment. J'en avais un à fleurs multicolores sur fond beige, les cloisons étaient en beau bois reluisant, de l'eau chaude et froide coulait dans le lavabo à tout moment de la journée. Sur la petite table près de la fenêtre se trouvait une lampe en cuivre et, au-dessus de la tête du lit étaient accrochés un téléphone mural par lequel on pouvait obtenir une liaison avec les autres compartiments ainsi qu'une liseuse. Le sol de tous les wagons était recouvert de velours.

Les deux voitures d'invités débouchaient sur le wagon-restaurant, qui remplaçait le mess des officiers. Puis venaient les voitures qui hébergeaient le personnel de service de Hitler, ses accompagnateurs, les opérateurs radio et téléscripteurs, la garde, les aides de camp. Enfin, on arrivait dans le wagon-salon, aménagé comme une salle de conférence. C'était là, à la grande table en bois précieux, que se passait la réunion d'information. Les chaises étaient rembourrées en cuir rouge et, partout, on pouvait allumer des appareils d'éclairage raffinés. Beaucoup de réceptions avaient eu lieu aussi auparavant dans cette voiture, et on la présentait aux visiteurs officiels comme une curiosité. Il y avait également un tourne-disques et un poste de radio, mais qui n'ont jamais fonctionné tant que j'ai travaillé pour Hitler.

Dans le wagon suivant se trouvaient les compartiments privés de Hitler. Ici non plus, il ne devait pas renoncer à une salle de bain particulière, bien que le train comportât un wagon de bain avec des cabines de douche et des baignoires sabots. Jamais je n'ai pénétré dans les deux compartiments de Hitler ni même seulement jeté un coup d'œil.

Lors de mes promenades d'inspection, je ne suis jamais allée plus loin que les compartiments privés de Hitler, qui se terminaient par une salle à manger-salon. Mais je crois pouvoir me rappeler qu'à la suite de ses locaux, il n'y avait plus, avant la locomotive, que quelques wagons avec le personnel de chemin de fer et surtout l'équipage du wagon de défense antiaérienne. C'est que le train était également équipé de plusieurs pièces d'artillerie légère contre les attaques à très basse altitude. Autant que je sache, jamais un coup de feu n'a été tiré de ces canons, sauf pour des exercices.

Nous roulions donc à présent dans la nuit, à travers l'Allemagne, avec tout le confort que l'on peut attendre d'un voyage en train. Je ne pus m'empêcher de me demander à quoi ressemblaient les autres trains qui traversaient peut-être au même moment le paysage allemand, froids et obscurs, avec des passagers qui n'avaient ni suffisamment à manger, ni une place confortable, et j'eus tout à coup un sentiment de malaise[1]. Il était facile de mener une guerre quand on n'avait pas à la vivre à ses propres dépens. Moi-même, y compris dans la paix la plus profonde, je n'avais jamais savouré ni vu un tel luxe.

1. Traudl Junge évoquait dans cette description les trains de passagers réguliers qui circulaient en Allemagne. Pour le lecteur d'aujourd'hui, cela doit donner l'impression qu'elle se référait aux trains de déportation qui emmenaient les prisonniers juifs dans des conditions inhumaines en direction de l'Est. Elle ne faisait pas cette association lorsqu'elle écrivit son manuscrit en 1947.

Et quand je les observais, ces messieurs du gouvernement, de l'état-major général et de l'entourage de Hitler, assis ou debout, fumant et buvant ensemble, de bonne humeur et satisfaits de leur vie, je n'avais qu'un seul désir : que leur travail et leurs efforts puissent servir l'objectif de mettre fin à la guerre aussi vite que possible. Et je pensais que ces efforts sincères expliquaient leur bonne conscience face à la misère de leur peuple. Ces idées me préoccupaient encore quand on frappa à la porte de mon compartiment. Un aide de camp du bunker passa la tête à l'intérieur et me fit savoir que le Führer me priait de venir manger.

Après avoir ressenti une grosse faim, j'avais à présent perdu l'appétit. Je me précipitai d'abord chez Mlle Wolf dans le compartiment voisin pour demander si elle aussi était invitée. Elle me le confirma et dit qu'en voyage, le Führer prenait le plus souvent les repas avec quelques messieurs et dames. J'avais naturellement aussi des soucis de garde-robe et m'informai de ce que l'on pouvait bien porter en une telle occasion. Je n'avais quasiment que des vêtements sportifs, des pull-overs et des tailleurs. Elle me rassura et dit que je pouvais tranquillement rester comme j'étais.

Je me retirai dans ma cabine, me lavai les mains, me poudrai hâtivement le nez, mis même un peu de rouge pour atténuer ma pâleur nerveuse, et je trottai avec mes deux collègues, Mlles Wolf et Schroeder, vers le wagon du Führer. [...] Il est facile de comprendre qu'à l'époque, innocente et intimidée, j'avais les genoux plutôt ramollis en remontant le couloir du train spécial vers mon premier repas d'État.

Une petite table pour environ six personnes était dressée dans le wagon-salon du Führer. Hitler lui-même n'était pas encore là. Je regardai les couverts et fus soulagée de ne rien découvrir d'inhabituel. Il n'y avait nulle part d'instrument inconnu. Je savais que Hitler était végétarien, mais je me demandai si tous les autres devaient aussi manger sans viande. J'étais sur le point d'interroger Schroeder quand d'autres convives arrivèrent. Le professeur Morell, qui apparaissait justement sur le seuil, eut certaines difficultés en entrant. Les portes d'un train comme celles du train spécial étaient calculées pour des gens normalement bâtis. Mais le professeur était d'un volume si énorme que l'on craignait que le châssis se brise. Jusque-là, j'avais souvent vu le médecin particulier de Hitler de loin, mais jamais il ne m'avait paru aussi gros.

L'ambassadeur Walther Hewel, qui le suivait, n'était pas non plus particulièrement mince mais, il était si grand et bien proportionné qu'il était agréable à regarder. Avec son allure insouciante, Hewel me délivra de mon embarras. Il raconta quelques anecdotes rhénanes, alluma davantage de lumière pour, selon ses termes, mieux voir ce que l'on avait dans son assiette, et finit par plaisanter en disant que, si Hitler n'arrivait pas bientôt, il mangerait la tartine qu'il avait apportée.

Nous étions alors tous debout dans le petit espace que la table laissait libre. C'était plutôt étroit, et les domestiques devaient se serrer derrière les chaises quand ils voulaient passer. J'allais demander à l'aide de camp où je m'assiérais quand Hitler apparut avec Schaub et le Reichsleiter Bormann. Comme il avait déjà rencontré les messieurs avant, il nous salua seulement nous, les dames, avec une poignée de main. Il nous pria de nous installer. Il se mit du petit côté de la table, Mlle Wolf à sa droite, Mlle Schroeder à sa gauche, puis vinrent MM. Hewel et Bormann, entre lesquels je m'assis, et enfin, on plaça

Morell avec difficulté à l'autre bout de la table, en face de Schaub.

Tout était naturel et simple. Très vite arrivèrent les ordonnances et Linge avec des plateaux couverts de plats et d'assiettes. Linge servit au Führer de la purée de pommes de terre avec un œuf au plat et posa à côté un verre d'eau minérale Fachinger. Hitler se servit de pain complet croquant.

Je ne sais plus ce que les aides de camp nous apportèrent, j'étais trop occupée à observer. En tout cas, je n'ai pas mangé grand-chose. Conformément à son volume, le professeur Morell révéla en revanche un appétit qu'il exprimait de façon non seulement visible, mais audible.

Pendant le repas se déroula une conversation générale et anodine à laquelle je n'osais pourtant pas participer quand je n'étais pas directement interrogée. Vis-à-vis des dames, Hitler était un hôte très affable. Il nous invitait à nous servir, nous demandait si nous désirions autre chose, il parlait d'un ton enjoué et avec un certain humour de voyages précédents dans ce train et de son chien, et faisait des plaisanteries sur ses collaborateurs.

J'était extrêmement surprise du caractère désinvolte de la conversation. Bormann surtout était doux et amical et ne donnait pas du tout l'impression d'un homme si redouté et puissant tel que je le connaissais par ouï-dire. Le Führer parlait à voix basse et étouffée et, après le repas, il demanda que l'on éteigne le plafonnier. Il préférait la lumière tamisée à cause de ses yeux fragiles. Désormais, seule une lampe de table était encore allumée, le train continuait à tanguer à un rythme régulier, et le professeur Morell s'assoupissait doucement sans que personne y prête attention. Je ne sortais pas de mon étonnement. Assez tard, on servit encore du café avec des petits gâteaux. Hitler prit un thé au cumin dont il affirma qu'il avait un goût merveilleux. Mlle Schroeder fut aimablement invitée à le goûter, mais on ne put l'y décider. Nous restâmes encore un long moment ensemble. J'écoutais chaque mot prononcé par Hitler, mais je ne peux plus dire aujourd'hui autour de quoi tournait la conversation. J'ai depuis assisté à d'innombrables entretiens et pris beaucoup de repas en compagnie de Hitler, si bien que je ne me souviens plus des détails. Cette première soirée ne fut pour moi un événement qu'à cause de sa nouveauté. Je ne m'attachais pas à ce que Hitler disait, mais à la manière dont il parlait et dont son caractère s'exprimait.

Parfois, le train s'arrêtait brièvement dans de petites gares. Les officiers de transmission se mettaient alors à l'ouvrage avec empressement pour brancher les lignes téléphoniques et établir des liaisons importantes. De temps en temps, le domestique ou l'un des aides de camp de la Wehrmacht transmettait un message. Le Führer n'oubliait pas non plus que Blondi devait sortir et donnait à Linge l'ordre de conduire le chien dehors au prochain arrêt. Au demeurant, Hitler appelait ses collaborateurs uniquement par leur nom de famille, sans titre. Ainsi dit-il par exemple : « Linge, emmenez Blondi dehors. » Un moment après, il demanda : « Bormann, quelle heure est-il ? » Il était environ une heure et demie. Il s'informa encore auprès de Schaub pour savoir quand nous serions à Munich le lendemain et sonna le domestique. L'entretien était terminé et le départ semblait imminent. Linge dut encore se renseigner sur d'éventuelles incursions, et quand il apporta une information négative, Hitler se leva, serra la main de chacun et se retira.

Tout à coup, je n'étais plus du tout fatiguée. Le café m'avait réveillée. Nous regagnâmes tous nos compartiments, mais nous fîmes une halte dans le wagon-restaurant pour fumer vite une cigarette, et je restai encore un moment avec Hewel et Lorenz. Puis je me couchai et dormis jusqu'à ce que le bruit de pas précipités dans le couloir me réveille. Quand je relevai le store, le soleil brillait sur des arbres enneigés. Nous devions être à Munich vers midi.

Il était maintenant neuf heures. Je m'habillai rapidement et allai prendre le petit déjeuner. Les gens parlaient du Berghof et d'Eva Braun. Elle devait monter dans le train à Munich et nous accompagner jusqu'à Berchtesgaden. Je m'intéressais bien sûr vivement à elle et à sa place par rapport à Hitler. Junge, avec qui je m'entendais très bien et auquel je me joignais volontiers, m'expliqua qu'elle était la dame du Berghof, et tacitement reconnue comme telle par tous les invités. En tout état de cause, il fallait que je me prépare au fait que c'était là la maison particulière de Hitler, que nous devions tous nous considérer comme ses hôtes et que nous mangerions tous ensemble avec lui. Cela n'était valable, il est vrai, que pour un cercle étroit. Tout le reste de l'état-major était logé dans les bâtiments annexes et les environs plus lointains du Berghof, et les services de la Chancellerie du Reich et la direction de la Wehrmacht avaient leurs quartiers à Berchtesgaden.

Auparavant, nous devions pourtant passer une journée à Munich. J'avais du mal à rester assise tranquillement. Nous nous approchions déjà de notre but, et je me réjouissais énormément de revoir ma famille. Cela faisait six mois que j'avais quitté la maison. Enfin, nous entrâmes dans la gare principale de Munich et, sans secousse, aussi doucement que nous avions démarré, le train s'arrêta. Le train supplémentaire, qui nous précédait et qui avait quitté près d'une demi-heure avant nous le quartier général de Prusse orientale avec tout le reste de l'important état-major, était vide et abandonné sur la voie latérale. Lorsque les passagers du wagon d'invités descendirent et passèrent sur le quai, il n'y avait plus trace nulle part du Führer. Il avait quitté le train le premier, il était vite monté dans sa voiture et il était parti.

On ne voyait plus alors de barrage, plus de soldats de garde et plus de rassemblement populaire. Hitler s'était rendu dans son appartement privé de la Prinzregentenplatz, et je me précipitai chez ma mère pour enfin lui décrire en personne mes aventures. Elle n'était pas du tout enthousiaste, et je crois qu'elle aurait préféré de beaucoup que je garde un petit emploi modeste à Munich, sans toutes ces agitations et magnificences. Son instinct maternel y voyait pour moi toutes sortes de dangers, d'ordre moral, mais aussi vital. Mais je m'étais précipitée sans scrupules dans le tourbillon, sans réfléchir, heureuse d'avoir échappé à la vie quelconque d'employée de bureau, et avide d'expériences.

La journée tira vite à sa fin, je devais me trouver à nouveau le soir à la gare. Après la tombée de la nuit, nous démarrâmes secrètement. Je ne vis plus le Führer jusqu'à notre arrivée à Liefering, une petite localité à proximité de Salzbourg. Là, je n'aperçus que les phares de la Mercedes noire qui fonçait en direction de l'Obersalzberg, derrière elle une longue colonne de voitures dans laquelle mes collègues et moi-même fîmes le voyage. Nous avancions en direction de la silhouette du sommet de la montagne et, bientôt, la route couverte d'une neige épaisse se mit à serpenter vers les hauteurs. Une longue file de phares avança à tâtons jusqu'à mille mètres d'altitude. Enfin, le Berghof fut en vue. Le grand bâtiment était sombre, seul le reflet de la neige projetait une faible lueur sur les vitres du hall.

3.

Premières impressions du Berghof

Hitler était arrivé peu de temps avant nous et avait déjà disparu dans ses locaux. Son manteau et sa casquette étaient accrochés à l'un des portemanteaux dans l'entrée. Nous fûmes accueillis par Mme Mittlstrasser[1], la gardienne du Berghof. C'était une petite Munichoise, jolie, déterminée et, comme je l'avais entendu dire, très qualifiée. Elle conduisit alors les nouveaux arrivants et nous escorta nous aussi à travers un vaste couloir jusqu'à un petit escalier qui menait à nos chambres, Mlle Schroeder et moi. Nous étions logées tout en haut sous les toits dans les deux petites pièces de l'ancienne maison Wachenfeld, la maison qui avait appartenu à la sœur de Hitler et d'où le Berghof avait plus tard pris naissance. À présent, tout avait été modernisé et amélioré, et je découvris une ravissante petite chambre pour dame

1. Le couple de gardiens Willi et Gretl Mittlstrasser s'occupa du Berghof jusqu'à l'effondrement du Troisième Reich.

en bleu clair et blanc, avec un miroir de toilette, un petit secrétaire et un lit splendide. Mlle Schroeder habitait à côté dans une pièce un peu plus grande, dont le rouge était la couleur dominante. En face de nos chambres se trouvait une salle de bain commune auprès de laquelle logeait une des bonnes.

Je m'étais tellement réjouie de voir les montagnes de près. J'étais Munichoise, mais je n'avais jamais eu l'occasion d'aller à la montagne. Et quand je me réveillai le lendemain matin, que je tirai vite les rideaux pour admirer le site tant vanté, je ne vis à ma grande déception qu'un mur épais de brouillard et de nuages, sans nulle trace de montagne. Malheureusement, je dus apprendre que ces phénomènes naturels faisaient partie des attributs principaux de cette région, du moins pendant la plupart du temps de notre séjour.

Mais pour le moment, j'avais suffisamment à faire avec la découverte de l'intérieur du Berghof. On devait sûrement servir un petit déjeuner quelque part, mais personne ne m'avait dit où et sous quelle forme. Je descendis donc furtivement l'escalier que j'avais monté le soir sans faire attention. À mi-hauteur, je trouvai encore une porte, derrière laquelle résonnait la voix du général Schmundt, chef du grand état-major de la Wehrmacht. L'escalier prenait fin avec son dernier tournant au rez-de-chaussée dans un vestibule. À gauche, une porte vitrée, à droite, une sortie latérale sur la cour. La porte vitrée menait à un salon rustique avec un grand poêle carrelé vert. Il n'y avait personne, et je me sentais un peu mal à l'aise. J'ignorais si j'allais atterrir tout à coup dans le bureau de Hitler ou ailleurs. Le vestibule se rétrécissait en un large couloir dont les fenêtres laissaient passer la lumière. Je tournai au coin et me retrouvai dans la vaste entrée. À gauche, je remarquai une très grande porte semi-circulaire à deux battants. D'après son emplacement, elle devait conduire dans le célèbre hall que je connaissais d'après les cartes postales. Le large couloir donnait directement sur une autre porte à battants en passant devant l'escalier de marbre. Là, j'entendis enfin des voix. Personne n'avait pensé que j'étais ici pour la première fois, et c'est pourquoi il m'avait fallu trouver seule mon chemin jusqu'à la salle à manger, que je venais enfin de découvrir.

Tout de suite à gauche près du portail d'entrée, on entrait dans la pièce toute en longueur. Elle occupait une grande partie de l'aile gauche qui avait été construite plus tard, quand tout le Berghof avait été aménagé en bâtiment de représentation. Des fenêtres presque aussi hautes que la pièce, qui libéraient la vue loin dans le pays salzbourgeois, occupaient toute la largeur de la salle. Au milieu se dressait la longue table avec des chaises à accoudoirs. Il y avait de la place pour environ vingt-quatre personnes. Devant, la pièce s'élargissait sur le côté en une partie semi-circulaire. Ici se trouvait encore une large table ronde qui était dressée pour le petit déjeuner. La seule décoration de la salle à manger consistait dans les jolies nervures du pin dont étaient fabriqués les murs, les meubles, et même le lustre au-dessus de la table et les lampes murales. En face des fenêtres, un placard à portes vitrées interrompait le grand mur. Quelques vases précieux apportaient une touche de couleur dans l'uniformité du ton jaune d'or.

C'était un petit déjeuner en comité restreint. Ma collègue Schroeder était déjà assise à sa place et me déclara avec une légère réprobation qu'elle venait de finir son repas. Apparemment, je m'étais levée trop tard. Mais personne ne m'avait réveillée non plus, ni mise au courant des usages de la maison. Le général Schmundt, le capitaine von Puttkamer, officier de marine, et Walter Frentz, reporter-photographe du quartier général du Führer, étaient les autres convives. Sinon, il n'y avait encore personne. Il y avait du thé, du café, du cacao et du jus de fruit. On pouvait choisir différentes sortes de pains comme du craque-pain, du pain complet et du pain noir ordinaire, mais du pain blanc était réservé à ceux qui souffraient de l'estomac. À chacun était attribué un petit morceau de beurre de dix grammes déjà disposé sur chaque assiette. Et il y avait de la confiture. Comme on ne pouvait pas fumer dans les locaux du Führer, la société abandonna très vite les places pour savourer les habituels cigares ou cigarettes du petit déjeuner. Je me mis ensuite en marche avec Mlle Schroeder et Otto Günsche pour découvrir l'environnement proche.

Nous montâmes d'abord le large escalier jusqu'au premier étage. Je voulais savoir où habitait le Führer. Un très vaste corridor ressemblait presque à un hall, à cause non seulement de la grande fenêtre, mais surtout des tableaux de grande valeur qui ornaient les murs. De précieux maîtres anciens, de jolies sculptures et des vases exotiques et des cadeaux d'hommes d'États étrangers vous donnaient l'impression d'être dans un musée. Tout était magnifique, mais froid et impersonnel. Si d'épais tapis n'avaient pas étouffé les pas, on aurait de soi-même marché sur la pointe des pieds. Il régnait un silence de mort car Hitler dormait encore.

La première porte, tout de suite à gauche de l'escalier, menait à un petit appartement de deux pièces avec bain qu'habitaient le domestique de service et le chauffeur. En face, du côté droit du couloir, les femmes de chambre d'Eva Braun disposaient d'une petite pièce de repassage. Devant la porte suivante se tenaient, à droite et à gauche, comme coulés dans le bronze, deux scotch-terriers noirs, Stasi et Negus. Les portiers d'Eva Braun. Ils demeuraient assis, immobiles, jusqu'à ce que la maîtresse de maison se réveille. La pièce suivante était la chambre à coucher de Hitler. Entre les deux se trouvait une grande salle de bain qui n'avait toutefois pas d'entrée de l'extérieur. Tout cela occupait la longueur du couloir. La porte à double battant du côté étroit menait au bureau de Hitler. Je n'y ai pas pénétré à ce moment-là, mais je me suis glissée devant sur la pointe des pieds.

En face de la chambre d'Eva Braun, quelques marches conduisaient au passage entre la maison Wachenfeld initiale et le grand Berghof. À l'extrémité de ce passage, nous redescendîmes les escaliers et entrâmes dans le salon que j'avais déjà brièvement visité le matin.

Nous n'avions rencontré personne, en dehors de quelques aides de camp qui avaient quelque mission à accomplir. On aurait dit que la maison entière était inoccupée. J'appris alors que je me trouvais dans l'ancien salon de Hitler. Il était aménagé bourgeoisement, et à vrai dire, c'était la seule pièce qui dégageait une certaine intimité. Le poêle carrelé vert et le banc qui l'entourait en faisaient un lieu accueillant. Devant la large fenêtre se trouvait une table carrée avec un banc en bois dans le coin. La nappe était de la même toile à motifs colorés que les rideaux et les coussins sur le banc. De l'autre côté de la fenêtre se dressait une grande bibliothèque. Ici non plus n'apparaissait aucun livre sensationnel. De nombreux volumes d'une encyclopédie, quelques-unes des œuvres les plus importantes de la littérature mondiale qui ne semblaient guère avoir été lues, les albums de Wilhelm Busch, une série de récits de voyages et, bien sûr, *Mein Kampf* relié de cuir. Au demeurant, chacun était libre d'emprunter un livre de cette bibliothèque, aucun d'entre eux n'était interdit. À droite, face à la fenêtre, un lourd rideau de velours séparait le salon du hall. Je jetai un coup d'œil furtif à l'intérieur et j'eus la même impression que celle des cartes postales en couleurs : très grand, également très dispendieux et monumental, comme tout ce que construisait le Führer, mais froid, malgré les épais tapis, malgré les splendides gobelins et les nombreux objets précieux qui ornaient les murs et les meubles. Plus tard aussi, lors des nombreuses nuits que je passai assise près du feu de la cheminée à la lueur de bougies, cette sensation ne me quitta jamais complètement. Je crois que l'espace était trop grand et que les gens qui l'occupaient étaient trop petits pour l'emplir.

Mais le jardin d'hiver, que l'on devait traverser quand on voulait passer du salon à la terrasse, me plaisait. Il y avait là surtout beaucoup de fleurs, des fauteuils et canapés de couleurs claires, profonds et doucement rembourrés, avec de petites tables rondes. L'ensemble de la pièce faisait au plus trois mètres sur trois et, sur deux côtés, les parois étaient uniquement en verre.

Mais ce qu'il y avait de plus beau au Berghof, c'était la terrasse. Un grand plateau rectangulaire, en dalles de Solnhofen, avec une balustrade en pierre. Quand les nappes de brume se dissipaient, on voyait au loin le château de Salzbourg éclairé par le soleil sur sa douce colline et, de l'autre côté, Berchtesgaden s'étendait dans le fond, encerclé par les sommets du Watzmann, du Hohes Göll et de la Mer de Pierre. Et, juste en face, se dressait l'Untersberg. Par temps clair, on pouvait distinguer à l'œil nu la croix sur son sommet. La terrasse contournait le jardin d'hiver jusqu'à la fenêtre du salon et débouchait alors dans une petite cour pavée qui longeait le dos de tout le bâtiment et qui avait pour paroi naturelle le rocher de la montagne.

Par la sortie arrière du Berghof ou en passant par la terrasse, je pouvais arriver dans le bureau du service des aides de camp. Du côté ouest, tout près du bâtiment principal, blottie contre le rocher, se trouvait une petite maison paysanne à un étage. Elle abritait au rez-de-chaussée un petit bureau pour les gens de presse et l'officier de liaison Hewel. À l'étage supérieur habitaient le chef aide de camp de service, le Gruppenführer Bormann ou l'Obergruppenführer Schaub, dans un ravissant appartement rustique composé d'un salon, d'une chambre à coucher et d'une salle de bain. Un vieil escalier extérieur en bois conduisait là-haut, très pittoresque, mais certainement casse-cou par temps de pluie ou de neige. À la petite maison s'ajoutait une construction en bois, basse et allongée, avec différentes pièces utilitaires. C'est là que notre bureau se trouva d'abord : une pièce très sobre et laide, avec un aménagement extrêmement médiocre.

Je n'ai jamais pu comprendre pourquoi ce local en particulier était aussi négligé. Peut-être parce que Hitler lui-même n'y était jamais entré. De plus, il y faisait assez sombre car tout le bâtiment était longé par un couloir en plein air recouvert de bois, qui offrait certes une jolie vue avec ses colonnes et ses jardinières colorées, mais qui ne laissait pas pénétrer un seul rayon de soleil. À côté du bureau se trouvait la station dentaire. En cas de besoin, le professeur Blaschke de Berlin remplissait ici son office avec son aide et une assistante. Le petit local était équipé avec les outils et appareils de dentisterie les plus modernes car, la plupart du temps, Hitler profitait aussi de son séjour dans les montagnes pour se faire réparer les dents. Le coiffeur aussi trouvait place dans ce bâtiment, mais il devait se contenter de moyens de fortune. Enfin, suivait encore un grand dortoir pour les soldats de la garde, puis venait le mur du jardin avec la porte qui conduisait à la maison des invités. Il y avait là une sentinelle qui exigeait inexorablement le laissez-passer pour entrer ou sortir.

Juste au pied du Berghof passait une large route qui montait de la vallée en lacets et continuait jusqu'au *Turc*[1], au *Platterhof*[2], à la maison de Bormann et aux casernes. Au-delà de la route s'étendait en légères collines un terrain enchanteur. Aucun jardinier n'aurait pu créer un plus beau jardin que celui que la nature avait engendré là. Les prairies, la forêt et les torrents formaient un parc naturel. Seuls les chemins bien entretenus qui les traversaient ainsi qu'une petite route témoignaient du passage des hommes. C'était là l'« enclos » du Führer, comme son entourage appelait le terrain. Cachée derrière les arbres et invisible depuis le Berghof se trouvait une petite maison de thé où Hitler se rendait presque quotidiennement.

Malgré cette beauté à laquelle j'étais si sensible, je n'arrivais pas à me sentir bien dans l'atmosphère du Berghof. Nous étions traités comme des hôtes, mais nous n'étions pas là volontairement : nous restions des employés. Seuls les messieurs qui pouvaient amener leurs familles ou du moins héberger leurs femmes à Berchtesgaden ou dans le voisinage étaient très contents quand le quartier général était transféré dans cette région du sud de l'Allemagne. Mais, pour eux aussi, le bonheur était troublé : ils savaient bien que leur famille était à proximité,

---

1. Il s'agit de l'auberge *Zum Türken* (« Chez le Turc ») qui existe encore aujourd'hui.

2. Le Platterhof était une maison pour les invités dont le coiffeur comptait entre autres Eva Braun et Traudl Junge parmi ses clientes.

mais ils pouvaient très rarement se libérer tout à fait pour aller les retrouver. Seuls ceux dont les heures de service étaient fixes et indépendantes de l'emploi du temps du Führer pouvaient jouir pleinement de la période passée au Berghof. Mais les autres dépendaient des horaires irréguliers, contraignants et pourtant très monotones de Hitler.

Pendant les heures de la matinée, la bâtisse était calme et délaissée. Il ne régnait un peu de vie que dans les espaces communs et dans le bâtiment des aides de camp. L'activité ne commençait pas avant midi. Le long de la route, les voitures qui passaient en trombe amenaient les généraux et les officiers à la réunion d'information. Des hommes en uniformes, qui ne voulaient pas renoncer à un cigare ou une cigarette et préféraient pour cela rester à l'air libre, occupaient la paisible terrasse. Dans le petit jardin d'hiver, les officiers d'ordonnance attendaient avec des cartes et des serviettes, les téléphones sonnaient à présent sans interruption, et ce n'est qu'au moment où le Führer apparaissait que les gens se retiraient à nouveau à l'intérieur de la maison. Le hall avec l'énorme fenêtre, une salle qui semblait en fait conçue pour une compagnie tranquille et des conversations pleines d'esprit, devenait le théâtre de violentes discussions, de calculs prosaïques et de décisions sur la vie et la mort.

Entre-temps arrivaient peu à peu ceux qui n'avaient rien à voir avec la réunion et espéraient obtenir un déjeuner à un moment ou un autre. Le Dr Dietrich et Lorenz descendaient de la maison d'hôtes, les médecins Morell et Brandt arrivaient, ainsi que le deuxième médecin d'escorte du Führer, le Dr von Hasselbach. Au bout de quelques jours, le tableau fut aussi égayé par l'apparition de plusieurs dames. Mme Brandt, Mme von Below, épouse de l'officier de la Luftwaffe,

Mme Schneider, une amie d'Eva Braun, et Gretl Braun, la sœur d'Eva, faisaient partie des invités permanents.

Pendant la réunion d'information, toutefois, personne n'avait à faire dans le salon ou dans la grande salle. Il fallait donc traîner quelque part dehors ou rester dans sa chambre jusqu'à ce qu'on soit appelé. Mais malheureusement, Hitler lui-même semblait étranger à la sensation de faim, et il oubliait parfois complètement qu'une quantité d'invités attendaient le repas de midi et buvaient un vermouth après l'autre pour calmer leur estomac rebelle. Ainsi fallait-il parfois patienter jusque trois ou quatre heures de l'après-midi pour qu'enfin le dernier uniforme l'ait quitté et que la dernière voiture soit repartie.

Hitler montait ensuite les quelques marches du hall et entrait dans le salon où une société affamée était rassemblée. À ce moment apparaissait alors la plupart du temps Eva Braun, annoncée par les aboiements de ses deux compagnons noirs. Hitler se dirigeait vers elle, lui baisait la main et saluait d'une poignée de main tous ceux qu'il n'avait pas déjà vus à la réunion. C'est à cette occasion que je vis Eva Braun pour la première fois et que je lui fus présentée. Elle était très bien habillée et maquillée, et je fus frappée par sa simplicité et son naturel. Elle n'était pas du tout l'idéal d'une jeune fille allemande tel qu'on le voyait représenté sur les affiches de publicité du BDM [1] ou dans les revues de la ligue des femmes. Les cheveux bien soignés étaient décolorés, et si le beau visage n'était pas dépourvu de fard, il était maquillé avec beaucoup de goût. Eva Braun n'était pas grande, mais elle avait une silhouette réellement jolie et elle était fine et très bien faite. Elle savait remarquablement s'habiller

1. BDM = Bund Deutscher Mädel : Union des jeunes filles allemandes.

dans un style qui lui convenait. Sa tenue n'avait jamais rien d'excessif mais était toujours d'un bon goût harmonieux et agréable, bien qu'elle portât des bijoux précieux.

Quand je la vis pour la première fois, elle était vêtue d'une robe en épais tissu de laine vert nil, dont le haut était moulant tandis que la jupe cloche était ourlée d'une large bande de fourrure léopard. Sa jolie démarche faisait doucement balancer la jupe. La robe avait de longues manches ajustées, et l'échancrure en forme de cœur était fermée par deux clips dorés – je ne sais pas s'ils étaient en or véritable. On s'adressait à elle en l'appelant « Mademoiselle », les dames disaient « Mademoiselle Braun ». Mme Brand et Mme von Below semblaient être étroitement liées avec elle, car elle entama aussitôt une conversation très féminine et naturelle sur les enfants, la mode, les chiens et les expériences personnelles.

Mme Schneider, qu'Eva nommait « Herta », était une de ses anciennes camarades d'école et, même à Munich, elles étaient presque constamment ensemble. Il y avait aussi ses deux petites filles qui furent si souvent photographiées par Eva Braun que beaucoup de gens les prirent pour ses propres enfants.

Le temps d'attente avant le repas se passa en conversations anodines. Hitler s'entretint avec Eva, se pencha vers ses chiens qu'il qualifia de balayettes, à quoi elle rétorqua que Blondi était un veau et non un chien. Je remarquai avec surprise que l'homme qui était revenu peu avant de la réunion avait laissé toutes les pensées sérieuses et de service derrière le lourd rideau qui séparait la grande salle du salon. Son visage était celui d'un hôte simple et de bonne humeur qui reçoit dans sa maison de campagne.

Finalement, Linge entra, se dirigea vers Mme Brandt et dit : « Madame, le Führer va vous conduire à table. »

Un aide de camp informa les autres convives de l'agencement de la table, puis Linge se présenta devant le Führer et annonça : « Mein Führer, le repas est servi. »

Hitler, qui avait été prévenu de la personne à laquelle il devait offrir son bras, passa devant avec Mme Brandt, Eva Braun prit le bras du Reichsleiter Bormann – ce plan de table demeura inchangé –, puis les autres couples suivirent, le long du vaste couloir jusqu'à la salle à manger. Le Führer s'assit au milieu, face à la fenêtre, Eva Braun à sa gauche, puis le Reichsleiter Bormann. En face de Hitler et d'Eva Braun se trouvait l'invité d'honneur ou de rang supérieur avec sa dame.

J'avais comme voisin de table le chef de la presse du Reich. Il était en civil, et le costume bleu foncé le faisait paraître encore plus effacé que l'uniforme. Je m'attendais à ce qu'il ait une conversation fort abstraite. Il me demanda : « Est-ce que vous êtes déjà venue ici sur l'Obersalzberg ? » Quand je lui répondis que j'étais certes Munichoise, mais que je ne connaissais pas du tout la montagne, cette nouvelle le toucha autant que si je lui avais raconté que je venais de la lune. Il me décrivit ensuite abondamment la beauté de la région et me cita une quantité de promenades possibles qui, malheureusement, demeuraient mystérieuses pour moi, puisque je ne connaissais encore aucun des lieux ou chemins qu'il mentionnait. Mais, pendant cette conversation peu excitante, j'eus du moins l'occasion d'observer la cérémonie du repas.

Au milieu de la longue table se trouvait un bel arrangement floral. Au quartier général, jamais le Führer n'avait de fleurs. Mais ici, au Berghof, une femme régnait sur la propriété, et l'on sentait sa présence. La table était dressée avec de la porcelaine de Rosenthal, avec des motifs floraux peints à la main sur fond blanc. Aux deux extrémités de la table, il y avait une garniture de vinaigre, huile, sel, poivre et… cure-dents. À côté de chaque couvert, on trouvait une serviette dans une pochette en papier sur laquelle le nom était inscrit.

La société avait à peine pris place et déplié les serviettes que la porte qui donnait sur les communs s'ouvrit et que la suite d'aides de camp entra. Deux d'entre eux portaient chacun une pile d'assiettes chaudes, les autres enlevèrent de la table les nôtres qui furent alors remplacées. Peu de temps après, le repas fut servi. Junge apporta un plateau avec les plats du Führer, deux aides de camp pour chaque côté de la table amenèrent de grands saladiers et commencèrent à servir à partir du milieu vers chaque extrémité. Deux autres domestiques demandèrent ce que l'on voulait boire. La salade semblait être une sorte d'entrée car tout le monde commença tout de suite à manger. Mais le plat suivant apparut déjà : il y avait du rôti mariné avec de la purée de pommes de terre et des haricots frais. Ce premier menu du Berghof m'est resté en mémoire car j'étais très soulagée que nous ne soyons pas tous soumis à la nourriture diététique du Führer. Il aurait vraiment fallu que je sois malade pour avaler volontairement des soupes d'avoine, de la crème de graines de lin, du müsli et des jus de légumes. À table, Hitler lui-même parlait souvent de ses difficultés à obtenir des plats acceptables en tant que végétarien. Il souffrait de l'estomac et, plus tard, j'en vins à penser qu'une grande partie de ses douleurs étaient de nature nerveuse ou imaginaire. Ici, sur l'Obersalzberg, Hitler mangeait selon le régime de l'établissement de cure Zabel. Le professeur Zabel avait à Berchtesgaden un institut assez connu, et il administrait une nourriture semblable à celle du professeur suisse Bircher-Benner. Quand Hitler était sur l'Obersalzberg, on allait chercher une cuisinière de l'établissement qui faisait la cuisine pour lui. Il avait une curieuse passion pour l'huile de lin crue. Il aimait beaucoup par exemple les pommes de terre cuites avec du fromage blanc sur lesquelles il versait ensuite de l'huile de lin.

Eva Braun n'avait qu'une compassion dédaigneuse pour cette nourriture. Rien n'aurait pu la décider à goûter les plats du Führer. Mais elle-même prétendait également avoir un estomac fragile, elle mangeait très peu, uniquement des mets digestes et peu de gras. Quelquefois, elle buvait après le repas une liqueur stomachique. Quand je la connus mieux, je pensai toutefois qu'elle se contenait surtout à cause de sa ligne. Elle détestait les femmes grosses et était très fière d'être gracile et mince. Le Führer la taquinait là-dessus : « Quand je t'ai rencontrée, tu étais si joliment rondelette, et maintenant tu es vraiment maigre. Les femmes disent toujours qu'elles veulent être belles pour l'homme, et puis elles font tout pour aller contre son goût. Elles prétendent qu'elles sacrifient tout pour lui plaire, et elles ne font que se soumettre à la mode. C'est la plus forte et unique puissance. Et les camarades du même sexe sont le seul public déterminant. Toutes les femmes ne veulent qu'exciter la jalousie de leurs amies. » Eva protestait bien avec véhémence, mais avouait que pour rien au monde elle ne voudrait grossir.

Les conversations à table étaient le plus souvent superficielles et gaies. Hitler racontait les farces qu'il avait faites à l'école et pendant la période de combat du parti. Souvent, il taquinait ses collaborateurs. Walther Hewel, à l'époque envoyé du ministère des Affaires étrangères, était un bon objet. Pour son rang, il était encore relativement jeune et célibataire. Il avait environ quarante ans. Il était apprécié pour son aimable charme rhénan. Il avait vécu pendant des années en Inde et avait beaucoup de choses amusantes à raconter à ce sujet. Hitler lui demanda : « Quand allez-vous enfin écrire votre livre *De la machette au poignard de diplomate* ? Mais c'est que vous n'êtes pas un diplomate ! Plutôt un fantastique cow-boy diplomatique ! » Le grand et imposant Hewel ne fit que rire de bon cœur : « Si je n'étais pas diplomate, je ne pourrais pas me trouver entre vous et Ribbentrop, mein Führer », répondit-il. Et Hitler dut le reconnaître car il savait quel homme difficile était le ministre des Affaires étrangères. Mais le fait que Hewel ne soit pas encore marié faisait l'objet de taquineries quotidiennes. « Vous devez vouloir d'un de ces petits singes indiens », disait Hitler. Le Führer cherchait très sérieusement une femme appropriée pour son envoyé préféré. Pendant un temps, son entourage pensa qu'il le verrait bien comme époux de la sœur d'Eva, Gretl Braun. Mais cette proposition ne dut pas plaire à Hewel. Plus tard, il fut discrètement orienté vers Ilsebill Todt, la fille du défunt architecte. Hitler disait qu'elle était une « jeune fille belle comme le jour » et il fut déçu que sa suggestion ne satisfasse pas Hewel.

En outre, Hitler essayait pendant le repas de gâcher le plaisir des mangeurs de viande. En vérité, il ne voulait convertir personne au végétarisme, mais il commença tout à coup à raconter combien les abattoirs étaient atroces. « Quand j'étais stationné au quartier général en Ukraine, mes hommes ont dû visiter une fois l'abattoir le plus grand et le plus moderne. C'était une usine complètement mécanisée, du porc jusqu'à la saucisse, y compris le traitement des os, des soies et des peaux. Tout était si propre et soigné, et de jolies filles avec de hautes bottes en caoutchouc étaient debout dans le sang jusqu'au mollet. Malgré tout, ces messieurs mangeurs de viande se sont sentis mal, et beaucoup sont sortis sans avoir tout vu. Ce genre de choses ne peut pas m'arriver. Je peux regarder sans problème arracher les carottes et les pommes de terre, ramasser les œufs dans le poulailler et traire les vaches. »

Il est vrai que la plupart étaient déjà si habitués à ces conversations que personne ne se laissait plus gâcher l'appétit. Mais Hitler trouvait toujours une victime. Le chef de la presse du Reich, qui avait l'âme tendre, posait couteau et fourchette, le visage blême, et déclarait simplement qu'il n'avait plus faim. Quelquefois, cette conversation était encore suivie d'une petite considération philosophique sur la lâcheté des hommes. Ils ne pouvaient certes pas faire grand-chose eux-mêmes, ou même seulement regarder, mais ils tiraient quand même avantage de tels actes avec bonne conscience.

Le déjeuner durait généralement une heure. Puis le Führer se levait de table pour se préparer à sa promenade. Il aimait mieux la petite maison de thé sur le site que le chemin qui y conduisait. Il n'y avait que vingt minutes de marche mais, par mauvais temps, il préférait s'y rendre avec la Volkswagen. Les domestiques et les aides de camp demandaient à chaque convive s'il voulait participer. On pouvait aussi s'excuser et passer le temps comme on voulait. Mais les dames étaient toujours souhaitées, il n'y avait pas encore beaucoup d'hôtes féminins pendant les premiers jours. Par convenance, il devait y avoir suffisamment de messieurs pour équilibrer le groupe. Le Reichsleiter Bormann prétextait presque toujours un travail urgent. Pour cette bête de travail, ces heures de distraction privée pendant lesquelles il ne pouvait pas parler d'affaires étaient du temps perdu.

Eva Braun était cependant une fervente sportive et promeneuse. Elle se changeait tout de suite après le repas, emmenait ses deux chiens et son amie Herta, et entreprenait un grand détour à pied avant de retrouver toute la compagnie à la table du café.

Le Führer mettait sa casquette souple – le seul couvre-chef qu'il n'enfonçait pas tout droit comme un pot sur sa tête –, il enfilait sur son uniforme soit une longue cape de pluie noire ou un trench-coat, prenait la canne et la laisse du chien et se mettait en route avec les messieurs. Le reste de la troupe suivait sans cérémonie. Le plus souvent, le Führer marchait si lentement qu'une partie de ceux qui suivaient le dépassaient. La pauvre Blondi devait avancer en laisse car cette parcelle de campagne était un paradis pour le gibier. Les chevreuils, les lièvres et les écureuils étaient très dociles. Ils broutaient dans les prairies et ne se souciaient guère des marcheurs. Apparemment, ils avaient fait l'expérience qu'aucun coup de feu ne troublait leur tranquillité et que l'homme les protégeait et les nourrissait en hiver. Les chiens noirs d'Eva Braun s'élançaient quelquefois avec des jappements furieux au bas de la pente à travers l'herbe haute, et les chevreuils qui traînaient là les regardaient venir avec commisération et ne faisaient quelques bonds qu'une fois leurs poursuivants déjà tout près d'eux.

La maison de thé était située sur un petit plateau rocheux qui s'inclinait fortement au nord. C'était un point de vue naturel. En bas, tout au fond, l'Ach coulait avec de nombreux méandres très marqués, et les maisons sur ses rives ressemblaient à de petites boîtes d'allumettes. D'ici aussi, entre les montagnes, la vue était dégagée jusqu'à Salzbourg, et sur la gauche seulement se trouvait obstruée par la Mer de Pierre. Mais le prodigieux colosse de rocher était aussi une curiosité. Par beau temps, les premiers arrivés attendaient en plein air sur un banc de bois jusqu'à ce que la compagnie soit au complet.

Le plus souvent, Eva Braun venait avec son appareil photo ou sa caméra et essayait d'avoir le Führer devant l'objectif. Elle était la seule autorisée à le photographier, mais il était très difficile d'avoir de lui de bons instantanés. Il voulait être pris tout à fait discrètement et sans affectation. Mais quand il faisait beau et que le soleil brillait, il portait toujours sa casquette, si bien que son visage était dans l'ombre, et on ne pouvait le décider à l'ôter parce que la lumière vive l'éblouissait ; ou bien il portait même des lunettes de soleil. Mais Eva déployait tant de ruses et de patience pour sa passion de la photographie qu'elle obtenait quand même souvent de bons clichés, meilleurs que ceux de son ancien maître et employeur, Heinrich Hoffmann [1].

La maison de thé était une construction ronde en pierre, horrible vue de l'extérieur, ressemblant à un silo ou à une centrale électrique. À l'intérieur, hormis la cuisine et la pièce de séjour pour les gardes, ainsi que l'entrée et les pièces adjacentes nécessaires, il n'y avait qu'une seule grande salle ronde dans laquelle on pouvait pénétrer aussi bien directement du dehors que par un joli vestibule depuis les communs. Dans le vestibule se trouvaient quelques confortables fauteuils capitonnés à fleurs multicolores avec de petites tables, ainsi qu'un téléphone.

La grande salle ronde était un chef-d'œuvre d'architecture. Le plafond était légèrement voûté, les murs en marbre avec des bordures en or. Six grandes fenêtres étaient réparties sur la moitié du mur et offraient une vue sur le beau paysage. La partie ouest était délimitée par la grande cheminée et la porte d'entrée. Une énorme table basse et ronde remplissait l'espace. Tout autour, il y avait

1. Photographe officiel de Hitler, chez qui Eva Braun avait fait son apprentissage avant de devenir son employée. C'est dans son magasin qu'elle avait rencontré Hitler.

une vingtaine de profonds fauteuils capitonnés, en alternance de couleur beige et de couleur terre cuite. Sur le côté de la cheminée se dressaient quatre très grands fauteuils à haut dossier pour le Führer et les invités d'honneur. Le personnel avait été averti à l'avance de l'arrivée du Führer, et l'odeur du café envahissait déjà la maison. La table était dressée, et l'on servait tout de suite, à notre arrivée. Hitler avait pris place dans son fauteuil juste devant la cheminée, Eva Braun à sa gauche. Il n'y avait pas ici d'autre ordonnancement de la table, et Hitler invitait Mme Schneider à prendre place à sa droite. Les autres se répartissaient au hasard autour de la table, beaucoup de places restaient le plus souvent vides.

La plupart se réjouissaient d'une tasse de café après la promenade, beaucoup buvaient du thé noir. Hitler lui-même prenait de la tisane de pelure de pomme, quelquefois du thé au cumin, jamais rien d'autre, excepté parfois du gâteau aux pommes frais accompagné de quelques biscuits. Nous autres recevions de petits gâteaux à pâte levée achetés à Berchtesgaden, parfois durs et rassis.

Il était difficile ici de mettre en train une conversation générale. Soit les propos devaient être tenus assez fort pour que tout le monde comprenne, soit ils se concentraient sur des groupes ou des couples isolés, si bien que le silence se faisait de l'autre côté de la table.

Eva Braun s'efforçait d'entamer des conversations distrayantes et décontractées. Elle parlait d'événements cinématographiques et théâtraux et essayait quelquefois de convaincre Hitler de se faire projeter un film particulièrement bon. « Regarde, tu peux faire projeter si agréablement dans la grande salle, et le film est quand même aussi de l'art, ça n'est pas du tout un film drôle, mais très sérieux. Tu te fais bien passer des disques, et le peuple allemand n'a certainement rien contre le fait que le Führer regarde un film à l'occasion. Les gens préféreraient certainement que tes collaborateurs aillent plus souvent au cinéma au lieu de circuler dans des voitures de bonzes et de boire. » Il faut dire que le Führer expliquait chaque fois : « Je ne peux pas regarder de film pendant la guerre, alors que le peuple doit faire tant de sacrifices et que j'ai des décisions si difficiles à prendre. En outre, je dois ménager mes yeux sensibles pour lire les cartes et les nouvelles du front. »

Eva laissa tomber le sujet avec résignation et déclara tout à coup qu'elle avait vu dehors dans le vestibule de magnifiques couvertures en laine, de ravissants carreaux écossais : on pourrait en faire un superbe manteau de dame, et sa couturière avait un modèle particulièrement joli pour ce genre de manteau. « Les couvertures appartiennent à Bormann, je ne peux donc pas en disposer », répondit Hitler de façon évasive. Même sur l'Obersalzberg, Bormann était un seigneur tout-puissant : Rübezahl, le méchant esprit de la montagne. Il s'occupait de l'administration du Platterhof et de tout le terrain du Berghof. Il était responsable de tous les aménagements techniques, des travaux de construction et des installations antiaériennes. À proximité du Berghof, il avait construit une ferme modèle avec un élevage de porcs et de chevaux, une gigantesque exploitation horticole et une fabrique de jus de pomme. Et bien qu'il pût être très jovial et bon enfant, on ne l'appréciait pas non plus ici, mais on le redoutait. Eva Braun n'obtint pas les couvertures pour son manteau.

Hitler prétendait qu'il dormait affreusement mal s'il ne régnait pas un silence absolu. Mais à peine avait-il mangé le dernier morceau de gâteau et bu la dernière tasse de thé qu'il devenait taciturne, fermait les yeux

– soi-disant parce que les reflets des vitres l'éblouissaient – et, le plus souvent, s'endormait doucement peu de temps après.

Personne ne s'en préoccupait. La conversation se poursuivait à voix basse, Eva s'adressait à tout le monde ou à son voisin de gauche. Les jeunes aides de camp se pressaient de sortir sous prétexte de coups de téléphone urgents, pour nuire à leurs corps vigoureux et robustes avec de la nicotine, et l'amiral von Puttkamer, l'officier de marine que l'on ne voyait presque jamais sans cigare, était assis depuis longtemps dans la cuisine avec la troupe, enveloppé d'épais nuages de fumée.

Puis Hitler se réveillait discrètement. Il ouvrait les yeux et participait aussitôt à la conversation du moment, comme s'il n'avait fermé les yeux que pour se livrer à ses réflexions profondes. Personne ne lui enlevait cette illusion. Il demandait ensuite : « Schaub, quelle heure est-il ? » Celui-ci n'avait nullement besoin de regarder sa montre car il comptait les minutes jusqu'au départ. « Six heures pile, mein Führer, dois-je faire avancer la voiture ? » Et plus vite qu'on ne l'en aurait cru capable avec ses pieds abîmés, il clopinait au-dehors pour exécuter l'ordre.

Sur le terrain du Berghof, Hitler conduisait une Volkswagen. C'était un cabriolet, une fabrication hors série, laquée de noir, avec des sièges en cuir. À part le Führer et le chauffeur, il n'y avait que le domestique qui faisait le trajet avec Blondi. Pour les autres convives, des voitures étaient également prêtes, mais la plupart allaient à pied. Les derniers jours de mars 1943 étaient d'une beauté féerique, et après être restés longtemps assis, le mouvement au grand air faisait du bien.

Quand les promeneurs arrivaient ensuite en haut, sur le Berghof, Hitler s'était retiré pour dormir jusqu'à la

« réunion du soir ». Pendant quelques heures, chaque convive était livré à lui-même. La plupart du temps, je me retirais aussi dans ma chambre, j'écrivais des lettres ou j'effectuais mes travaux personnels comme la couture ou la lessive. Quelquefois, je descendais aussi à Berchtesgaden pour rendre visite à des amis qui étaient cantonnés en bas et ne montaient pas au Berghof.

Eva Braun employait les heures où Hitler dormait pour projeter dans sa chambre ses propres films tournés avec sa caméra. Elle y invitait tous les messieurs et dames de l'entourage de Hitler. Au début, je n'y étais pas conviée. Mais souvent, en bas, dans la cave, dans ce qui était en fait la piste de quilles, elle faisait aussi passer des films normaux accessibles à l'ensemble du personnel. Parmi eux se trouvaient également des films étrangers qui ne pouvaient pas être montrés au public. Le bureau du quartier général du Führer recevait directement les pellicules du ministère de la Propagande, et il y avait aussi parmi eux beaucoup de films allemands que nous pouvions voir avant la censure et qui ne furent jamais autorisés par la suite.

Les hôtes étaient prévenus individuellement par téléphone de l'heure à laquelle le repas était fixé. Le plus souvent, on pouvait s'y attendre aux environs de huit heures. Alors recommençait la même cérémonie que pour le déjeuner. Le salon se remplissait lentement. Les messieurs étaient la plupart du temps en civil, les dames portaient leurs plus beaux vêtements. Il était très difficile pour moi de participer à ce défilé de mode. Il est vrai que l'on ne portait pas de longues robes du soir, mais Eva Braun se livrait à une véritable revue de mode élégante.

Avant la guerre, j'avais eu si peu d'occasions de festivités et d'élégance que j'étais complètement orientée vers les vêtements sportifs. À présent, je sortais plutôt de la norme. Eva ne portait quasiment jamais deux fois de suite la même robe, même si nous séjournions pendant plusieurs semaines sur l'Obersalzberg, et jamais elle n'apparaissait pour le dîner dans la même tenue qu'à midi ou à la maison de thé. Je devais à nouveau admirer son bon goût et son habileté à mettre ses avantages en valeur. Le plus souvent, elle portait des couleurs sombres, de préférence du noir. La robe favorite de Hitler était une lourde robe noire en soie avec une large jupe en cloche, très serrée à la taille et sans manches, avec seulement sous les aisselles deux larges bandes droites vieux rose et, dans le profond décolleté rectangulaire ainsi dégagé, deux roses de couleur identique. À cela s'ajoutait une courte veste boléro avec de longues manches étroites.

J'en déduisais que Hitler avait un point de vue curieux sur la mode féminine. Eva portait tout son amour et sa passion sur sa garde-robe et son apparence. Elle n'aurait pas supporté de manquer de vêtements nouveaux et différents continuellement renouvelés dans sa penderie. Hitler lui laissait ce plaisir, mais il disait : « Je ne comprends absolument pas pourquoi vous, les femmes, vous devez toujours changer. Si je trouve une robe particulièrement jolie, alors j'aimerais mieux voir toujours sa propriétaire dans cette robe. Elle devrait se faire faire toutes ses robes dans le même tissu et suivant le même modèle. Mais on s'est à peine habitué à une jolie pièce et on ne l'a pas du tout assez vue qu'arrive encore quelque chose de nouveau. »

De même, Eva ne pouvait pas changer de coiffure. Une fois, elle se montra avec des cheveux de couleur un peu plus foncée et, une autre fois, elle les avait relevés. Hitler était désespéré : « Tu as l'air tout à fait étrangère, complètement différente. Tu es une tout autre femme ! » Il n'était pas du tout d'accord, et Eva se dépêcha de retrouver son ancien aspect. Mais il observait aussi toute transformation chez les autres dames et les admirait ou les critiquait. Mme Schneider, qui, elle aussi, apparut un jour avec une coiffure relevée, fut pleinement applaudie par Hitler. Dans ce cas, il saluait le changement comme une nouvelle image qui était pour lui un plaisir des yeux.

Le dîner se déroulait ensuite de la même manière que le déjeuner. La plupart du temps, des plats froids avec des salades, de l'« Hoppelpoppel », c'est-à-dire des pommes de terre sautées avec des œufs et de la viande, ou des nouilles avec de la sauce tomate et du fromage. Hitler prenait souvent deux œufs au plat avec de la purée de pommes de terre et de la salade de tomates. Avec ses serres, l'exploitation modèle de Bormann fournissait des légumes et des fruits frais tout au long de l'année. Il approvisionnait également le quartier général du Führer avec les produits de son jardin. Ces aliments effectuaient en avion le long trajet de Bavière jusqu'en Prusse orientale. Hitler pensait ne pouvoir digérer que des denrées fraîches, mais il ne voulait pas être ravitaillé par un jardin étranger. Naturellement, ces expéditions de l'Obersalzberg ne suffisaient que pour les besoins personnels de Hitler, mais ici, au Berghof, tout le monde savourait dès le mois de mars des concombres nouveaux, des radis, des champignons, des tomates et de la salade verte.

Hitler mangeait vite et beaucoup. Une fois, alors que je me trouvais en face de lui, je remarquai qu'il m'observait en train de me servir. « Vous mangez bien trop peu, mon enfant, vous êtes déjà si maigre ! » Eva Braun me jeta un regard dédaigneux, car j'étais la plus pure Bavaria comparée à elle. Hitler se servit de l'occasion pour en revenir à une conversation sur la mode de la minceur. « Je ne sais vraiment pas ce qu'il doit y avoir de beau quand les femmes sont aussi maigres que des garçons. C'est justement à cause de la différence architectonique que nous aimons les femmes. Autrefois, il en allait tout à fait autrement. À mon époque, un ballet était encore un plaisir, car on voyait de jolis corps bien arrondis, mais maintenant, ce ne sont plus que des os et des côtes qui sautillent sur la scène. Avant, Goebbels voulait toujours me traîner à des spectacles de danse, mais je ne l'ai accompagné que quelques fois et j'étais très déçu. Au moins, depuis que je suis Führer, je n'ai plus besoin de payer pour ça, j'ai des billet gratuits. » Évidemment, lors de telles conversations, il exagérait, mais fondamentalement, il aimait mieux les formes féminines prononcées que les silhouettes d'adolescents.

Au cours des conversations légères en petit comité durant le repas, Hitler préférait le plus souvent des sujets superficiels et complètement apolitiques. Il pouvait parler de façon très charmante et drôle de sa jeunesse, et aimait surtout mener de petites escarmouches moqueuses avec les dames. Quand il remarqua l'empreinte de son rouge à lèvres sur la serviette d'Eva, il commença à nous expliquer les composants de ce produit de beauté. « Savez-vous au fait avec quoi est fait un rouge à lèvres ? » Nous pensions que c'était peut-être avec des pucerons, Mme Speer[1] déclara avoir entendu dire une fois quelque chose de ce genre. Et Eva Braun déclara qu'elle utilisait un rouge à lèvres français et qu'il était certainement fabriqué avec les substances les plus nobles. Hitler n'eut qu'un sourire compatissant : « Si vous saviez qu'à Paris, justement, les rouges à lèvres sont fabriqués avec le gras des eaux usées, aucune femme ne se maquillerait plus les lèvres ! » Mais nous ne fîmes que rire d'un air supérieur. C'est que nous connaissions sa tactique des « conversations sur les

1. Margarete Speer, épouse d'Albert Speer.

mangeurs de viande ». Il voulait nous dégoûter de quelque chose qu'il ne pouvait nous interdire. En dehors de l'épouse de Martin Bormann, toutes les femmes se présentaient à leur Führer avec des lèvres soigneusement maquillées.

Le repas touchait à sa fin. Les aides de camp se levaient pour accueillir les messieurs de la réunion d'information. La conversation se calmait doucement. Dehors, des voitures arrivaient, des bottes de soldats claquaient sur les dalles du vestibule. Enfin, Günsche apparaissait et annonçait au Führer que tout était prêt pour la réunion. Hitler se levait et disait : « Restez donc tous assis, cela ne va pas durer longtemps. » Puis il sortait, les épaules légèrement courbées, la tête baissée, mais d'un pas ferme. Il ne voulait pas que ses convives, surtout féminins, entrent en contact avec les officiers. Ici, au Berghof, il menait plus que jamais une double vie. D'un côté, le maître de maison et l'hôte affable, qui séjournait dans sa maison de campagne pour se détendre, de l'autre côté, ici aussi, l'homme d'État et commandant en chef militaire qui menait la guerre sur tous les fronts. Du simple point de vue de l'espace, il était parfois difficile de concilier ces deux extrêmes au Berghof. La maison n'était pas divisée en une partie privée et une partie officielle, et le bureau de Hitler donnait sur le même couloir que la chambre à coucher d'Eva Braun. Aussi les hôtes devaient-ils être prévenus du moment où ils devaient se retirer pour ne pas arriver à l'improviste dans une discussion importante.

Après le dîner, nous étions livrés à nous-mêmes pour un temps indéterminé. Parfois, Hitler disait en quittant la salle à manger : « Attendez-moi ici, la réunion ne va pas durer longtemps aujourd'hui. » Nous en tirions la conclusion que ni le Reichsmarschall, ni un autre général important n'y assistaient et interprétions cela comme signe que la situation générale de la conduite de guerre allemande était tant soit peu satisfaisante. Mlle Schroeder et moi, les deux secrétaires de service, nous rendions dans le bureau des aides de camp pour mettre à jour les travaux qui se présentaient. Il y avait la plupart du temps des nouvelles de l'aviation venues de toute l'Allemagne qui étaient arrivées par téléscripteur et qui devaient être recopiées de façon lisible pour le Führer. Dans les derniers jours de mars, les premières lettres de félicitations et les cadeaux arrivaient déjà pour l'anniversaire du Führer. La majeure partie allait à Berlin, mais beaucoup prenaient le chemin du Berghof ou étaient réexpédiés par le bureau des aides de camp de Berlin.

Quand il y avait trop peu de temps entre la visite à la maison de thé et le repas du soir, Eva Braun se faisait apporter après le dîner la liste des films disponibles et, avec les autres dames et les messieurs exclus de la conférence, elle choisissait un film pour une projection dans la salle de quilles. « S'il vous plaît, avertissez-moi quand la réunion sera finie », demandait-elle aux aides de camp, puis le petit groupe d'environ huit à dix personnes se retirait dans la cave pour regarder un film, en public très critique et difficile. Le personnel de cuisine, les bonnes et les soldats venaient aussi et, si l'on avait de la chance, on pouvait voir le film jusqu'à la fin. Mais quelquefois, la sonnerie aiguë du téléphone résonnait en plein milieu. « La réunion est terminée, le Führer attend ces messieurs et dames dans la grande salle », prévenait le domestique. La représentation était alors interrompue – à regret, il est vrai –, Eva Braun se glissait en hâte dans sa chambre pour une brève retouche de maquillage, sa sœur Gretl cherchait encore rapidement un coin où elle pourrait fumer une cigarette sans être dérangée, avalait ensuite une pastille de menthe, et tout le monde se retrouvait à nouveau dans le salon. Au-dessus de la table d'angle était allumée la lampe basse, un peu démodée mais agréable, et Mmes Speer, Bormann et Brandt s'asseyaient sur le banc d'angle pour parler de l'évolution de leurs enfants. Le rideau qui donnait sur la grande salle était encore fermé car, après la clôture officielle de la réunion, Hitler était toujours retenu par l'un ou l'autre de ces messieurs qui voulait rapidement encore exposer une requête quelconque ou discuter d'un problème, l'occasion ne s'en étant pas présentée officiellement.

D'ordinaire, il était minuit quand Hitler entrait enfin dans le salon. Alors, on attendait encore les sœurs Braun, puis le Führer accompagnait la société en bas, dans la salle, pour une causette nocturne devant la cheminée. Dans l'intervalle, le feu avait été allumé. De vastes canapés et de profonds fauteuils étaient rapprochés en un grand demi-cercle, groupés autour d'une grande table ronde et, la plupart du temps, quelques tables plus petites encore sur les côtés. Au fond, dans le coin, brûlait un unique lampadaire, quelques bougies vacillaient sur le rebord de la cheminée et au milieu de la table. Les silhouettes des personnes assises n'étaient qu'indistinctement perceptibles.

Hitler lui-même était assis du côté droit, enfoncé dans l'ombre ; à sa droite, tout près de la cheminée, Eva Braun se rencoignait dans son fauteuil profond et relevait les jambes. Sans cérémonies, chacun des autres se cherchait une place. Quelque part sous la table ou devant le feu, comme des pelotes de laine noire, se tenaient Negus et Stasi, les deux scotch-terriers. Blondi était exclue de la soirée. Les chiens de la maîtresse de maison avaient la priorité. Quelquefois, Hitler demandait très modestement : « Est-ce que je peux laisser Blondi venir un moment ? » Eva renvoyait alors ses favoris, et Blondi pouvait se montrer.

Là aussi, Hitler buvait son thé. Mais les autres pouvaient boire ce qu'ils désiraient. L'alcool n'était pas interdit, on buvait du champagne, du vin, du cognac ou de l'alcool fort. Il y avait aussi des gâteaux secs et, pour Hitler, à nouveau le gâteau aux pommes qu'il aimait. Il arrivait aussi qu'Eva Braun parvienne à convaincre le Führer que quelques sandwichs seraient bien mieux venus que des douceurs à une heure aussi tardive. Elle exprimait par là le souhait de toute l'assemblée, et Hitler s'y soumettait.

Dans ce grand cercle, il était difficile d'entamer une conversation générale. La lumière tamisée, les épais tapis qui étouffaient tout pas bruyant, et le léger crépitement de la bûche qui brûlait dans la cheminée incitaient au silence. Mais Hitler ne voulait pas donner libre cours à ses propres pensées, il voulait se distraire. À voix basse, il s'entretenait avec sa voisine, Mme Bormann par exemple. Mais que pouvait-elle lui raconter ? Elle ne pouvait pas parler au Führer des soucis et des difficultés que lui causait son mari. Et sur les dix enfants qu'elle avait successivement mis au monde durant son mariage avec le Reichsleiter, le compte rendu était vite fait. C'était une femme silencieuse et chaque année, quand nous emménagions au printemps sur l'Obersalzberg, elle portait un enfant dans son sein avec patience et dévotion. Pâle et d'apparence banale, avec d'épaisses tresses enroulées autour de la tête, elle était assise dans son fauteuil près du Führer et comptait les heures jusqu'à ce qu'elle puisse enfin se retirer du cercle des femmes élégantes et insouciantes.

Le professeur Blaschke, un monsieur d'une soixantaine d'années, avait le type même du savant. Ses tempes étaient grises, tandis que les épais sourcils et la moustache soignée marquaient son visage blême comme des barres noires. C'était au fond un homme renfermé, silencieux. Mais pendant les heures passées autour de la cheminée, il était parfois entraîné par Hitler dans une conversation où il était alors l'un des rares à défendre son opinion avec fermeté, même s'il était d'un avis opposé à celui de Hitler. Le professeur Blaschke était lui aussi végétarien, mais pour une autre raison. Il prétendait que la dentition humaine était faite pour de la nourriture végétale et que cette nourriture était la plus salutaire pour le corps humain. Là-dessus, il était largement d'accord avec Hitler, même s'il « nuisait » souvent à son propre corps avec de la nourriture carnée et ne comptait absolument pas la volaille dans la catégorie « viande ». Mais quand Hitler voulut se voir confirmer par le professeur Blaschke que fumer était l'un des vices les plus pernicieux et avait aussi avant tout des conséquences extrêmement dommageables pour les dents, il se heurta à une protestation catégorique. Blaschke était lui-même un fervent fumeur et, pour cette raison peut-être, plus tolérant qu'il n'aurait dû l'être d'un point de vue médical. Il affirma que fumer était vraiment bénéfique car cela désinfectait la cavité buccale et stimulait l'irrigation sanguine. Dans un cadre normal, fumer n'était pas du tout nuisible. Mais Hitler ne voulait rien savoir : « Fumer est et demeure l'une des passions les plus dangereuses, en dehors du fait que, personnellement, je trouve répugnante l'odeur de la fumée de cigares et de cigarettes, je n'offrirais ni cigarette ni cigare à quelqu'un que j'estime ou que j'aime, car je lui rendrais un mauvais service. Il est incontestablement prouvé que les non-fumeurs vivent plus longtemps que les fumeurs et sont considérablement plus résistants en cas de maladie. »

Gretl Braun déclara qu'elle ne voulait vraiment pas vieillir si elle ne pouvait pas fumer, la vie ne serait qu'à moitié belle et après tout, elle était en excellente santé alors qu'elle fumait depuis des années. « Oui, Gretl, mais si vous ne fumiez pas, vous seriez encore en meilleure santé, et vous verrez, quand vous serez mariée, vous n'aurez pas d'enfant. Et surtout, l'odeur de tabac n'est pas un parfum qui flatte les femmes. Une fois, j'étais à Vienne à une réception d'artistes. À côté de moi était assise Maria Holst (une comédienne viennoise), une femme vraiment belle comme le jour. Elle avait de magnifiques cheveux châtains, mais quand je me penchai vers elle, de véritables nuages de nicotine émanaient de ses cheveux. Je lui ai dit : "Mais pourquoi faites-vous ça, vous devriez conserver votre beauté et ne pas fumer." » Quand Hitler prétendit en plus que l'alcool n'était pas aussi nuisible que la nicotine, tous les fumeurs protestèrent en bloc, et il y en avait pas mal dans son entourage. Je dis : « Mein Führer, l'alcool sépare des couples, provoque des accidents de voiture et des crimes. Alors que la nicotine nuit tout au plus un peu à sa propre santé. » Mais il ne se laissa pas convaincre par nos arguments et décida que, dans les colis de Noël qui étaient distribués de sa part aux troupes de la Leibstandarte, il y aurait bien du chocolat et du schnaps, mais pas de cigarettes. Nous eûmes beau essayer d'expliquer à Hitler qu'à la première occasion, les soldats échangeraient probablement leur chocolat contre du tabac, cela ne servit à rien. Himmler distribua alors de lui-même aux troupes des colis avec du tabac, faute de quoi la combativité des SS aurait sûrement décliné.

Hitler se réjouissait toujours comme un enfant de sa réunion nocturne autour du thé. « Je n'ai jamais de vacances, je ne peux pas partir n'importe où et me détendre. Alors je répartis mes congés en heures que je passe ici devant la cheminée avec mes hôtes. »

Il aimait sa grande salle remplie de beaux tableaux. « Nanna n'est-elle pas formidable ? Je ne peux m'empêcher de toujours la regarder. Ici, au-dessus de la cheminée, elle a une place magnifique. Sa main rayonne comme si elle était vivante », dit-il, et il observa avec délice le tableau de Feuerbach. « Après ma mort, les tableaux doivent aller à la nouvelle galerie à Linz. Je vais faire de Linz une jolie ville, et je lui offre une galerie qui doit devenir une curiosité. Je ne considère les peintures qui sont accrochées ici dans ma maison que comme un prêt qui embellit ma vie. Après ma mort, elles appartiendront à tout le peuple allemand. » Il parlait davantage à lui-même qu'aux autres. Personne n'aurait su non plus que répondre.

Après un verre de porto, le professeur Morell était devenu somnolent. Ses mains velues croisées sur le ventre volumineux, il luttait contre le sommeil. Il avait la curieuse particularité de fermer les yeux de bas en haut. Il avait l'air affreux derrière les épais verres de lunettes. Il n'était donc pas un bon interlocuteur. De temps en temps, le colonel von Below[1] lui donnait un léger coup, il se réveillait alors brièvement et souriait parce qu'il pensait que le Führer avait raconté une blague. « Vous êtes fatigué, Morell », disait Hitler. « Non, mein Führer, je réfléchissais seulement », se hâtait d'assurer Morell, et puis il racontait vite un incident de l'époque où il était médecin de bord en Afrique, que tout le monde connaissait déjà.

Eva s'efforçait de divertir le Führer. Elle essaya d'entraîner le photographe Walter Frentz et son amie

1. Officier de la Luftwaffe.

Herta dans une conversation sur les nouveaux films. Hitler commença à siffler tout bas. Eva prétendit : « Tu siffles faux, c'est comme ça. » Et elle siffla à son tour. « Non, ce n'est pas juste, c'est moi qui ai raison », dit le Führer. « Je parie avec toi que c'est moi qui ai raison », répliqua-t-elle. « Tu sais que je ne parie pas avec toi parce que je dois payer de toute façon. Savez-vous, si je gagne, il me faut être généreux et renoncer à mon gain, et si elle gagne, il faut que je paye », expliqua Hitler. « Alors passons le disque, tu verras bien », proposa Eva Braun. Le petit Bormann était l'aide de camp de service. Il se leva et mit le disque en question – je ne sais plus de quoi il s'agissait. Attentive et curieuse, la société prêta l'oreille, et il s'avéra qu'Eva Braun avait raison. Elle triompha. « Oui, tu as raison, mais le compositeur a mal écrit. S'il avait été aussi musicien que moi, c'est ma mélodie qu'il aurait choisie. » Nous rîmes tous, mais je crois que Hitler était sérieux en faisant cette remarque.

Il était vraiment persuadé d'avoir une oreille musicale infaillible. Heinz Lorenz dit : « Mein Führer, vous devriez en fait donner un concert dans la grande salle. Vous pourriez vous permettre d'inviter les meilleurs musiciens allemands, Gieseking, Kempff, Furtwängler, etc. Vous n'allez plus à l'opéra ni au théâtre, mais vous pourriez écouter de la musique, cela ne fatiguerait pas vos yeux. » Hitler refusa : « Non, je ne veux pas déranger les artistes pour moi personnellement, mais nous pourrions passer quelques disques. » Il y avait un livre épais dans lequel étaient consignés tous les disques du Führer. Il devait y en avoir des centaines. Le coffrage en bois du mur se révélait être une armoire à disques, avec une platine invisible incorporée. Les disques noirs numérotés se dressaient en longues rangées. Bormann brancha l'appareil.

Hitler choisissait presque toujours le même répertoire. Des opérettes de Lehárs, des lieder de Richard Strauss, Hugo Wolf et Richard Wagner. Le seul air en vogue qu'il faisait passer était la *Donkey-Serenade.* Il constituait le plus souvent la conclusion du concert.

Les collaborateurs de Hitler aimaient encore moins les soirées de disques que les conversations autour de la cheminée. Ils quittaient la grande salle l'un après l'autre. On entendait des rires, des gloussements et des discours venir du salon où se rassemblaient les déserteurs qui se divertissaient à leur manière, tandis que le chef était abandonné seul avec un Morell assoupi, et la fidèle Eva, l'aide de camp de service et les dames von Below et Brandt. Je dois avouer que je me suis aussi quelquefois glissée doucement hors du cercle, jusqu'à ce que le domestique arrive et dise : « Le Führer s'ennuie de sa seule compagnie. » À contrecœur, les « fidèles » retournaient alors en bas « au travail ».

« Ma compagnie n'est pas très musicale », disait Hitler avec résignation. « Quand j'allais encore à l'opéra aux représentations officielles, je faisais surtout attention à ce que ces messieurs ne s'endorment pas. Hoffmann (il parlait du photographe de presse Heinrich Hoffmann) a failli tomber une fois par-dessus la rambarde de l'avant-scène pendant *Tristan et Iseult*, et j'ai dû réveiller Schaub pour qu'il aille le secouer. Brückner était assis derrière moi et ronflait, c'était atroce. Pendant la *Veuve joyeuse*, personne n'a dormi, c'est qu'il y avait aussi un ballet. »

Je demandai à Hitler pourquoi il n'allait toujours voir que les *Maîtres-chanteurs* ou d'autres opéras de Wagner. « C'est ma déveine de ne jamais pouvoir dire que ceci ou cela me plaît sans devoir ensuite exclusivement écouter cette musique ou voir cet opéra. J'ai dit une fois que les *Maîtres-chanteurs* est vraiment l'un des plus beaux opéras de Wagner, depuis, c'est mon opéra préféré, et je n'arrive pas à voir autre chose. Cela m'est arrivé aussi avec la marche de Badenweil. Une fois, j'étais invité chez Mme Ley[1]. Elle avait une chienne scotch-terrier avec six petits dont elle était très fière. Par politesse, j'ai dit que c'étaient vraiment de charmantes petites bêtes, bien que je trouve ces rats affreux. Le lendemain, elle m'en a envoyé un en cadeau. C'est le chien qu'a maintenant Mme Braun, la mère d'Eva. Jamais je ne me serais fait photographier avec un chien pareil, mais c'est touchant de voir comme ce petit bougre est encore attaché à moi aujourd'hui. »

Le temps passait, et il était déjà quatre ou cinq heures du matin quand Hitler sonna le domestique et demanda si des incursions aériennes étaient annoncées. Il posait cette question chaque soir avant d'aller se coucher et ne se retirait jamais avant de s'être assuré que le territoire du Reich était libre d'ennemis. Finalement, il se leva, tendit la main à chacun pour lui souhaiter une bonne nuit et se retira dans les pièces du haut.

En peu de temps, une épaisse fumée de tabac envahit son salon, et l'on ne percevait plus rien de l'atmosphère de fatigue. Tout à coup régnaient une ambiance et une gaieté dont Hitler se serait beaucoup réjoui si elles s'étaient produites en sa présence.

Le café fort avec lequel nous nous étions tenus éveillés nous empêchait de nous endormir tout de suite. C'est seulement peu à peu que les hôtes et les collaborateurs se retiraient, et le Berghof se trouvait enfin dans un calme profond jusqu'au lendemain matin.

---

1. Danseuse et comédienne qui s'est suicidée en 1942. Épouse de Robert Ley, chef de l'organisation du NSDAP.

Pendant les premiers jours et les premières semaines, cela fut l'emploi du temps régulier de la journée et de la nuit. Petit à petit d'autres hôtes arrivèrent. Le ministre d'État Esser et sa femme furent invités pour quelques jours. Mme Morell, Mme Dietrich, Baldur von Schirach [1] avec son épouse, Heinrich Hoffmann et Mme Marion Schönmann, une amie d'Eva Braun, étaient souvent conviés. Les collaborateurs permanents de Hitler étaient reconnaissants envers tout invité qui distrayait le Führer. Ils n'avaient pas besoin alors d'être présents à toutes les promenades et heures du thé.

Hitler enviait à ses hôtes leur tenue civile. « Vous avez de la chance », dit-il à Brandt, qui, un jour de soleil radieux, apparut en culottes de cuir. « Avant, je me suis toujours promené comme ça aussi. » – « Mais vous pourriez encore le faire maintenant, mein Führer, vous êtes ici en privé. » – « Non, tant que nous avons la guerre, je ne retirerai pas l'uniforme, et en plus, mes genoux sont tout blancs, c'est affreux avec des culottes courtes. » Et il poursuivit : « Mais après la guerre, je renoncerai à l'uniforme, je me retirerai ici, et un autre pourra alors se charger des affaires du gouvernement. Ensuite, en vieux monsieur, j'écrirai mes souvenirs, je m'entourerai de gens spirituels et intelligents et je ne recevrai plus d'officiers. Ce sont tous des benêts obstinés, étroits et bornés. Mes deux anciennes secrétaires seront près de moi et écriront pour moi. Les jeunes partent toutes pour se marier, et quand je serai vieux, les plus anciennes pourront encore suivre mon rythme. » Je ne pus me dominer et je demandai : « Mein Führer, quand la guerre sera-t-elle donc finie ? » – « Je ne sais pas, quand nous aurons gagné en tout cas », telle fut sa réponse, et le visage aimable,

1. Ancien chef des Jeunesses hitlériennes, Gauleiter et gouverneur du Reich à Vienne.

prévenant et souriant reprit l'expression fanatique et dure que je connaissais si bien d'après les bustes en bronze du Führer.

D'ordinaire, Hitler parlait rarement de la guerre et peu de la politique. « Nous gagnerons cette guerre car nous combattons pour une idée, et non pour le capitalisme juif qui commande nos ennemis. Seule la Russie est dangereuse, car la Russie lutte avec le même fanatisme que nous pour sa vision du monde. Mais le bien restera vainqueur, il n'y a rien d'autre. » Dans tout le cercle, il n'y eut aucune protestation. Les militaires n'étaient pas là, et les autres croyaient ce qu'ils entendaient parce qu'ils voulaient le croire. Hitler dégageait une énergie à laquelle ni les hommes, ni les femmes ne pouvaient se soustraire complètement. Modeste et aimable en tant que personne, mégalomane et dur en tant que Führer, il vivait sa « mission » dont il affirmait parfois qu'elle lui imposait des sacrifices infinis. « Si vous saviez comme j'aimerais bien de temps en temps marcher dans les rues incognito et sans être accompagné ! J'aimerais aller dans un grand magasin et acheter moi-même mes cadeaux de Noël, m'asseoir dans un café et observer les gens. Mais je ne peux pas. » Nous lui dîmes : « Autrefois, les empereurs et les rois se sont pourtant mêlés au peuple. Des lunettes sombres, des vêtements civils, et personne ne vous reconnaîtrait. » Il répondit : « Je ne veux pas de déguisement, et en plus, on me reconnaîtrait quand même, je suis trop célèbre et ma voix me trahirait. » Et bien qu'il eût déclaré : « Je n'ai jamais eu peur d'un attentat quand j'ai traversé les foules dans ma voiture, j'ai au plus redouté qu'un enfant puisse être écrasé par mon véhicule », il ne voulait pourtant pas risquer qu'on le reconnaisse seul quelque part. Il pensait que l'allégresse de la foule lui aurait gâché son plaisir.

Depuis longtemps déjà, Hitler évitait de s'exposer à l'enthousiasme de la population. Bien entendu, pour de simples raisons de secret militaire, son quartier général était officiellement inconnu du peuple. Mais le lieu de résidence du Führer à Berlin aussi était gardé strictement secret. Avant, le drapeau à croix gammée était hissé au-dessus de la Chancellerie du Reich, et les habitants de Berlin reconnaissaient aux allées et venues animées des voitures que le Führer séjournait dans la ville. Depuis quelques années, seuls les initiés savaient que le doublement des sentinelles devant les portails d'entrée signifiait la présence de Hitler. Même pendant les trajets en train spécial, on faisait tout pour éviter d'attirer l'attention de la population sur lui. Les fenêtres de son wagon étaient obscurcies en plein jour et par un soleil rayonnant, et il y vivait à la lumière artificielle comme dans son bunker. Sur le Berghof, où des foules s'étaient auparavant massées devant la dernière porte avant la Berghofstrasse, personne ne se montrait.

Avant la guerre, les portes étaient ouvertes une fois par jour quand Hitler partait pour sa promenade, et les gens se précipitaient à l'intérieur pour border son chemin. Des femmes hystériques emportaient des pierres que son pied avait foulées, et les gens les plus raisonnables se comportaient comme des possédés. Une fois, un camion qui montait des briques au Berghof fut même pillé par quelques femmes toquées, et les pierres que ni les mains ni les pieds du Führer n'avaient touchées échouèrent comme précieux souvenirs dans les vitrines de la salle de séjour.

De ce genre de dames arrivaient ensuite les lettres d'amour qui constituaient une grande partie du courrier qui arrivait à la Chancellerie du Führer.

Mais en 1943, Hitler passa sa période du Berghof uniquement dans le cercle de ses amis et collaborateurs. Il avait une préférence marquée pour Albert Speer[1]. « C'est un artiste et il a une âme semblable à la mienne, disait-il. J'ai avec lui les relations humaines les plus chaleureuses parce que je le comprends si bien. C'est un bâtisseur comme moi, intelligent et modeste, et pas une tête obstinée de militaire. Je n'ai jamais cru qu'il serait si bien maître de sa grande mission. Il a aussi de grands talents d'organisation et il est à la hauteur de sa tâche. » Et en effet, Speer était une personne très sympathique et réjouissante. Pas du tout un homme de parti, pas un parvenu, mais quelqu'un de vraiment capable et qui ne s'abaissait pas à dire oui à tout. Chose curieuse, il semblait être l'un des rares dont Hitler pouvait supporter la contradiction. Lui-même avait une fois déclaré : « Quand je développe un projet avec Speer et lui passe une commande, il réfléchit et me dit au bout d'un moment : “Oui, mein Führer, je crois que cela doit pouvoir se faire.” Ou bien il me rétorque : “Non, cela ne peut pas se faire ainsi.” Et ses arguments tiennent toujours debout. »

Speer portait aussi un uniforme, car il avait une fonction, et que serait une fonction sans uniforme ? Mais celui-ci était toujours un peu décalé : ce n'était pas un soldat. Le plus souvent, ses cheveux auraient dû être coupés courts, mais il ne s'en apercevait que si sa femme le lui faisait remarquer. Jamais je ne l'ai vu boire, et jamais il n'a pris part à une fête quelconque dans l'entourage de Hitler. À vrai dire, je n'ai pas pu observer non plus qu'il fût lié d'amitié avec quelqu'un du parti ou de la Wehrmacht.

---

1. Architecte chargé de la transformation de Berlin, puis ministre de l'Armement.

Heinrich Hoffmann était d'une autre espèce. Il était, lui aussi, un hôte fréquent et important du Führer. Un ancien vétéran de la période de combat, qui était toujours et partout avec sa caméra quel que fût l'endroit où Hitler apparaissait. « Hoffmann était un garçon formidable autrefois, il était encore mince et souple et acharné au travail avec son vieil appareil compliqué. À l'époque, il devait encore se glisser sous le tissu noir et faire les opérations les plus casse-cou avec le lourd engin pour obtenir de bonnes prises de vues. C'est un très fidèle compagnon. » Ainsi le petit photographe Heinrich Hoffmann fut-il finalement nommé « professeur » en remerciement de ses bons et loyaux services. Je me suis toujours demandé de quel titre de professeur il pouvait bien s'agir. Peut-être celui d'aptitude en affaires ? Ou une distinction pour son flair quand, parmi trente partis différents, il s'était occupé de photographier précisément le parti national-socialiste ? Il est vrai qu'il prenait de très bonnes photos, il avait aussi un grand don de dessinateur, il était très drôle, parfois même spirituel, mais terriblement antipathique. Nous l'appelions en tout cas le « poivrot du Reich » et pendant les années où je l'ai connu, c'était bien le rang qui lui revenait.

Comme pour tous les autres anciens compagnons de la période de combat, Hitler manifestait aussi beaucoup d'attachement et d'indulgence pour Hoffmann. Alors que, sans sourciller, il congédiait ou dégradait des collaborateurs et des généraux quand ils lui opposaient une contradiction ou qu'ils étaient calomniés, il pardonnait chez ses anciens compagnons de combat beaucoup d'erreurs, de faiblesses de personne ou de caractère qui, par leurs répercussions, étaient bien plus préjudiciables à la cause du parti ou à l'idée nationale-socialiste qu'une opposition justifiée, objective et franchement exprimée.

Ainsi cela le gênait-il beaucoup que Hoffmann s'adonne tant à l'alcool et jouisse de la réputation de coureur de jupons. Mais il ne savait rien des orgies du professeur à Vienne, à Munich, dans sa propriété d'Altötting et de l'indignation que le peuple en ressentait. Qui aurait pu le lui dire ? Qui aurait osé agir contre un ami de Hitler ? La seule qui essaya d'entreprendre quelque chose fut Eva Braun. Elle lui dit : « Tu dois réagir, Hoffmann se conduit de manière épouvantable. Il est constamment ivre et fait de grandes ripailles à une époque où les gens n'ont pas assez à manger. » Il est vrai que Hitler fut alors furieux et réprimanda Hoffmann, mais cela servit pas longtemps. « Hoffmann a été si durement touché par la mort de sa première femme. Il n'est tout simplement pas arrivé à s'en consoler et il a commencé à boire. Avant, c'était un bon et solide époux », expliqua Hitler pour l'excuser. Mais apparemment, le bon compagnon de combat ne dédaignait pas non plus un bon vin pendant sa période la plus rangée, car Hitler lui-même raconta plus d'une anecdote qui prouvait que Hoffmann n'avait jamais été abstinent. Il amusa ainsi une fois la tablée avec la description d'un trajet en voiture entrepris avec Hoffmann dans les années vingt : « Hoffmann avait acheté une nouvelle voiture, une Ford, et il voulait absolument que je l'essaie avec lui. J'ai dit : "Non, Hoffmann, je ne monte pas avec vous." Mais il ne m'a pas laissé tranquille et, finalement, j'ai cédé et nous sommes montés dans la Schellingstrasse. C'était déjà le soir, il avait plu aussi, et là, Hoffmann a tourné le coin comme un fou, il a failli défoncer l'angle d'une maison et surtout, il ne prenait pas garde aux carrefours. J'ai dit "Hoffmann, faites attention, vous conduisez comme un fou ! C'est dangereux." – "Non, non, mein Führer, vous avez cette impression parce que vous n'avez rien bu. Si vous aviez bu du vin rouge comme moi, vous ne remarqueriez rien du tout." Mais là, je suis descendu et je ne suis plus jamais monté en voiture avec lui. »

Depuis le début de la guerre, Hoffmann avait peu de chances de croiser le Führer. Il n'avait rien à faire au quartier général, et le Berghof était donc la seule occasion où ils pouvaient se rencontrer. Au début, le Führer était toujours très heureux de retrouver son fidèle partisan, mais celui-ci commença bientôt à lui taper sur les nerfs. « Hoffmann, votre nez ressemble à une citrouille pourrie, je crois que si on met une allumette sous le courant de votre souffle, vous allez exploser, et bientôt, ce sera du vin rouge qui coulera dans vos veines au lieu du sang », dit-il un jour, s'apercevant qu'il avait bu un coup de trop. Tout au moins n'avait-il jamais fait cela auparavant. En présence de Hitler, il avait toujours été sobre, et Hitler fut à la fois bouleversé et résigné de voir son vieil ami et confident se laisser aller ainsi.

Finalement, Hitler ordonna à ses aides de camp Schaub et Bormann : « S'il vous plaît, veillez à ce que le professeur Hoffmann soit sobre quand il vient me voir. Je l'ai invité parce que je veux m'entretenir avec lui, et pas pour qu'il se soûle. » Et le bon Hoffmann eut désormais des difficultés à trouver de la compagnie pour boire. Brusquement, personne dans l'entourage de Hitler n'eut plus la possibilité de procurer une petite bouteille à Hoffmann, ni de prendre un verre avec lui. Plus tard, l'hôte amena lui-même ses fournitures, mais cela irrita tellement Hitler qu'il ne fut quasiment plus invité.

Provisoirement, Hoffmann réussit encore à amuser Hitler et les convives avec ses plaisanteries et ses souvenirs. Il raconta une fois la blague suivante : « Mein Führer, je connais une devinette : vous, Himmler et Göring vous trouvez au milieu de la rue sous un parapluie, lequel d'entre vous est mouillé ? » Personne ne le savait. Là-dessus, Hoffmann : « Aucun, mein Führer, parce qu'il ne pleut pas. » Hitler secoua la tête : « Ah, Hoffmann, vous vieillissez ! » Tout le monde rit. « Et figurez-vous, mein Führer, celui qui m'a raconté cette blague se trouve maintenant à Dachau ! » – « Mais ça n'est pas possible, Hoffmann, cette blague est trop bête », dit le Führer. « Si, mein Führer, il est vraiment à Dachau, parce que c'est là qu'il habite », triompha Hoffmann, et Hitler ne put s'empêcher de bien rire. « Vous êtes pire que le comte Bobby », dit-il.

Le soir, près de la cheminée, se tenaient de longues conversations sur les galeristes et les expositions que Hoffmann montait dans la Maison de l'art allemand. Tout le monde s'ennuyait affreusement pendant l'entretien, mais Hitler aimait la peinture, et Hoffmann connaissait son goût et surtout la valeur matérielle des maîtres anciens.

Une fois, la fille de Hoffmann, l'épouse de Baldur von Schirach, se joignit à nous. C'était une Viennoise[1] mignonne et naturelle, qui pouvait converser de manière charmante, mais qui dut très vite interrompre sa visite, car elle avait provoqué une situation très désagréable pendant le thé. Je n'ai pas vécu moi-même la scène, mais Hans Junge me l'a racontée. Alors que Hitler était assis avec ses hôtes devant la cheminée, elle dit tout à coup : « Mein Führer, j'ai vu récemment à Amsterdam un train de juifs déportés. C'est horrible de voir à quoi ressemblent ces gens, ils sont sûrement très mal traités. Savez-vous cela, et le permettez-vous ? » Il s'ensuivit un silence pénible. Hitler se leva peu après, prit congé et se

1. Henriette von Schirach était née à Munich, mais elle vivait à cette époque à Vienne avec son mari, Gauleiter et gouverneur.

retira. Le lendemain, Mme von Schirach repartit pour Vienne, et il ne fut pas fait la moindre allusion à l'incident. Elle avait apparemment outrepassé ses droits en tant qu'invitée et n'avait pas rempli son devoir de distraire Hitler.

Dans les premiers jours d'avril – Hitler se sentait très reposé et détendu –, les préparatifs des grandes réceptions officielles commencèrent. Ribbentrop assistait presque quotidiennement aux conférences ainsi qu'au déjeuner. Hewell avait du travail par-dessus la tête. Presque tous les chefs des États alliés étaient invités. À proximité de Salzbourg se trouvait l'auberge du Reich allemand : c'était un merveilleux petit château baroque, construit par Fischer von Erlach et magnifiquement aménagé par Hitler. C'était là, au château Klessheim, que Hitler organisait les « grandes réceptions officielles », pour lesquelles le Berghof n'était pas vraiment approprié.

Le premier hôte étranger et le plus important fut Mussolini. La veille au soir, Hitler était particulièrement de bonne humeur. « Le Duce est un homme d'État remarquable. Il connaît la mentalité de son peuple, et ce qu'il a fait en peu de temps de l'Italie avec ces paresseux est vraiment étonnant. Mais il n'a pas une place facile, il est entre l'Église et la maison royale. Il est vrai que le roi est un imbécile, mais il a beaucoup d'adeptes. Victor Emmanuel est le plus petit roi que je connaisse. Quand je suis allé à Rome en 1938 avec mon train spécial, j'ai prévenu ces messieurs peu avant l'entrée en gare que nous allions arriver tout de suite et que s'il y avait là un homme à l'uniforme couvert d'or à genoux sur le quai, il ne fallait pas qu'ils rient car ce monsieur était le roi d'Italie et il n'avait pas réussi à grandir davantage. Naturellement, à plus forte raison, mes grands gars n'ont pu que ricaner, et il aurait mieux valu que je ne leur aie rien dit. Ce fut un spectacle très comique quand le roi fut installé à table près de la reine qui avait deux têtes de plus que lui. Tant qu'ils étaient assis, ils étaient assez identiques, mais dès que l'on se leva, le roi se rétrécit et la reine devint encore plus grande. Mais Rome était magnifique. L'Italie est un pays merveilleux, mais sa population est très paresseuse. »

Hitler raconta ensuite avec enthousiasme les grandes manifestations et les dispositifs luxueux que le Duce avait organisés en l'honneur de son hôte. Avec beaucoup d'ardeur et une exaltation inouïe, la population fasciste avait préparé d'interminables ovations pour l'homme d'État ami. Plus tard, Hitler qualifia purement et simplement cette liesse de feu de paille et surnomma les Italiens « une bande sans caractère ». Il était allé à l'époque avec Mussolini au grand opéra et s'était indigné du manque d'attention du public à l'égard des acteurs : « Les gens étaient assis dans leurs somptueuses toilettes dans les loges et les rangées et discutaient de leurs potins personnels pendant que les chanteurs se produisaient. Nous ne sommes arrivés qu'au milieu du deuxième acte, et je n'en crus pas mes oreilles quand, brusquement, au milieu de la représentation, il y eut une interruption pour jouer l'hymne national italien, le chant allemand et le Horst-Wessel-Lied. J'étais vraiment gêné, et j'ai trouvé cela très fâcheux vis-à-vis des acteurs. »

De toute évidence, Hitler éprouvait une véritable amitié pour le Duce, car j'avais l'impression qu'il se réjouissait vraiment de la visite de Mussolini. Il se peut toutefois qu'il ait attendu de son ami un soutien matériel. En tout cas, il a su faire ressortir des sentiments humains d'une façon admirable. Mussolini devait être reçu au Berghof et déjeuner avec Hitler. Dans la cuisine régnait une intense activité pour satisfaire le palais choyé du convive.

Une fois encore, comme tant de fois avant et après, le grand jour de la réception fut doté d'un véritable « temps de propagande ». Le soleil, la neige et le ciel d'un bleu resplendissant donnaient une telle impression de fête qu'ils servaient magnifiquement de cadre à la somptuosité du château Klessheim. De la visite de Mussolini elle-même, je ne peux rien rapporter. J'étais restée avec quelques autres au Berghof délaissé, dans mon bureau, pour enfin m'acquitter une fois de mon travail sans courir. Toute une pile de nouvelles des avions de Rhénanie et d'Allemagne du Nord était encore arrivée. Eva Braun s'était mise en route avant le déjeuner avec Herta Schneider, Mme Brandt et Mme von Below pour une promenade au Königsee, et elle ne comptait rentrer qu'en fin d'après-midi. Elle profitait de cette journée libre pour enfin pouvoir marcher longuement. Autrement, elle devait d'ordinaire participer au repas de midi, et les soirées tardives autour de la cheminée l'amenaient jusque très tard.

Mlle Schroeder ne se sentait pas bien, elle était au lit, et j'étais seule de service. Une fois terminé mon travail au bureau, je trouvai très ennuyeux d'attendre. Le beau temps me donnait également l'envie d'une promenade, mais je ne pouvais pas abandonner le téléphone. J'eus l'impression d'être prisonnière d'une cage dorée lorsque je m'assis sur la terrasse avec un livre et regardai les montagnes. À cette époque, je ressentais une étrange inquiétude lorsque j'étais seule, un sentiment de malaise que je ne pouvais m'expliquer. Ce n'étaient pas les montagnes qui oppressaient mon âme, c'était tout le gigantesque appareil dans lequel j'étais entrée et qui semblait me retenir avec mille bras.

Finalement, le téléphone sonna : « Le Führer vient de partir de Klessheim. Il aimerait aller à la maison de thé avec les invités. » Je me changeai. Le Berghof recommença à s'agiter. Les jappements des terriers écossais annoncèrent que la maîtresse était de retour. Vingt minutes plus tard, des voitures montèrent la route en trombe, toute la maison fut soudain remplie d'uniformes et, peu de temps après, le Führer se mit en marche avec un petit comité.

Je supposais que, après des journées comme celles-ci, qui entraînaient des discussions éprouvantes et importantes, le Führer serait fatigué et irait se coucher plus tôt. Ce fut exactement le contraire qui se produisit. Il était excité et loquace, et le thé s'éternisa.

Vinrent encore le maréchal Antonescu de Roumanie, l'administrateur du Reich Horthy, de Hongrie, Tiso de Slovaquie et le roi Boris de Bulgarie. Pendant des jours, nous ne voyions Hitler que le soir. Seul Boris de Bulgarie fut aussi reçu au Berghof. Alors que je traînais dans la cuisine, je vis le roi devant le portail central. Pour regagner ma chambre sans être vue, je traversai la cour à l'arrière de la maison pour utiliser l'entrée de derrière. J'arrivai brusquement dans la procession solennelle par laquelle le Führer escortait le roi à travers le salon jusqu'à la grande salle. Dans la main droite, je tenais une pomme entamée, dans l'autre, deux raquettes de ping-pong et, de plus, j'avais la bouche pleine, si bien que je ne pouvais absolument rien dire ni faire. Hitler et son hôte me regardèrent d'un air assez surpris, mais non désobligeant, et, confuse et pressée, je me glissai furtivement dans ma chambre. Quand le Führer me salua le soir avant le repas, je m'excusai et il dit très aimablement : « Cela ne fait rien, mon enfant, un roi n'est qu'un homme. »

Après ces visites officielles, un nouveau jour de fête approchait : le 20 avril, l'anniversaire du Führer. Pendant des semaines, des corbeilles de lettres de félicitations arrivèrent au Berghof. Caisses, colis et paquets s'entassaient chez Bormann et dans le bureau des aides de camp. Ce n'était pourtant qu'une petite partie, car l'essentiel des cadeaux allait à Berlin. Entreprises, sociétés, services du parti, organisations, foyers d'enfants, écoles, associations et personnes privées envoyaient des vœux et des dons. Il y avait de tout, de la brosse à dents en passant par des équipements complets pour enfants jusqu'au linge féminin le plus raffiné, de la porcelaine précieuse ou des pièces de musée. La plupart du temps, ces cadeaux n'étaient pas destinés à l'usage personnel de Hitler, mais voués à être distribués selon ses dispositions à certaines personnes dans le besoin. Il arrivait aussi des cadeaux du petit peuple, simples et touchants. Une vieille femme avait cousu des pantoufles et, comme décoration, elle avait brodé sur chacune la croix gammée dans le soleil couchant avec un extrême mauvais goût, mais beaucoup d'efforts. Une autre dame envoya un mouchoir fait main avec une figure célèbre brodée dans chaque coin : Hitler, Hindenbourg, Bismarck et le vieux Fritz en association harmonieuse pour se moucher le nez ! Emballés avec affection et soin arrivaient de toutes les parties de l'Allemagne des gâteaux, des tartes, des biscuits, des confiseries et des fruits. Ces jours-là, le bureau des aides de camp ressemblait à un grand magasin. Les cadeaux et les lettres des connaissances personnelles de Hitler lui étaient apportés dans son bureau sans être ouverts.

Le 19 avril au soir, nous nous trouvions exceptionnellement au complet autour de la cheminée. Ce fut comme d'habitude. Hitler parla en détail de sa favorite Blondi. Elle était acceptée dans notre société et, je demeurai enthousiasmée par son intelligence. Hitler faisait avec elle toutes sortes de petits jeux. Il fallait qu'elle fasse la belle et l'« écolière » : assise sur ses pattes arrière, elle posait les deux pattes avant sur l'accoudoir du fauteuil de Hitler, comme une élève sage. Sa plus brillante performance était son chant. Hitler lui demandait avec sa voix la plus aimable et flatteuse : « Blondi, chante ! », et il entonnait lui-même un hurlement prolongé. Elle attaquait des sons aigus, et plus Hitler la flattait, plus son chant s'intensifiait. De temps en temps, elle atteignait un ton trop élevé, et Hitler disait alors : « Blondi, chante plus bas, comme Zarah Leander ! » Elle hurlait alors longuement et profondément comme un loup, qu'on aurait sûrement pu retrouver parmi ses ancêtres. Chaque soir, elle recevait trois petits morceaux de gâteau, et quand Hitler levait trois doigts de sa main, elle savait aussitôt qu'elle allait obtenir sa douceur du soir.

Pendant presque toute la soirée, la conversation tourna autour du chien, comme si c'était *son* anniversaire. « C'est vraiment le chien le plus doué que je connaisse. Là-haut, dans le bureau, je joue quelquefois à la balle avec elle », raconta Hitler. « Parfois, elle fait rouler le jouet sous l'armoire, et il faut que j'aille à la cheminée et que je sorte la balle avec le tisonnier. Récemment, elle était près de moi dans mon bureau, et elle courait de tous les côtés, elle était très agitée. Finalement, elle s'est arrêtée devant la cheminée et elle a poussé des cris plaintifs jusqu'à ce que je me lève. Alors, elle s'est mise à courir vers l'armoire et à nouveau vers la cheminée, jusqu'à ce que j'attrape le tisonnier et que je sorte sa balle de dessous l'armoire. J'avais oublié ce jeu depuis longtemps, mais elle savait encore très bien comment je l'avais aidée auparavant. J'ai seulement peur qu'elle se brise les pattes sur le parquet glissant, c'est pourquoi je ne joue plus avec elle maintenant. »

Enfin, la grande aiguille approcha du douze. À minuit pile, les portes s'ouvrirent et la file de domestiques et d'aides de camp s'avança avec des plateaux remplis de verres et de champagne. Chacun reçut son verre tandis que Hitler se vit servir un vin blanc très doux. Au dernier coup de l'horloge, les verres tintèrent. Tout le monde s'exclama : « Meilleurs vœux, mein Führer » ou « sincères félicitations, mein Führer ». Certains tinrent aussi un discours assez long : que le Führer puisse avant tout rester en bonne santé, grâce à laquelle sa force se maintiendrait encore bien longtemps pour le peuple allemand, etc.

Ainsi la partie officielle de l'anniversaire s'acheva-t-elle pour moi. La société reprit place, la conversation se poursuivit puis d'autres personnes apparurent encore pour présenter leurs vœux, tous les domestiques, les gardes, les chauffeurs, l'ensemble du personnel de cuisine et de maison, tous les enfants des relations étroites et plus éloignées, etc. C'était la fête partout, dans la cuisine, dans les garages, dans les postes de garde, dans la maison de la presse, dans la salle de réunion des aides de camp. Ce jour-là, il y avait aussi au Berghof autant d'alcool que l'on voulait. J'ai profité des festivités générales et je suis allée me coucher plus tôt que d'habitude : il y avait suffisamment de personnes distrayantes, et l'on n'avait plus besoin de moi pour le travail.

Le matin du 20 avril, Hitler descendit plus tôt que d'habitude. En souriant et en hochant un peu la tête, il contempla les montagnes de présents amoncelés dans le bureau. Il garda quelques vétilles, une très jolie sculpture d'une petite fille, une belle coupe en bois qu'un garçon de quatorze ans avait façonnée lui-même, et quelques dessins d'enfants qu'il voulait montrer à Eva. Tout le reste serait distribué à des hôpitaux, des foyers d'enfants, des asiles de vieillards et des associations de bienfaisance. Les denrées alimentaires devaient en réalité être détruites parce qu'elles risquaient d'être empoisonnées. Je participai largement à cette action de destruction.

Au déjeuner, Himmler et Sepp Dietrich[1], Goebbels et Esser, Ribbentrop et l'inspecteur général Werlin[2] étaient présents comme invités d'honneur. Il y avait tellement de monde à table qu'il n'y avait même plus de place à la petite table ronde de l'angle. J'étais la voisine de Himmler. Je n'avais jamais côtoyé d'aussi près cet homme puissant et redouté. Il m'était extrêmement antipathique parce qu'il avait l'air si petit bourgeois, si fonctionnaire et hypocrite, et non pas parce qu'il donnait l'impression d'être brutal. C'était ce qu'il y avait de déconcertant dans sa personnalité : salutations avec baisemain, une voix basse avec un léger dialecte bavarois, toujours un sourire au coin des yeux et de la bouche et une politesse courtoise, presque cordiale ! Quand on l'entendait ainsi raconter des anecdotes anodines et bavarder de manière aimable et charmante, qui pouvait penser alors à des exécutions, des camps de concentration et ce genre de choses ! Il était très rusé, je crois. Il raconta combien les camps de concentration étaient merveilleusement aménagés. « J'ai réparti mes gens tout à fait individuellement pour le travail et avec cette méthode, je n'ai pas seulement obtenu une sécurité totale, mais également de bonnes performances, le calme et l'ordre. Par exemple,

1. En 1933, chef du Sonderkommando de la SS à Berlin, c'est lui qui a organisé la « Leibstandarte SS Adolf Hitler ».

2. Jakob Werlin était en 1921 directeur de la filiale munichoise de Benz et Cie, et c'est dans cette fonction qu'il a fait la connaissance de Hitler à qui il vendit plusieurs voitures. Ami personnel de Hitler, SS-Obergruppenführer, « inspecteur général des véhicules ».

un incendiaire invétéré a été placé dans un camp comme piquet d'incendie. Il doit veiller à ce qu'aucun feu ne se déclare, et je lui ai fait dire que le cas échéant, il serait soupçonné. Vous devriez voir, mein Führer, comme cet homme est consciencieux et attentionné. » Il rit d'un air satisfait, voulant prouver qu'en psychologue philanthrope, il ne gardait pas simplement les gens comme prisonniers dans les camps de concentration, mais qu'il les formait et les éduquait. Hitler fit un signe de tête approbatif aux déclarations de Himmler, et personne d'autre ne prit position sur ce sujet.

Ribbentrop était un homme très étrange. Il me semblait absent et un peu rêveur, et si je n'avais pas su qu'il était ministre des Affaires étrangères, j'aurais dit que c'était un excentrique qui vivait une vie complètement singulière. En plein milieu de la discussion, il demanda brusquement pourquoi le Führer ne buvait pas de champagne : « Cela rafraîchit d'une façon formidable, mein Führer, et en plus c'est une boisson très saine. » Hitler le regarda, assez surpris, et assura très énergiquement qu'il ne pouvait pas supporter le champagne. « C'est beaucoup trop acide pour moi, et si je veux boire quelque chose de pétillant, je prends plutôt de la Fachinger ou de l'Apollinaris. C'est certainement beaucoup plus sain. » Probablement le ministre des Affaires étrangères avait-il provisoirement oublié qu'il avait entre-temps échangé son métier de fabricant de champagne contre celui de diplomate. C'était toutefois une personne de belle apparence, mais il me plaît beaucoup moins quand je pense que, lors d'une visite à Londres pour la fête du couronnement, il avait salué le roi d'Angleterre avec le bras levé et « Heil Hitler ! ».

Goebbels apportait de l'entrain et de l'esprit dans la conversation. Il n'était vraiment pas beau, mais je pouvais comprendre pourquoi les jeunes filles de la Chancellerie du Reich se précipitaient aux fenêtres pour voir le ministre de la Propagande sortir de son bureau alors qu'elles ne prêtaient pas autrement attention à Hitler. « Ah, si vous saviez ces yeux qu'a Goebbels, et comme il a un rire séduisant… », soupiraient-elles. Même les dames du Berghof flirtaient en règle avec le ministre de Hitler. Il avait vraiment des façons spirituelles et séduisantes, et ses plaisanteries étaient justes, même si elles étaient faites le plus souvent aux dépens de quelqu'un d'autre. Autour de la table du Führer, personne n'était de taille à se mesurer avec sa langue bien aiguisée, le chef de la presse du Reich encore moins que quiconque. C'est précisément lui qui fit remarquer un peu mal à propos que c'était dans la baignoire qu'il avait les meilleures idées, à quoi Goebbels répondit promptement : « Vous devriez vous baigner beaucoup plus souvent, monsieur Dietrich ! » Le chef de la presse pâlit et se tut.

Ainsi, à table, les escarmouches allaient de côté et d'autre, et les flèches pointues de Goebbels atteignaient leurs victimes sans êtres renvoyées. Bizarrement, Himmler et Goebbels s'ignoraient complètement. Cela ne se remarquait pas outre mesure, mais il n'était pas non plus secret qu'ils n'entretenaient que des relations de politesse très superficielles. Il était aussi relativement rare qu'ils se rencontrent tous les deux, ils n'avaient pas grand-chose à faire ensemble et n'étaient pas tenus par leur maître à une laisse commune comme les frères ennemis Bormann. L'inimitié des Bormann était si confirmée qu'ils pouvaient se trouver tout près l'un de l'autre sans que l'un fasse le moins du monde attention à l'autre. Et quand Hitler donnait au petit Bormann une lettre ou une mission à transmettre au Reichsleiter, celui-ci sortait et allait chercher un aide de camp qui, dans la même pièce, remettait ensuite l'ordre au grand frère. Il en allait exactement de même à l'inverse, et si l'un des Bormann racontait une blague à table, toute l'assemblée éclatait de rire tandis que le frère restait complètement indifférent et très sérieux. J'étais étonnée de voir combien Hitler s'était habitué à cette situation, il n'y faisait pas du tout attention. Malheureusement, je n'ai jamais pu apprendre quelle était au juste la raison de cette hostilité. Je pense qu'une femme en était la cause. Peut-être les coqs de combat l'avaient-ils eux-mêmes oublié depuis longtemps ?

Enfin, pour l'anniversaire de Hitler, le thé de l'après-midi fut pris dans la grande salle. Les militaires de haut rang, Jodl, Keitel, Schmundt, etc., étaient aussi présents. Göring ne s'était montré que pour la réunion et avait présenté ses vœux à cette occasion. Mais l'après-midi, sa femme, « la reine mère[1] », apparut dans une grande cape bleue, avec la petite Edda, et fit ses félicitations. Nous pûmes seulement voir par la fenêtre comment Hitler l'accueillit sur la terrasse, et Eva se précipita au premier étage pour fixer avec sa caméra l'image de la petite Edda qui récitait à Oncle Hitler son poème d'anniversaire. Exceptionnellement, Hitler s'était rendu sur la terrasse sans casquette, et Eva ne voulait pas laisser passer cette occasion unique. Plus tard, Hitler rendit la visite traditionnelle à l'hôpital militaire du Platterhof. À l'occasion de son anniversaire, il allait toujours voir des soldats blessés.

L'anniversaire m'apporta aussi une connaissance intéressante : je rencontrai celle qui m'avait précédée, dont Hitler avait toujours parlé avec un véritable enthousiasme. Auparavant, elle s'appelait Mlle Daranowski, elle

1. Il s'agit de la comédienne Emmy Sonnemann, qui avait épousé Hermann Göring le 10 avril 1935. Hitler était leur témoin.

avait maintenant épousé le colonel Christian, chef du département des opérations de la Luftwaffe, et, le cœur lourd, elle avait alors abandonné son activité auprès du Führer. Eva Braun n'était pas fâchée de l'enthousiasme avec lequel Hitler évoquait parfois sa secrétaire. C'était vraiment une personne très gentille et charmante, soignée, aux cheveux foncés, pleine de tempérament et juvénile : l'incarnation de la vie. Sa façon de lever les yeux était irrésistible et son rire tintait comme des clochettes d'argent. En dehors du fait qu'elle séduisait Hitler par son sex-appeal, c'était une formidable secrétaire. J'ai rarement vu une telle dextérité des doigts sur la machine à écrire. On aurait dit que ses mains étaient en caoutchouc, tellement souples. Plus tard, nous fûmes à nouveau collègues.

Entre-temps, il n'était pas resté secret, dans ce cercle étroit, que je m'entendais particulièrement bien avec Hans Junge. Quand je me faisais excuser à table, c'était d'ordinaire Linge qui était de service, si bien que Hans Junge et moi pouvions faire ensemble de grandes promenades dans les montagnes et des excursions à Berchtesgaden ou Salzbourg. Mais Julius Schaub n'était pas seulement curieux de nature comme une commère, il cherchait aussi en permanence un sujet de conversation à servir au Führer au petit déjeuner. Les comptes rendus sur les petites amourettes étaient sans doute très intéressants, mais indésirables dans l'entourage le plus proche du « maître suprême ». Il ne reconnaissait que les liaisons solides et sérieuses, si tant est qu'il en eût connaissance.

Hans Junge était un favori particulier du Führer, et il le servait aussi avec beaucoup de dévouement et de conscience du devoir. Mais il avait malgré tout très envie de s'éloigner. Il était l'un des rares à reconnaître qu'avec le temps, on se laissait tellement influencer par toute la pensée de Hitler que la limite entre votre propre personnalité et l'influence extérieure sur votre esprit finissait par disparaître. Junge voulait redevenir objectif. Il s'était fait inscrire à plusieurs reprises pour le front, seule possibilité pour lui d'abandonner son service auprès de Hitler. À chaque fois, il était refusé pour le motif qu'il était indispensable au Führer, qu'il y avait suffisamment de bons soldats, mais peu de domestiques et d'aides de camp dignes de confiance. Finalement, ses fiançailles avec moi furent la chance de Junge. Il savait très bien que Hitler m'hébergerait encore moins comme secrétaire que lui comme domestique. D'un autre côté, des fiançailles n'étaient pas un engagement trop ferme et offraient quand même la possibilité de faire connaissance. Nous prîmes donc tous deux la décision d'annoncer nos fiançailles au Führer, et Junge demanda en même temps à nouveau une affectation pour le front.

Schaub était ravi quand nous l'avons prié d'informer le Führer de notre intention. Peu de temps après l'anniversaire de Hitler, il transmit au chef cette nouvelle « bouleversante ». Toute cette histoire me fut extrêmement pénible. À table, je sentis le regard de Hitler posé sur moi avec un sourire furtif. J'eus l'impression de ne voir que des visages malicieux autour de moi, et j'avais envie de me lever et partir. Je pensai avec assez mauvaise conscience que, seulement trois mois auparavant, j'avais affirmé d'un ton très convaincu : « Les hommes ne m'intéressent absolument pas. »

Le soir, devant la cheminée, Hitler remarqua brusquement : « Je n'ai vraiment pas de chance avec mes gens. D'abord, Christian, en épousant Dara, m'a enlevé la meilleure secrétaire, puis j'ai enfin trouvé un remplacement de valeur, et à présent, Traudl Humps m'abandonne aussi, et me prend mon meilleur domestique. » Il se tourna vers moi : « Mais provisoirement, restez, Junge veut absolument aller au front, et puisque vous serez seule, vous pouvez continuer à travailler chez moi. » J'étais donc maintenant fiancée, mais je ne me sentais pas du tout à la hauteur de ma nouvelle fonction. Avec confiance, je pensais toutefois : qui sait ce qui peut encore se passer jusqu'au mariage.

Pour le premier mai, jour de la fête du travail, Hitler me donna enfin une dictée plus importante. Autrefois, il parlait lors des manifestations de masse et assistait en personne aux festivités et aux assemblées gigantesques. Pendant les dernières années de la guerre, Hitler prononçait presque toujours son discours sur une bande magnétique qui était ensuite transmise par la radio. Souvent, ses proclamations étaient simplement lues ou publiées dans la presse. Depuis la guerre, surtout, Hitler ne tenait plus de discours publics sans manuscrit. « Je parle plus volontiers et mieux de mémoire, disait-il, mais maintenant, c'est la guerre, il faut que je pèse chaque mot, car le monde est attentif et dresse l'oreille. S'il m'arrive de dire spontanément un mot inopportun, cela peut entraîner de lourdes complications. » Il n'y avait que lors des réceptions internes, devant les Gauleiter, les officiers ou les industriels que Hitler parlait sans texte. Bien que je lui aie déjà rappelé des jours à l'avance le discours qui était en perspective, c'est seulement dans la nuit du 30 avril qu'il eut l'humeur et le temps nécessaires à la dictée. J'écrivis pendant toute la nuit. Au petit matin, j'avais terminé, Hitler enregistra la bande à dix heures et, à midi, le discours passa sur toutes les stations de radio allemandes.

Peu après, Hitler partit pour Munich en petit comité. Il ne voulait pas manquer l'occasion de visiter l'exposition à la Maison de l'art allemand qui devait être ouverte en juillet[1]. D'ici là, il voulait avoir regagné depuis longtemps la Prusse orientale, aussi se fit-il présenter la sélection de tableaux et de sculptures par Heinrich Hoffmann et Mme Troost[2].

Je fus la seule femme à faire partie du voyage. Mlle Schroeder était allée en cure au sanatorium Zabel à Berchtesgaden et, au retour, Mlle Wolf devait nous accompagner au Berghof comme deuxième secrétaire. Tandis que Hitler se rendit tout de suite dans son appartement de la Prinzregentenplatz, je surpris ma mère par ma visite. Le bonheur des retrouvailles ne dura pas longtemps car, quelques heures après, Schaub m'appela au domicile de Hitler. Je connaissais la maison, mais je n'avais encore jamais été dans l'appartement privé. Je fus surtout surprise que Hitler n'occupe qu'un seul étage. Au rez-de-chaussée, il y avait une loge de portier ainsi que les bureaux pour les hommes de la police criminelle et les gardes, et au premier étage se trouvaient encore quelques chambres d'hôtes à la disposition de Hitler. Au second étage, c'était l'appartement privé du Führer qu'il partageait avec le couple d'intendants, M. et Mme Winter. Tous les autres étages étaient occupés par des particuliers. Le domicile de Hitler ne se différenciait en rien du foyer d'un bourgeois aisé et sérieux. Dans le vaste vestibule se trouvaient des meubles en rotin, des rideaux fleuris multicolores garnissaient les fenêtres, un vestiaire était équipé avec goût de grands miroirs et d'appliques. On marchait partout sur des tapis moelleux. Le large couloir

1. Il s'agit de la « Grande exposition d'art allemand », une exposition de vente qui avait lieu chaque année entre 1937 et 1944 à la Maison de l'art allemand pour promouvoir le « nouvel art allemand », des œuvres conservatrices et orientées vers le réalisme du XIXe siècle.

2. Gerhardine Troost, entrée au NSDAP en 1932, est membre à partir de 1935 du comité directeur de la Maison de l'art allemand. En 1937, Hitler lui donne le titre de professeur.

se terminait sur la gauche par une porte qui donnait sur les pièces des Winter. Il y avait là la cuisine, la salle de bain, la salle de séjour et la chambre à coucher de l'intendante. Sa salle de séjour servait en même temps de salle de réunion pour le personnel quand le gouvernement séjournait à Berlin. Juste en face de la porte d'entrée se trouvaient le grand bureau et la bibliothèque de Hitler. À l'origine, ce devaient être deux pièces qui, en cassant un mur, furent transformées en une seule salle très grande. Hitler avait une prédilection pour les pièces spacieuses, et je me demandais parfois comment il pouvait tenir dans sa petite cage du bunker au plafond bas et aux fenêtres minuscules. À côté de sa bibliothèque, une pièce était toujours fermée à clef. C'était là, paraissait-il, que la nièce de Hitler, qu'il aimait beaucoup, avait mis fin à ses jours à cause de lui. Le Führer mentionnait quelquefois la jeune fille dans la conversation, et un portrait à l'huile de celle-ci occupait une place d'honneur dans la salle du Berghof. Erich Kempka, le chauffeur de Hitler qui était déjà à son service à l'époque – je crois que c'était en 1935 [1] –, me raconta bien plus tard toute l'histoire dont, d'une façon générale, personne ne parlait. Hitler était le tuteur de Geli – ainsi se nommait sa nièce – et elle vivait près de lui. Elle aimait un homme que Hitler rejeta. Quand il partit pour la journée du parti à Nuremberg, elle se tua d'un coup de feu dans la chambre qu'elle occupait chez lui [2]. On ne sut jamais vraiment si la mort était due à un malheureux accident alors qu'elle nettoyait son pistolet. En tout cas, Hitler fut très secoué, et plus

1. Traudl Junge était mal informée : en réalité, c'est le 18 septembre 1931 que la nièce de Hitler, Angela Maria Raubal, nommée Geli, se suicida.

2. Ce n'était pas à Nuremberg que Hitler s'était rendu, mais à Hambourg pour des réunions électorales. En revanche, c'est bien à proximité de Nuremberg qu'il apprit la mort de sa nièce.

personne n'avait pu occuper la chambre de Geli après sa mort.

Eva Braun aussi avait une pièce à sa disposition dans l'appartement de Hitler, mais elle l'occupait rarement, et jamais pendant la présence de Hitler à Munich. Dans la partie droite, il y avait encore une chambre d'hôte qui me servit de bureau, et il devait bien y avoir quelque part aussi la chambre à coucher de Hitler, dans laquelle je n'ai jamais mis les pieds.

J'avais été appelée parce que Hitler voulait dicter. Malheureusement, je n'ai plus aucune idée de ce que c'était. En tout cas, rien de long ni de difficile. J'apportai le travail terminé dans son bureau. Il était assis à la table de travail quand j'entrai, et je restai debout à côté de lui pendant qu'il relisait et corrigeait le texte. Soudain, sans lever les yeux, il dit : « Vous vous êtes fiancée avec Junge, est-ce que vous ne préférez pas vous marier tout de suite avant qu'il rejoigne la troupe ? »

J'étais dans de beaux draps ! Je le regardai d'abord stupéfaite, car je n'avais absolument pas l'intention de m'engager aussi fermement après une relation qui avait duré si peu de temps. J'essayai désespérément de trouver un argument plausible. Rien de particulier ne me vint à l'esprit. Finalement, je dis : « Oh, mein Führer, pourquoi devrions-nous donc nous marier, cela ne change rien. Mon mari part au front et je dois de toute façon continuer à travailler, nous n'avons pas besoin de nous marier pour ça. » Intérieurement, je me demandai quel intérêt le Führer pouvait bien trouver à mon mariage. L'amour n'est pas une affaire d'État, mais mon affaire la plus personnelle, et surtout, j'étais vexée de cette ingérence de l'autorité supérieure. Je fus cependant ébahie d'entendre Hitler répondre : « Mais vous l'aimez pourtant ! Alors le mieux est de se marier tout de suite. Et vous savez, quand vous serez mariée, je pourrai vous protéger chaque fois que quelqu'un vous approchera de trop près. Mais je ne peux pas le faire si vous n'êtes que fiancée. Et puis vous travaillerez chez moi, même si vous êtes mariée. »

Je faillis éclater de rire. Comme c'était bourgeois ! Mais, malheureusement, je me sentais en même temps très mal à l'aise, car comment pouvais-je lui expliquer que l'amour seul n'est pas toujours une raison suffisante pour se marier tout de suite. Je ne dis rien de plus et pensai que cette histoire n'était pas si importante, il l'aurait sans doute bientôt oubliée. Je racontai à Hans Junge ce que le Führer m'avait suggéré, et cela le fit bien rire à son tour : « C'est typique de lui : quand il renifle la moindre occasion de provoquer un mariage, il essaie de faire de son mieux. Mais laisse tomber, il n'a pas dû dire ça si sérieusement. » Je décidai de me venger un jour et de demander à Hitler pourquoi il n'était pas depuis longtemps un heureux époux. Lui aussi prétendait aimer Eva Braun. Mais à l'époque, j'étais encore trop timide et trop jeune pour oser tenir de tels discours.

Pour le déjeuner, Hitler se rendit dans son restaurant habituel, l'*Osteria Bavaria*, dans la Schellingstrasse. Le patron, au nom authentiquement bavarois, Deutelmoser, avait été prévenu peu avant notre arrivée et portait son plus beau costume quand nous entrâmes. L'heure de pointe était passée et seules quelques tables étaient encore occupées par des clients isolés. Naturellement, je guettai pour voir si ce n'étaient pas des fonctionnaires de police, car je voulais savoir comment la sécurité de Hitler était assurée. Mais c'étaient des fonctionnaires particulièrement intelligents, ou de véritables clients, car ils se comportèrent tout à fait normalement, jetant un œil intéressé sur les visiteurs de haut rang et s'en allèrent assez vite.

La table la moins confortable, dans le coin tout au fond, était la place habituelle de Hitler. Nous n'étions qu'un petit comité de six personnes. Hitler, avec deux aides de camp et le professeur Morell, Mme Troost et moi. Le professeur Troost était l'épouse de l'architecte défunt qui avait construit la Maison de l'art allemand. Il était très estimé par Hitler et Mme Troost, qui était elle-même architecte d'intérieur, poursuivait partiellement le travail de son mari. Elle réalisait des projets et des modèles pour des gobelins, des aménagements intérieurs, des mosaïques, etc. sur commande du Führer. Ainsi avait-elle également conçu et fabriqué le précieux document pour la nomination de Göring au titre de Reichsmarshall et le bâton de maréchal. C'était une personne très dynamique, naturelle et spirituelle, et ce fut elle essentiellement qui anima la conversation pendant le déjeuner. Elle bavardait à une telle vitesse et avec tant de pétulance que Hitler put à peine prendre la parole. En même temps, elle se moqua de lui et de ce qu'il mangeait et prétendit qu'il ne vivrait sûrement pas longtemps s'il se nourrissait de trucs aussi fades et ne consommait pas, rien qu'une fois, un véritable morceau de viande.

Le repas ne dura pas longtemps, Hitler monta en voiture avec les messieurs et regagna son appartement. L'après-midi, dans le bâtiment du Führer de la Königsplatz, eut lieu un entretien avec des dirigeants politiques et des Gauleiter durant lequel on n'avait pas besoin de moi. Je rentrai à pied à la maison et je restai un jour de plus à Munich tandis que le chef et son état-major regagnèrent Berchtesgaden le soir en emmenant Wolf.

Quand je revins moi aussi à Berchtesgaden le surlendemain, Hans Junge avait été harcelé de son côté pour se marier tout de suite. Il n'avait pas non plus de raison valable pour s'opposer à l'insistance de Hitler, et je crois qu'au fond, cela lui convenait parfaitement. Je me familiarisai peu à peu aussi avec cette idée, et le mariage fut fixé à la mi-juin 1943. Je me révoltai une seule fois encore face à la montagne de questionnaires et de formulaires que je devais remplir parce que j'épousais un homme de la SS. Je me mis vraiment en colère et déclarai à mon futur époux que je jetterais tout ça à la corbeille si mon mariage devait en dépendre.

Hitler rit beaucoup quand je lui lus quelques-unes des questions posées. Il était dit par exemple : « La fiancée est-elle coquette ? », et il reconnut lui-même que c'était naturellement une absurdité et qu'il parlerait à Himmler de cette bêtise. En tout cas, la guerre des papiers me fut épargnée et, avant de m'en apercevoir, j'étais devenue en juin « Mme Junge ». Mon bonheur conjugal dura quatre semaines, lors des vacances au Bodensee, puis mon mari fut appelé sous les drapeaux, et je retournai au quartier général.

4[1].

Dans l'intervalle, le commandant suprême s'était à nouveau établi à la Tanière du loup en Prusse orientale. La forêt avait [...] dû laisser encore de la place à plusieurs baraques et bunkers. La « maladie des baraques » avait éclaté avec un effet très contagieux parmi les grades supérieurs. Tout le monde voulait habiter dans une baraque, les bunkers n'étaient utilisés que pour dormir. Speer se construisit un lot entier, Göring un pur palace, les médecins et les aides de camp érigèrent leurs résidences d'été, et Morell fut le seul à se voir même accorder une salle de bain. Une fois encore, il devint l'objet de plaisanteries du camp quand il s'avéra qu'une baignoire normale était trop étroite pour lui. Il pouvait à la rigueur y entrer, mais il n'en ressortait pas sans aide.

Quand j'arrivai au camp jeune mariée, je fus bien sûr la cible d'incessantes moqueries masculines. À mon retour, je me présentai le matin chez Hitler alors qu'il s'apprêtait à aller faire sa promenade. « Vous êtes devenue

1. Cette division en chapitre et les suivantes ont été introduites par Traudl Junge ultérieurement.

toute pâle et maigre », dit-il avec amabilité et bienveillance, mais les visages ricanants de Linge, Bormann, Hewel et Schaub me firent rougir d'embarras. À partir de ce moment, Hitler m'appela le plus souvent « jeune femme ».

Nous, les secrétaires étions loin d'être submergées. Mlles Wolf et Schroeder, qui faisaient partie de la vieille garde, travaillaient pour Schaub. Tous les matins, elles réceptionnaient un tas de lettres auxquelles il fallait répondre, Schaub donnait les contenus en mots-clés mais laissait aux dames le soin de formuler les textes. J'exécutais les travaux de bureau pour les jeunes aides de camp SS Darges, Günsche et Pfeiffer. Je rédigeais les rapports d'effectifs des Leibstandarte, des demandes de promotion, des ordres de mutation, des propositions pour des décorations. Il y en avait toute une quantité, les héros se multipliaient et, sur le front de l'Est, croix et médailles d'argent et d'or étaient généreusement attribuées.

Mais, naturellement, ce n'était pas une occupation à temps plein, et même si je profitais de la montagne et des lacs, je me sentais malgré tout enfermée et insatisfaite. La vie était uniforme et intenable sur le long terme. Peut-être aussi le remarquai-je à cause des idées de mon mari, qui avait tout à coup pris conscience que nous vivions en vase clos dans la sphère de Hitler. Avant, j'avais toujours cru que c'était ici, au cœur de l'événement, là où convergeaient tous les fils, que l'on pouvait avoir le meilleur aperçu, le plus vaste horizon. Mais nous nous tenions dans les coulisses et ne savions même pas ce qui se jouait sur la scène. Seul le régisseur connaissait la pièce, mais chacun n'apprenait que son propre rôle, et personne ne savait exactement ce que jouait l'autre.

Aucune rumeur ne nous parvenait, il n'y avait pas d'émetteur ennemi, pas d'opinion autre, pas d'opposition. Il n'y avait qu'un point de vue et une conviction, il me semblait même parfois que tout le monde employait les mêmes mots, les mêmes expressions.

Il fallut que je participe à la fin cruelle, que je revienne à la vie normale pour pouvoir saisir tout cela si clairement. À l'époque, je souffrais d'un sentiment indéfinissable d'insatisfaction, d'une oppression que je ne pouvais formuler parce que la fréquentation quotidienne de Hitler ne permettait pas à mes pensées de prendre une forme concrète.

J'écrivais pour le professeur Brandt, le médecin chirurgien accompagnateur de Hitler et chef de l'hygiène publique, je me mis à tenir un journal, je cherchais parmi les gens de presse une stimulation et une diversion intellectuelles. Je parlai de mes doutes avec quelques proches. Pour beaucoup, c'était la même chose que pour moi, je sentis particulièrement la contrainte chez l'envoyé Hewel, avec qui je philosophai bien des soirs. Lui aussi souffrait de l'esprit borné et du caractère artificiel de l'atmosphère, et de l'insuffisance d'humanité de notre environnement. Nous appelions notre humeur la « crise de rage du camp » et nous résignions à ne pas en trouver les racines.

Hitler s'était accoutumé à prendre ses repas avec Mlle Schroeder depuis qu'elle avait dû prolonger son régime sans sel. Peu de temps après, il élargit son invitation à toutes ses secrétaires et, à partir de ce moment, nous déjeunâmes en commun avec Hitler au quartier général, mais Dieu merci, Mlle Wolf et moi pouvions manger la cuisine normale de « Krümel ».

Petit à petit, je perdis ma timidité et mon embarras face à Hitler et j'osais lui adresser la parole même quand je n'étais pas interrogée. Plus que jamais, il soulignait combien il lui était agréable de pouvoir se détendre si parfaitement pendant les repas.

Un jour, alors que nous avions fini de manger, je voulus saisir l'occasion et me plaindre auprès de Hitler du manque de travail. C'est précisément ce jour-là qu'il dit : « Dara (Mme Christian) va revenir près de moi. J'ai demandé au colonel Christian comment allait sa femme, et il m'a dit qu'elle voulait travailler à la Croix-Rouge. Mais je pense que si elle veut travailler, elle peut aussi bien le faire chez moi. »

Mes deux collègues apprirent la nouvelle avec une certaine gêne, tout en gardant le sourire. Elles avaient probablement été un peu jalouses de Mme Christian, alors qu'elles ne voyaient en moi ni une concurrente, ni une rivale. De plus, en ce qui concernait le travail, elles se sentaient tout aussi inoccupées que moi, et l'idée de devoir encore partager le service avec une quatrième ne nous plaisait pas du tout.

Là-dessus, Mlle Wolf et moi commençâmes à exposer la mauvaise conscience qui serait la nôtre si nous n'avions ici quasiment plus qu'un rôle de dames de compagnie et que le Führer dictait si rarement. Nous pensions que nous pourrions être beaucoup plus utiles à Berlin ou dans n'importe quel autre emploi. Après tout, nous étions en pleine guerre et nos familles avaient beaucoup à souffrir de cette situation. Mais nous n'obtînmes rien du tout : « Mesdames, vous ne pouvez pas juger si votre travail ou votre présence chez moi sont utiles. Croyez-moi, vos services sont de loin plus importants que d'écrire des lettres dans une entreprise quelconque ou de tourner des grenades dans une usine. Et c'est pendant les quelques heures où vous écrivez pour moi ou me donnez de la force et du délassement que vous servez le mieux votre peuple. »

Quelques semaines plus tard, chargée de valises et de cartons à chapeaux, Mme Christian vint donc nous retrouver, emplit bunkers et baraques de trilles et de gloussements et suscita pas mal de trouble dans les nombreux cœurs masculins délaissés. Nous prîmes désormais nos repas avec Hitler en deux équipes. Deux dames mangeaient avec lui à midi, les deux autres le soir. Mme Christian retrouva son ancien nom et se fit appeler Dara. Quand elle et moi mangions ensemble avec Hitler, la conversation revenait souvent sur le mariage. Jusqu'à aujourd'hui, j'ignore encore sa position sur la question. Il dit d'un ancien ami, Hanfstaengl : « Hanfstaengl avait une si belle femme, et il l'a trompée avec une autre qui n'était pas jolie du tout. » Il ne pouvait apparemment pas comprendre que la beauté de la femme ne constitue pas à elle seule la base d'un bon mariage. Et pourtant, d'un autre côté, ce n'était pas seulement la beauté d'Eva Braun qui l'attirait. Il profitait souvent de l'occasion pour parler d'Eva avec nous. Il lui téléphonait une fois par jour, et si une attaque aérienne sur Munich était annoncée, il tournait, inquiet, comme un lion en cage et attendait d'obtenir une liaison téléphonique avec Eva Braun. La plupart du temps, son agitation n'était pas fondée. Une seule fois, la « Petite maison brune » fut endommagée et quelques maisons brûlèrent dans le voisinage. Il parla toute la journée de la bravoure d'Eva : « Elle ne va pas dans le bunker bien que je le lui demande constamment, et la petite maison va s'écrouler un jour comme un château de cartes. Elle ne veut pas non plus s'installer dans mon appartement où elle serait en sécurité absolue. J'ai réussi à la convaincre de faire construire un petit bunker personnel dans la maison, mais elle y invite tout le voisinage et n'hésite pas à monter sur le toit pour voir si des bombes incendiaires sont tombées. Elle est très fière. Je la connais depuis plus de dix ans et au début, lorsqu'elle était employée de Hoffmann, elle devait vraiment économiser beaucoup. Mais il a fallu des années avant qu'elle accepte que je lui règle ne serait-ce qu'une course en taxi. Pendant des jours, elle a dormi dans le bureau sur un banc pour que je puisse la joindre par téléphone parce qu'elle n'en avait pas chez elle. Il n'y a que quelques années que j'ai réussi à lui offrir la petite maison à Bogenhausen. »

Ce devaient être là en première ligne les qualités humaines qui attachaient Hitler à Eva Braun. Une fois, alors que nous reparlions du couple et du mariage, j'ai demandé : « Mein Führer, pourquoi ne vous êtes-vous pas marié ? » Je savais pourtant qu'il aimait bien susciter des mariages. Sa réponse fut assez déconcertante : « Je ne serais pas un bon père de famille, et j'estime irresponsable de fonder une famille si je ne peux me consacrer suffisamment à ma femme. Et puis, je n'aimerais pas avoir d'enfants. Je trouve que les descendants de génies sont la plupart du temps en situation très difficile dans le monde. On attend d'eux qu'ils aient la même envergure que leur ancêtre célèbre et on ne leur pardonne pas la moyenne. En outre, ils deviennent le plus souvent des crétins. »

Ce fut la première expression de sa mégalomanie à prendre vraiment au sérieux. Jusqu'à présent, j'avais bien parfois l'impression qu'il était mégalomane dans ses idées et son fanatisme mais sa personne était toujours restée en dehors du jeu. D'ordinaire, il soulignait plutôt : « Je suis un instrument du destin et je dois suivre le chemin sur lequel m'a placé une volonté supérieure. » Mais désormais, cela me gênait énormément qu'un homme se considère lui-même comme un génie.

Même si, dans ce petit cercle autour de la table, Hitler n'entamait pas de conversations sur la guerre et la politique, ses propos se multipliaient pourtant sur les grands soucis qu'il avait. Il s'adressait alors plus souvent à lui-même qu'à nous. Il arrivait régulièrement que son visage porte encore l'expression de colère rentrée et de dureté que la réunion précédente avait provoquée. « Avec des généraux incapables, on ne peut pas faire de guerre. Je devrais prendre exemple sur Staline, il nettoie son armée sans ménagements. » Puis, comme s'il s'apercevait seulement alors que nous, les femmes, ne comprenions ou ne devions rien comprendre à ces choses, il abandonnait ses idées sombres et se métamorphosait en charmant compagnon de table.

Quelquefois s'engageaient aussi des discussions intéressantes sur l'Église et l'évolution de l'humanité. Discussions, c'est peut-être trop dire, car n'importe quelle question ou remarque de notre part était pour lui l'occasion de commencer à développer ses idées, que nous écoutions alors. Il n'avait aucune sorte d'engagement religieux mais considérait les religions chrétiennes comme des survivances d'institutions hypocrites et piégeant les hommes. Sa religion, c'étaient les lois de la nature. Il pouvait leur subordonner son dogme violent plus aisément qu'à l'enseignement chrétien de l'amour du prochain et de l'ennemi. « La science n'a pas encore éclairci de quelle racine provient le sexe des humains. Nous devons être le stade d'évolution supérieur de quelque mammifère qui s'est développé du reptile au mammifère, peut-être en passant par les singes, jusqu'à l'être humain. Nous sommes un maillon de la création et des enfants de la nature, et les mêmes lois valent pour nous que pour tous les êtres vivants. Et dans la nature, c'est la loi du combat qui domine depuis le début. Tout ce qui est inapte à vivre et tout ce qui est faible est éliminé. C'est d'abord l'homme et surtout l'Église qui se sont donné comme objectif de garder artificiellement en vie précisément le faible, celui qui est incapable de vivre et le médiocre. »

Je regrette de n'avoir gardé de ces théories que quelques minuscules éclats et d'être dépourvue du charisme avec lequel Hitler nous expliquait ses idées.

En regagnant nos baraques, nous discutâmes entre nous de l'exposé de Hitler, et j'étais fermement décidée à continuer à réfléchir à ces choses et à les noter. Malheureusement, dès le lendemain, il me fallut constater qu'en conversant avec mes amis, je ne pouvais restituer tout ce qui m'avait impressionnée et touchée le soir précédent que de manière confuse et vague. Ah, si seulement j'avais été à cette époque aussi mûre et expérimentée que je le suis aujourd'hui, je ne me serais pas laissé entraîner et n'aurais pas absorbé l'influence de Hitler avec un tel manque d'objectivité. J'aurais dû alors m'inquiéter du danger que recelait la force d'un homme qui, par sa rhétorique et sa puissance suggestive, était capable de captiver les gens, d'étouffer tout simplement leur volonté et leur conviction propres.

De temps en temps, je voyais les conseillers, généraux et collaborateurs sortir avec une mine consternée d'un entretien avec le Führer, ils mâchonnaient de gros cigares et ruminaient sans fin. Plus tard, j'ai parlé avec plusieurs d'entre eux. Et bien qu'ils fussent plus forts, plus sages et plus expérimentés que moi, il leur est arrivé à maintes reprises de se présenter devant le Führer, armés d'une résolution de fer et de documents et arguments irréfutables, pour le convaincre qu'un ordre était impossible, une disposition irréalisable, et il commençait alors à parler avant même qu'ils aient terminé, et toutes leurs objections s'effaçaient, rendues absurdes par sa théorie. Ils savaient que ce ne pouvait pas être juste, mais ils ne trouvaient pas la fourberie. Ils le quittaient, désespérés, renversés, doutant de leur point de vue précédemment si ferme et si péremptoire, comme hypnotisés. Je crois que beaucoup ont essayé de se défendre de cette influence, mais la plupart sont devenus las et dociles et ont ensuite simplement laissé aller les choses jusqu'à l'extrême fin.

Mais, comme je l'ai dit, il m'a d'abord fallu l'effondrement complet et intégral, une fin cruelle et beaucoup de déceptions profondes pour atteindre clarté et certitude. À l'époque, la vie frémissait agréablement devant moi, je jouissais de l'été au bord des lacs au milieu des vastes forêts. Quand je reviens en arrière, il me manque presque le souvenir de ce qui se passait d'effroyable dans le monde en 1943. La Wehrmacht se dirigeait vers Stalingrad et les villes du pays commençaient à subir la guerre par les airs. Göring tint son grand discours : « Je veux bien m'appeler Meyer si un avion ennemi apparaît au-dessus de Berlin. » Et les sirènes n'ont pas seulement commencé à hurler sur Berlin, mais dans toutes les parties du Reich. Au quartier général, on construisait et on fortifiait, les bunkers étaient renforcés, les barbelés et les mines enlaidissaient la forêt.

Un jour, une nouvelle femme apparut à la Tanière du loup. Elle fut amenée par le professeur Morell, qui la présenta au Führer comme assistante de diététique. Désormais, elle ne devait plus cuisiner que pour Hitler. Mme von Exner fut accueillie avec intérêt par les messieurs, avec une réserve glaciale par les dames. C'est seulement quand nous emménageâmes toutes dans une baraque aux pièces claires et spacieuses avec Mme von Exner que je fis connaissance avec elle, et nous devînmes les meilleures amies. J'appris alors ce qui l'avait amenée là : elle était viennoise et assistante de diététique à la clinique universitaire de Vienne, quand elle reçut par hasard une proposition du maréchal Antonescu pour se rendre à Bucarest. Il avait des maux d'estomac passagers et voulait se soigner par un régime. Grâce à Mme von Exner, Antonescu recouvra complètement la santé au bout de quelques mois. Lorsque les deux hommes d'État souffrant de l'estomac s'étaient rencontrés au printemps à Salzbourg, ils avaient apparemment parlé aussi de leur maladie commune. Hitler se tourna alors vers son médecin particulier et lui demanda de se mettre à la recherche d'une bonne assistante de diététique. Morell pensait beaucoup plus de bien de ses propres injections et petits remèdes mais, pour éviter tout désagrément, il s'adressa à la clinique universitaire de Vienne et pressa Mme von Exler de venir cuisiner pour Hitler. Elle n'avait pas été très enthousiasmée par cette proposition car elle ne voulait pas interrompre son travail indépendant et son évolution professionnelle, mais elle finit par accepter. Elle était un peu plus âgée que moi, elle avait environ vingt-quatre ans, quand elle nous rejoignit. Les cheveux foncés, bien faite et dotée de tout le charme fougueux de Vienne, franche et gaie, elle m'attirait beaucoup. Désormais, Hitler avait une cinquième partenaire pour ses repas. Il aimait bien entendre Mme von Exner parler de sa famille à Vienne. Elle avait plusieurs frères et sœurs et venait d'une famille réputée de médecins viennois. À l'époque où le parti était interdit en Autriche, elle et ses frères étaient des partisans enflammés du national-socialisme et devinrent plus tard membres du parti. Mais quand, par la suite, le Gauleiter allemand sévit à Vienne et que l'ordre national-socialiste et la guerre firent aussi leur entrée en Autriche, l'enthousiasme faiblit. Mme von Exner défendait auprès de Hitler les intérêts viennois : « Mein Führer, vous avez promis de sertir Vienne d'or comme perle de l'Autriche. Mais vos hommes détruisent beaucoup plus de l'ancienne culture viennoise qu'ils ne construisent. Pourquoi préférez-vous Linz ? »

Hitler supportait ses reproches et demeurait tolérant et aimable. Il était charmé par sa vivacité, enthousiasmé par les entremets viennois et admirait son art de préparer des soupes végétariennes qui étaient meilleures que des bouillons de viande. Il ne pouvait pas se douter que ses modestes prétentions rendait la pauvre Marlene malheureuse. Chez Antonescu, elle avait pu se déchaîner avec homards, mayonnaise, caviar et autres gourmandises et préparer de grands dîners lors de réceptions solennelles. Hitler réclamait comme avant ses soupes, des carottes avec des pommes de terre et l'ennuyeux œuf à la coque. « Mais il ne peut arriver à rien en se nourrissant comme ça », se plaignait-elle, et elle ajoutait quelques petits os dans la soupe. Par-dessus tout, elle fumait comme un sapeur, et je la mis en garde : elle ne resterait la cuisinière de Hitler que jusqu'au jour où il trouverait un mégot dans son cacao.

Plus tard, Antonescu revint une fois au quartier général, fut très heureux de revoir sa cuisinière diététicienne et lui envoya par avion un jeune chien, un rejeton de ce couple de fox-terriers dont Mme von Exner s'était occupée à Bucarest avec une affection particulière. C'était une minuscule petite chose, chaque touffe d'herbe était pour lui un obstacle, et il n'atteignit jamais une taille de chien normale, mais demeura une bestiole charmante, intelligente et pleine de vie. Hitler trouvait ce cadeau indigne d'un homme d'État. Il se dépêcha néanmoins d'offrir également un chien à Mme von Exner. « Ce que peut faire un Balkanais, je peux le faire encore beaucoup mieux », se dit-il, et il chargea le Reichsleiter Bormann de se procurer le fox-terrier le meilleur, le plus noble et le plus primé. Ce projet alarma Mme von Exner : « Qu'est-ce que je peux faire avec deux chiens, dit-elle, je suis toute la journée dans la cuisine ! » Mais l'animal de race arriva. C'était un exemplaire superbe qu'avait choisi Bormann. Vainqueur multiple de concours de beauté et très cher. Hitler l'offrit avec fierté. Le chien s'appelait Purzel et il était fort ennuyeux, n'ayant rien appris d'autre que rester dans la position prescrite par son pedigree et à se laisser admirer. Il n'était même pas propre.

Hitler avait par ailleurs fait construire une petite cuisine diététique particulière à côté de la cuisine du mess. Quand il remarqua que j'étais devenue très amie avec Marlene von Exner et que je me plaignis une fois encore de ne pas être comblée par mon service auprès de lui, il suggéra que j'apprenne la cuisine avec elle. Je le fis avec enthousiasme mais, désormais, il me demanda chaque fois avant le repas si j'y avais mis la main. Cette question me semblait posée avec une certaine méfiance. Mais la raison en était probablement moins la crainte d'un empoisonnement que celle que j'aie pris le sel à la place du sucre.

Au début de juillet, Hitler s'envola pour l'Italie afin de s'entretenir avec Mussolini, et je l'accompagnai. C'était une fois encore un voyage si secret que même les participants ne savaient pas de quoi il s'agissait. La veille au soir, nous étions encore à table avec Hitler, et il ne dit pas un mot de son projet. Le lendemain matin, je remarquai une certaine agitation dans les environs du bunker du Führer. Plus tôt que d'habitude, les aides de camp allaient et venaient, on transportait des valises, Schaub courait à travers le camp avec de grands airs mystérieux et s'exprimait d'une façon plus inintelligible que jamais : en raison de l'importance de la situation, il essayait de parler le haut-allemand. Je crus qu'il s'agissait d'une réception quelconque, mais, à tout hasard, j'emballai la malle de bureau. Tout à coup, à midi, mon téléphone sonna et Linge demanda : « Est-ce que tu as un uniforme ? » Je répondis : « Non, comment en aurais-je un, je n'en ai jamais eu besoin jusqu'à présent. » – « Alors il faut que tu restes à l'aérodrome. » Avant que je puisse poser des questions, il avait raccroché. Je me précipitai chez Schaub qui, en tant que chef aide de camp, devait nous faire savoir quand on avait besoin de nous. Il fut gêné quand je lui demandai si le Führer partait en voyage et si je devais l'accompagner. Il murmura quelque chose d'incompréhensible et dit que je devais me tenir prête à deux heures pour partir à l'aérodrome. Quand je lui demandai la destination du voyage et sa durée, il répondit que cela ne me regardait pas, c'était secret. Je ris et partis chercher des informations plus précises auprès de Linge. Malheureusement, celui-ci était tellement occupé qu'il me communiqua brièvement que le voyage était prévu pour trois jours. Mais j'ignorais toujours où l'on allait. Comme la situation sur le front de l'Est n'était pas particulièrement réjouissante, je supposai que le chef se rendrait auprès des groupes d'armées en Ukraine. Je partis pour l'aérodrome avec deux des sténographes qui devaient noter mot pour mot le contenu des réunions quotidiennes. Quand l'un me demanda : « Êtes-vous déjà allée en Italie ? », je connus enfin notre destination.

Nous nous envolâmes dans quatre grands quadrimoteurs « Condor », je suis montée dans l'appareil du Führer. C'était un avion de transport spacieux, qui contenait environ seize sièges. Hitler avait une place particulière juste derrière la cabine de pilotage, du côté droit. Devant lui se trouvait une table pliable assez grande. Les autres fauteuils étaient disposées comme dans un confortable wagon-restaurant, toujours quatre sièges et une petite table au milieu. Le pilote, le commandant de bord Baur, amena rapidement l'appareil à haute altitude pour que les passagers soient fatigués par l'air raréfié et s'endorment. Tant que Hitler était éveillé, il y avait toujours des allées et venues qui perturbaient l'équilibre de l'appareil. Le professeur Morell supportait très mal l'avion, il était assis devant dans le cockpit à côté du pilote et vomissait sans arrêt. Après chaque vol, il arrivait plus mort que vivant. Nous fîmes halte au Berghof. Cette fois, le voyage ne m'avait pas non plus réussi, et je me retirai dans mon lit tout de suite après le repas. Auparavant, je me renseignai sur l'heure à laquelle était fixé le départ le lendemain matin et l'on m'informa qu'il fallait monter en voiture à sept heures et demie pour se rendre à l'aérodrome. Je m'endormis aussitôt après avoir chargé le central téléphonique de me réveiller.

J'étais installée confortablement dans la baignoire quand le téléphone sonna, et un aide de camp me demanda pourquoi je n'étais pas encore prête, tout le monde m'attendait. J'étais épouvantée et je me précipitai dans mes vêtements, descendis l'escalier en courant, à moitié habillée, et maudis ma montre qui était apparemment si peu fiable et n'indiquait que sept heures. J'avais pourtant tort car, dans le courant de la soirée et dans la nuit, les conditions météorologiques avaient changé et

Hitler avait décidé de démarrer une demi-heure plus tôt. Personne n'avait pensé à me prévenir.

Nous atterrîmes quelque part en Italie du Nord, montâmes dans le train spécial de Mussolini et nous arrêtâmes à la gare de Trévise. Hitler monta avec ses hommes et son hôte dans un convoi et, entourée d'une rangée de carabinieri à moto, la file de voitures démarra à vive allure pour gagner le lieu de la conférence, une magnifique villa ancienne à proximité. Pendant toute la journée, je ne vis ni Hitler ni aucun de ses collaborateurs. Je restai dans le train spécial de Mussolini, m'étonnai du laisser-aller et de la saleté, des voitures démodées, de la présentation d'opérette du personnel, et je souffris terriblement de la grande chaleur.

En fin d'après-midi, le voyage du retour se déroula de la même manière. Après un magnifique survol des Alpes pendant le coucher du soleil, nous atteignîmes le Berghof et, le lendemain matin, nous arrivâmes à nouveau à la Tanière du loup.

Malheureusement, la visite de Hitler à Mussolini s'avéra assez inefficace car, à peine quatre semaines plus tard, Mussolini se retrouva prisonnier dans une autre villa et, en Italie, le fascisme se disloqua[1]. Hitler ne décolérait pas. Il était furieux de la défection de l'Italie et de l'infortune de Mussolini et, ce soir-là, même à nous, les femmes, il ne cacha pas sa mauvaise humeur. Hitler était taciturne et avait l'esprit ailleurs. « Mussolini est quand même plus faible que je le pensais, dit-il. Je l'ai encore soutenu moi-même, et maintenant il est renversé. Mais

1. En fait, c'est déjà une semaine après la rencontre avec Hitler, le 25 juillet 1943, que Mussolini fut renversé, fait prisonnier et relevé de ses fonctions. Des parachutistes allemands le libérèrent le 12 septembre 1943 de sa détention au Campo Imperatore (Gran Sasso d'Italia). À partir de ce moment, il vécut dans l'ombre en Italie du Nord sous la dépendance de Hitler.

nous n'avons jamais pu compter sur les alliés italiens, et je crois que nous vaincrons beaucoup mieux seuls qu'avec ce peuple irresponsable. Ils nous ont coûté plus de pertes de prestige et de véritables défaites qu'il ne nous ont apporté de succès ! »

Aujourd'hui, j'essaie d'analyser ce qui s'est passé par la suite. Du cours monotone des journées n'émergent plus que des points isolés, qui servent aujourd'hui d'indicateurs pour le déroulement rapide de l'avalanche qui engloutit tout. Toutes les petites particules séparées qui formèrent ensemble les grands événements se sont estompées. Hitler vivait, travaillait, jouait avec son chien, pestait contre ses généraux, mangeait avec ses secrétaires et entraînait l'Europe vers son destin, et nous le remarquions à peine. L'Allemagne résonnait du hurlement des sirènes et du vrombissement des moteurs des avions ennemis. À l'Est, on livrait de dures batailles.

Puis arriva cette grise journée pluvieuse où je rencontrai Mlle Wolf, les yeux gonflés de larmes, sur la route qui menait au bunker du Führer. « Stalingrad est tombée, toute notre armée est anéantie[1] ! » Elle sanglotait presque. Et nous pensions toutes deux à une quantité infinie de sang et de morts et à un grand désespoir.

Ce soir-là, Hitler était un vieux monsieur fatigué. Je ne sais plus de quoi nous avons parlé, mais une image sombre m'est restée en mémoire, peut-être comme la visite d'un cimetière désolé dans la pluie de novembre.

Et pourtant, cette image sombre fut à nouveau provisoirement effacée par des nouvelles de victoires et la

1. Comme Traudl Junge l'écrit elle-même, elle ne se souvenait plus que de points marquants de l'année 1943 qui fut riche d'événements, mais pas de la chronologie. Stalingrad « tomba » avant la rencontre de Hitler avec Mussolini, en janvier-février.

confiance inébranlable de Hitler. Il avait désormais aussi pris l'habitude du thé nocturne au quartier général. En dehors des secrétaires, il y conviait les médecins, les aides de camp, l'envoyé Hewel, Heinz Lorenz et le Reichsleiter Bormann. Göring et Himmler n'y assistaient jamais, mais il y avait parfois Speer, une fois aussi Sepp Dietrich et, naturellement, Mme von Exner.

On riait beaucoup, et Hitler essayait le plus souvent de tenir la conversation éloignée des choses sérieuses. Il est vrai que, quand Speer était là, l'entretien prenait un aspect technique. On parlait alors de toutes les inventions possibles, de nouvelles armes, etc., tandis qu'avec Sepp Dietrich étaient évoqués de vieux souvenirs de combat. Je dois dire que ces soirées étaient bien plus intéressantes et personnelles que les réunions du Berghof. Nous étions aussi serrés autour d'une petite table ronde, et l'éclairage cru de la pièce badigeonnée de blanc nous tenait éveillés.

Nous partagions à nouveau en deux le service du thé, car il était impossible d'aller se coucher chaque jour à cinq ou six heures du matin et de se relever à neuf heures. Hitler comprenait très bien cela, car il savait par Eva Braun combien le sommeil est important pour une femme, mais il n'aimait pas que nous qualifiions de « travail » les conversations avec lui.

Il y aurait peut-être cent mille petites histoires à raconter, que je trouvais intéressantes à l'époque, par exemple sur l'enfance et la scolarité de Hitler, sa période d'études à Vienne, les nombreuses frasques du temps où il était soldat et, plus tard, les débuts du parti, sur son emprisonnement, etc., mais, face aux découvertes ultérieures, elles sont devenues des impressions si fugitives et insignifiantes que je ne peux plus les restituer. À l'époque, elles dressaient pour moi le portrait d'un Führer humain, compréhensif, intangible, qui, il est vrai, se prenait lui-même pour un génie, mais qui était aussi considéré comme tel par tout son entourage et put longtemps faire parler ses succès dans ce sens. Et c'est précisément la connaissance de cet aspect sensible, inoffensif, privé et ses expériences personnelles qui rendaient si difficile à discerner l'esprit malfaisant inhérent à son génie.

Il manque à nouveau une grande partie du film de mes souvenirs. Toute la longue période de l'année 1943, alors que je vivais, parlais, mangeais jour et nuit avec Hitler, est comme une unique longue journée. Entretemps, des bombes sont tombées, les fronts se sont modifiés, nos avions ont attaqué l'Angleterre et nous voulions nous précipiter au-devant de la victoire. Entretemps, il y eut Noël, à peine remarqué au quartier général, complètement ignoré par Hitler. Aucune branche et aucune bougie ne témoignaient d'une fête de la paix et de l'amour. Mon mari était venu en permission, je restai avec lui dans notre baraque. Il était complètement transformé, c'était devenu un étranger, mon époux était resté là-bas sur le front. Il ne supportait plus l'arrière, il fut désespéré quand, après une conversation avec Hitler, il perçut que celui-ci ne dominait plus la situation. Peu après les fêtes, il partit retrouver les soldats. Un jour du printemps 1944, en Russie, des prisonniers allemands avaient reçu des injections qui les avaient amenés à faire des aveux. Pour limiter les risques, Hitler fit tout de suite ramener tous les gens de son entourage immédiat. Parmi eux se trouvait aussi mon mari. Il fut transféré à l'Ouest.

Hitler parlait de plus en plus souvent de la possibilité d'une attaque aérienne massive sur le quartier général. « Ils savent exactement où nous sommes, et ils vont tout anéantir ici avec des bombes ciblées. Je m'attends chaque jour à ce qu'ils attaquent », dit-il, et il parlait des bombardiers américains. Il y avait souvent des alarmes désormais, mais c'étaient toujours des avions isolés qui survolaient notre territoire. La défense antiaérienne restait silencieuse. Il ne s'agissait soi-disant que d'observateurs, et l'on ne voulait pas la faire remarquer par des tirs inconsidérés.

Au printemps, nous repartîmes pour le Berghof. Pendant ce temps, l'installation de Prusse orientale devait être renforcée. Hitler voulait faire construire quelques bunkers très solides et, en tout cas, à l'épreuve des bombes. Des colosses de onze mètres de béton devaient naître, et je frissonnais à l'idée que nous devrions vivre comme des taupes, sans la lumière du jour. Mais, auparavant, la vie de patachon reprit sur l'Obersalzberg. Eva Braun était à nouveau là, fringante, fraîche, avec sa garde-robe inépuisable, les invités passaient, et la guerre nous semblait loin.

Marlene von Exner n'était pas venue avec nous. Elle était restée à la Tanière du loup pour emballer toutes ses valises, liquider ses affaires et retourner à Vienne. Son destin était une tragi-comédie. Elle était tombée amoureuse du jeune aide de camp SS Fritz Darges, bien qu'elle ne pût supporter les Prussiens et détestât les SS. La conséquence fut double. D'un côté, Gretl Braun était aussi amoureuse de Fritz Darges mais, aux yeux de Fritzchen, cet amour était trop dangereux et trop peu privé, et il n'avait pu se décider. D'un autre côté, quelque chose clochait dans la généalogie de Marlene. Dès le début de son service auprès de Hitler, elle avait dit que les papiers de sa mère n'étaient pas en ordre. La grand-mère était une enfant trouvée et l'on ne pouvait pas établir son ascendance. Étant données les convictions nationales-socialistes établies de toute la famille, Hitler avait accordé peu d'importance à cette affaire jusqu'à ce que, tout à coup, habile et zélé, le SD[1] établisse qu'il y avait effectivement du sang juif dans la lignée maternelle. Marlene eut très peur, moins de perdre son emploi auprès de Hitler que de l'impossibilité de devenir l'épouse d'un homme de la SS. Hitler eut avec Mme von Exner un entretien au cours duquel il lui dit : « Je suis extrêmement désolé pour vous, mais vous comprendrez que je ne peux faire autrement que de vous congédier. Il m'est impossible de faire une exception pour moi et d'annuler mes propres lois quand c'est à mon avantage. Mais quand vous serez de nouveau à Vienne, je ferai aryaniser toute votre famille et je continuerai à vous payer votre salaire pendant six mois. En outre, avant que vous me quittiez, je vous prie d'être encore une fois mon invitée au Berghof. »

Et c'est ainsi que Marlene prit congé. En ma présence, le Reichsleiter Bormann fut chargé de mettre à exécution l'aryanisation de la famille Exner. Bormann n'accepta cette mission qu'à contrecœur car il avait lui-même demandé en mariage la charmante Viennoise, et il ne put jamais lui pardonner son refus.

Sa vengeance ne se fit pas attendre longtemps : quelques semaines plus tard, je reçus de mon amie une lettre très malheureuse annonçant que les livrets du parti avaient été retirés à tous les membres de sa famille et qu'ils avaient tous de grandes difficultés. Quand j'interrogeai Bormann à ce propos, il déclara qu'il allait régler cela. Mais plusieurs semaines passèrent encore et, finalement, je reçus un récit bouleversant selon lequel la vie était devenue très dure pour les Exner. Marlene dut quitter la clinique universitaire, sa sœur n'eut pas le droit d'étudier la médecine, le frère dut abandonner son

1. SD = Sicherheitsdienst, Service de sécurité du Reichsleiter SS.

cabinet de consultation, et le plus jeune ne put suivre la carrière d'officier.

J'étais si furieuse et indignée que je m'installai devant la machine à écrire à gros caractères, recopiai la lettre mot pour mot et l'apportai au Führer. Il devint rouge de colère et appela aussitôt Bormann. Le Reichsleiter aussi était tout rouge quand il sortit du bureau de Hitler et il me jeta un regard furibond. Toujours est-il que je reçus en mars l'heureuse nouvelle que tout était à nouveau rétabli, la famille Exner me remerciait chaleureusement : l'aryanisation était enfin réalisée. Mais, quatre semaines plus tard, les Alliés étaient à Vienne, et les livrets de membres du parti furent probablement frappés d'anathème et brûlés [1].

[...] La vie était [au début du printemps 1944, M.M.] plus déréglée que jamais. Les réunions d'information étaient interminables, les repas avaient lieu aux heures les plus improbables. Hitler allait se coucher plus tard que jamais. La gaieté, le bavardage léger et les nombreux invités qui se succédaient ne pouvaient cacher l'inquiétude qui avaient pénétré tous les cœurs. L'entourage de Hitler connaissait ses soucis et la situation difficile, les ignorants croyaient à ses affirmations de victoire et mettaient ainsi en sourdine leurs propres expériences amères et leurs sombres pressentiments.

Eva Braun chercha à se rapprocher de moi. Elle me demanda : « Comment va le Führer, madame Junge ? Je ne veux pas interroger Morell, je ne lui fais pas confiance et je le déteste. J'ai eu peur quand j'ai revu le Führer, il

1. Traudl Junge passe ici manifestement à un événement du printemps 1945. Le 6 avril, les troupes soviétiques entrèrent dans Vienne et, le 13 avril, la ville était entre les mains de l'Armée rouge. Le texte qui suit traite pourtant encore du printemps 1944.

est devenu vieux et sérieux. Savez-vous ce qu'il a comme soucis ? Il ne parle pas avec moi de ces choses, mais je crois que la situation n'est pas bonne. » – « Mademoiselle Braun, j'en sais moins que vous. Vous connaissez le Führer mieux que moi et pouvez deviner ce dont il ne parle pas. Mais le rapport de la Wehrmacht à lui seul suffit à expliquer pourquoi les responsables sont préoccupés. »

Dans la maison de thé, Eva reprocha au Führer de se tenir si courbé. « C'est parce que je porte des clés si lourdes dans ma poche de pantalon, répondit-il. En plus, je traîne avec moi un sac entier plein de soucis. » Mais il ne put s'empêcher ensuite de plaisanter : « Et puis je suis beaucoup mieux assorti avec toi. Tu portes des talons hauts pour être plus grande, je me penche un petit peu et comme ça, nous allons très bien ensemble. » – « Je ne suis pas petite, protesta-t-elle, 1 mètre 63 comme Napoléon ! » Personne ne connaissait la taille de Napoléon, Hitler non plus. « Comment ça, Napoléon mesurait 1 mètre 63 ? Comment le sais-tu donc ? » – « Mais n'importe quelle personne cultivée le sait », répondit-elle, et le soir, après le repas, quand nous fûmes assis ensemble dans le salon, elle alla vers la bibliothèque et chercha dans le dictionnaire. Mais il n'y avait rien à propos de la taille de Napoléon.

Durant ces semaines, il neigea continuellement. Les murs de neige s'amoncelaient sur la terrasse, des quantités énormes devaient être chaque jour enlevées à la pelle pour libérer un étroit chemin jusqu'à la maison de thé et dégager les entrées et les accès. Eva aurait aimé pardessus tout faire du ski, mais Hitler ne voulait pas le permettre. « Tu pourrais te casser un pied, c'est trop dangereux », dit-il. Elle se contentait donc de faire de grandes promenades et manquait souvent le déjeuner.

En avril, il neigeait encore. À mille mètres d'altitude, il y avait neuf mètres de neige. Puis arriva enfin le printemps et, avec lui, les avions ennemis se firent aussi remarquer dans la région de Berchtesgaden. Au Sud, les Alliés avaient gagné tant de bases qu'à partir de là, sans relâche, de grandes escadres pouvaient prendre le chemin de la Bavière à travers l'Autriche. Et toutes survolaient notre territoire. Chaque jour, les sirènes hurlaient juste alors que nous savourions le premier sommeil aux petites heures du matin. Dans la vallée et sur les pentes du terrain du Führer, on mettait alors en marche les installations de camouflage, et toute la zone était artificiellement enveloppée de nuages brumeux[1]. Hitler s'attendait à une attaque sur le Berghof et sur le quartier général. Depuis des mois déjà, on travaillait à une gigantesque intallation de galeries souterraines dans le périmètre du Berghof. En de nombreux endroits, le rocher était percé, les machines rongeaient la montagne et la traversaient d'un réseau de galeries. Mais seul le bunker du Berghof était achevé. En face de l'entrée arrière du salon, une grande porte conduisait à l'intérieur du rocher. Il fallait descendre soixante-cinq marches, pour arriver dans une cave-abri où se trouvait tout ce qui était précieux et vital pour le Führer et un grand nombre de personnes. Je n'ai vu que les deux salles de réunion, mais pas les réserves et les archives qui y avaient été mises à l'abri. Presque tous les jours, les hôtes somnolents se rassemblaient avec leurs valises dans la caverne. Mais jamais il n'y eut d'attaque.

Nous ne nous trouvions toujours que sur la ligne d'accès, et l'attaque se dirigeait la plupart du temps sur

1. La section brouillard de la SS disposait de 270 appareils (fumigènes) contenant chacun 200 litres de gaz brouillard. Quand il y avait une menace d'attaque ennemie, la région de Berchtesgaden pouvait être camouflée en trente minutes.

Vienne, sur des objectifs hongrois et des villes de Bavière. Souvent, quand les nuages de brume s'étaient dissipés, nous voyions le reflet rouge des incendies au-dessus de Munich. Il était alors difficile de retenir Eva Braun. Elle implorait l'autorisation d'aller à Munich en voiture pour vérifier l'état de sa petite maison. D'ordinaire, Hitler ne le lui permettait pas. Elle restait alors accrochée au téléphone à donner des instructions et cherchait des comptes rendus détaillés auprès de toutes ses relations. Mais quand, un jour, l'un de ses meilleurs amis, le comédien munichois Heini Handschuhmacher, perdit la vie au cours d'une attaque, il fut impossible de l'arrêter. Elle se rendit à l'enterrement avec son amie Herta Schneider et Gretl Braun et revint profondément bouleversée, avec des récits percutants sur la misère de la population touchée. Hitler écouta sa description avec un visage sombre. Puis il jura vengeance et représailles et promit de rendre la pareille au centuple aux ennemis avec les nouvelles découvertes de la Luftwaffe.

Malheureusement, ces menaces ne se sont jamais réalisées. Comme avant, des patrouilles d'avions alliés trouvaient leur chemin au-dessus du territoire du Reich, et en quoi cela servait-il aux villes allemandes que des V1 et des V2 s'envolent pour Londres ? Hitler était très enthousiasmé par l'entrée en action des armes V[1]. « Cela va déclencher la panique en Angleterre. Le bruit de ces armes tape tellement sur les nerfs que personne ne peut le supporter à la longue. Je vais rendre la pareille aux barbares qui ont tiré sur des femmes et des enfants, et anéanti la culture allemande. »

Mais les nouvelles qu'il recevait sur la défense de la Luftwaffe étaient catastrophiques. Je me souviens d'une

1. Vergeltungswaffe = arme de représailles.

attaque sur Munich pendant la journée. Hitler voulait savoir exactement quelles mesures défensives avaient été mises en œuvre. Le colonel von Below était au téléphone en permanence. Finalement, il dut annoncer : « Mein Führer, six chasseurs allemands voulaient se mettre en route, deux n'ont pas pu décoller du tout, trois ont dû faire demi-tour à cause d'une avarie mécanique, et le dernier appareil se sentait si seul qu'il n'a pas attaqué. » Hitler était furieux. Bien qu'entouré de plusieurs invités, il ne put s'empêcher de pester contre la Luftwaffe.

Désormais, nous étions donc presque quotidiennement chassés du lit et devions descendre dans les oubliettes. Après avoir joué ce petit jeu des douzaines de fois sans qu'une bombe soit même tombée dans les environs, l'empressement à sortir du lit ne tarda pas à se relâcher. Hitler lui-même ne descendait plus jamais les soixante-cinq marches avant que le canon antiaérien ne tire ou qu'un raid sur des objectifs alentour ne soit vraiment perceptible. Mais il se tenait à proximité de l'entrée et veillait comme un cerbère à ce que personne ne quitte le bunker avant la fin de l'alarme. C'était surtout Eva Braun qui était traitée sévèrement à cet égard.

Un jour, alors que les sirènes hurlaient à nouveau et que j'avais déjà pris le petit déjeuner, je descendis dans la galerie pour voir si la société du Berghof s'était rassemblée là en bas. Il n'y avait personne. Mais quand j'atteignis la marche supérieure juste à la hauteur de la surface du sol, je vis le Führer debout devant l'entrée. Il parlait avec l'aide de camp Bormann et l'ambassadeur Hewel. Quand il m'aperçut, il me menaça du doigt et dit : « Vous, ne soyez pas si imprudente, jeune femme, et redescendez vite, l'alarme n'est pas encore terminée. » Comme je ne voulais pas révéler qu'Eva Braun ni les autres hôtes n'étaient pas sortis du lit, je me retirai docilement. Je répétai deux fois ma tentative de fuite, mais je fus toujours renvoyée, et c'est seulement quand les sirènes de fin d'alerte résonnèrent que je pus sortir des oubliettes.

À table, Hitler exposa la nécessité absolue de se rendre dans la cave en cas d'alerte aérienne. « Ce n'est pas un signe de courage, mais de bêtise de ne pas se mettre à l'abri. Mes collaborateurs, qui sont en partie irremplaçables, ont simplement le devoir d'aller dans le bunker. Il est idiot d'imaginer que l'on pourrait faire preuve de bravoure en s'exposant au danger d'être touché par une bombe. » Il ne parlait pas tant de moi que d'une grande partie des messieurs et officiers qui ne croyaient pas à une attaque sur le quartier général, ni ne voulaient passer leur temps, inactifs, dans des caves.

Pendant notre séjour au Berghof au printemps 1944, Hitler rassembla sur le Platterhof les chefs d'armées, les officiers supérieurs et les chefs de toutes les fractions de troupes, et tint des propos encourageants. Même les industriels et les dirigeants politiques furent convoqués et reçurent ses instructions. Bien qu'il tînt de longs discours, je n'avais pas de dictées. En de telles occasions, quand il s'adressait à un cercle interne, il n'avait pas besoin de manuscrit. Son discours n'arrivait pas au public et il préférait parler librement. Parmi les chefs d'armée les plus éminents se trouvait aussi le feld-maréchal Dietl, commandant des troupes d'infanterie de montagne en Norvège. Il arrivait directement du front et s'était procuré les brillants pour la croix de chevalier. Hitler l'estimait beaucoup et s'entretint longuement avec lui. Dietl voulait naturellement profiter de l'occasion pour rendre visite à sa femme. Hitler lui conseilla de ne prendre l'avion que le lendemain matin car, le soir, les conditions météorologiques de la région de Salzbourg étaient le plus souvent très défavorables. Mais Dietl n'avait de cesse de partir. Il se mit en route au petit matin, malgré le brouillard. Hitler fut réveillé par la nouvelle que son commandant exceptionnel s'était écrasé avec ses brillants. Hitler se montra très bouleversé. Je ne peux pas imaginer qu'il simulait. Nous appréciions tous Dietl et étions très troublés par sa mort brutale. Mais Hitler était en même temps furieux que Dietl ait été si imprudent et se soit exposé au danger de voler dans des conditions météorologiques défavorables. Il répéta une fois encore que ses collaborateurs irremplaçables avaient simplement le devoir d'éviter le danger.

Mais, quelques semaines plus tard, un accident d'avion se produisit à nouveau à proximité de Salzbourg, et ce fut encore un commandant, le général Hube, qui trouva la mort. L'ambassadeur Hewel l'accompagnait et, gravement blessé, avait été transporté à l'hôpital de Berchtesgaden. Je n'ai jamais su ce qui avait provoqué l'accident.

J'ai complètement oublié de dire que, dans l'intervalle, un nouveau visage était apparu dans l'entourage de Hitler : le Gruppenführer Fegelein. Il était employé dans l'état-major de Hitler et faisait fonction d'officier de liaison entre Himmler et Hitler. Au début, on ne le voyait qu'aux réunions d'information, mais il se lia bientôt d'amitié avec le Reichsleiter Bormann, et il ne fallut pas longtemps pour qu'il donne le ton.

Hermann Fegelein était le type du cavalier énergique. Il était incroyablement fort en gueule et il portait la croix de chevalier avec feuilles de chêne et épées. Pas étonnant qu'il fût habitué à ce que les femmes soient attirées par lui. De plus, il avait un esprit délicieux, parfois fort cru, et jamais ne mâchait ses mots. Autour de lui planait l'auréole d'un homme plein de naturel, qui parle avec une franchise et une sincérité formidables. De cette manière, il fit rapidement et inopinément une carrière surprenante. À peine était-il arrivé qu'il était déjà assis à la table du Berghof. Il ne manquait pas les fêtes nocturnes chez Bormann, il trinquait avec tous les gens importants, et toutes les femmes étaient à ses pieds. Celui qui ne devenait pas son ami devenait son ennemi, jusqu'à ce qu'il eût une position tout à fait stable. Il était habile, mais brutal ; il avait quelques traits de caractère vraiment sympathiques, comme la franchise avec laquelle il avouait qu'il était au fond d'une lâcheté inouïe et que seule la peur l'avait conduit à accomplir un acte héroïque, et, il avouait de plus très ouvertement que rien ne lui tenait autant à cœur que sa carrière et une bonne vie.

Malheureusement, peu après son arrivée, il commença à y avoir des différends et des intrigues dans l'entourage de Hitler. Fegelein, qui était un bon amuseur et de compagnie agréable, suscita bientôt l'intérêt d'Eva Braun et de sa sœur Gretl. C'est surtout de cette dernière que le beau Hermann chercha à obtenir les faveurs. À vrai dire, sans savoir qu'elle était la sœur d'Eva, il avait affirmé : « Quelle gourde ! » Mais, eu égard aux relations de parenté, il avait promptement changé d'avis. Ce fut une grande surprise quand on apprit les fiançailles de Fegelein avec Gretl Braun. La position privilégiée de Fegelein fut ainsi également renforcée sur le plan personnel. L'ambassadeur Hewel, qui s'était aussi marié entre-temps et se trouvait à présent à l'hôpital, blessé à la suite de l'accident d'avion, était le seul à entretenir personnellement de si bonnes relations avec Hitler qu'il était un obstacle pour Fegelein. Aussi celui-ci profita-t-il de l'absence de Hewel pour le calomnier auprès de Hitler, et il y parvint. Hewel, qui ne pouvait pas se défendre, tomba passablement en disgrâce, et Hitler ne se fit même pas présenter sa femme.

Mais tous ces événements personnels et humains étaient secondaires et insignifiants face à l'invasion américaine à l'Ouest. Elle arriva brusquement, attendue depuis longtemps et soi-disant d'emblée condamnée à l'échec. Mon mari, qui passait justement une courte permission avec moi à Berchtesgaden, dut immédiatement regagner le front. Les réunions d'information étaient interminables. Le visage de Hitler était sérieux et assez soucieux. Ses espoirs que l'ennemi rencontre la défaite décisive à l'Ouest ne semblaient pas se réaliser si rapidement. Les hôtes allaient et venaient au Berghof, le soleil brillait sur le paysage paisible, on bavardait, on riait, on aimait, on buvait, et, malgré tout, la nervosité augmentait de jour en jour. La lèvre inférieure de Julius Schaub lui pendait jusqu'au menton : il avait pour mission d'étudier les nouvelles de l'aviation. Les comptes rendus de pertes s'accumulaient tellement que nous ne pouvions plus écrire les rapports pour le Führer qu'avec des mots-clés. De toutes les parties du Reich, de tous les Gauleiter arrivaient des liasses de photos des villes détruites. Hitler regardait tout cela en écumant de rage. Mais il ne vit jamais de ses propres yeux l'ampleur des dévastations.

Quand, un jour, je revins de Munich après une forte attaque, je lui dis : « Mein Führer, toutes les photos que vous voyez ne sont rien par rapport à la détresse de la réalité. Vous devriez voir les gens qui sont devant les maisons qui brûlent, en pleurs, se réchauffer les mains devant les braises des poutres qui se consument et regarder leur foyer disparaître avec tous leurs biens. » Il répondit : « Je sais comment c'est, mais je vais changer ça. Nous avons maintenant de nouveaux avions et tout ce cauchemar prendra bientôt fin ! »

Jamais Hitler n'a vu à quoi ressemblait la guerre dans le pays, à quel point les destructions et les dévastations étaient importantes. Il continuait à ne parler que des représailles, des succès imminents, et de la certitude de la victoire finale. Je ne pouvais pas faire autrement que de croire qu'il avait réellement un moyen sûr, une ultime réserve d'arrière-plan qui, un jour, libérerait le peuple de ses lourdes douleurs.

La vie aurait été belle sans cette impression d'être assis sur un baril de poudre, et cette nervosité qui se généralisait. Dans le cercle de ses hôtes, Hitler s'efforçait, il est vrai, de prouver sa confiance et son assurance de la victoire en badinant avec les dames, en se promenant jusqu'à la maison de thé et, le soir, en passant des disques et en racontant des histoires devant la cheminée. Mais n'était-il pas bien souvent assis, l'air absent sur sa chaise, vieux et fatigué ? Lui, le galant gentleman, qui ne voulait jamais paraître vieux, demandait aux dames de l'autoriser à étendre ses jambes et les allongeait sur le canapé. Et Eva le regardait d'un air soucieux et triste. Elle s'efforçait plus que jamais de dérider les hôtes de Hitler, de les rasséréner et de les détendre. Elle ne manquait plus jamais aux repas ou devant la cheminée.

On était arrivé en juillet. Hitler ne supportait plus de rester sur l'Obersalzberg. Son bunker n'était pas encore terminé, mais il ordonna quand même le retour à la Tanière du loup. En attendant, il comptait habiter dans l'ancien bunker des aides de camp et des invités, que nous, les secrétaires, avions occupé auparavant. La première semaine de juillet, tels des oiseaux migrateurs, nous repartîmes en Prusse orientale.

L'installation était devenue méconnaissable. À la place des petits bunkers bas, de lourds colosses de béton et de fer émergeaient des arbres. De haut, on ne distinguait rien. De l'herbe avait poussé sur les toits plats, des arbres en partie naturels, en partie artificiels sortaient du béton et, vue d'avion, la forêt ne s'interrompait nulle part. Dans le nouveau bunker, les pièces étaient petites et très sommairement équipées. Pour les réunions d'information, Hitler désigna la baraque située à côté, qui était prévue pour les chambres d'hôtes et comprenait une grande salle. Là, on dressa quelques grandes tables pour pouvoir étaler les immenses cartes, et la pièce fut utilisable comme salle de conférences. Dans la Tanière du loup, nous étions à nouveau toutes les quatre secrétaires ensemble. Nos obligations mondaines étaient accrues et nous avions beaucoup de travail.

C'était un été très chaud. Le soleil brillait dans le ciel, chaque journée était plus belle que la précédente. Les baraques ne procuraient aucune fraîcheur, les bunkers redevinrent des lieux de travail appréciés. Au-dessus des prés marécageux vivaient des essaims de moucherons et de moustiques qui nous rendaient la vie dure. Les sentinelles devaient porter des moustiquaires devant le visage et les fenêtres étaient pourvues de grillage contre les mouches. Hitler détestait ce temps. Blondi n'était quasiment plus emmenée en promenade que par le sergent-chef Tornow, le maître-chiens, tandis que Hitler se retirait dans la fraîcheur des pièces de béton. Il était de mauvaise humeur et se plaignait d'insomnie et de maux de tête. Il avait plus que jamais besoin de diversion. Plus la situation de la guerre s'aggravait, moins on en parlait. Nous dépendions du rapport du haut commandement de la Wehrmacht qui était accroché dans l'entrée du mess à côté du menu et du programme de cinéma. Les nouvelles n'étaient pas réjouissantes.

Mais Hitler poursuivait la guerre ainsi que ses réunions de thé nocturnes. Il y conviait même des hôtes qui ne faisaient pas à proprement parler partie de son entourage permanent. « J'en ai assez des soldats autour de moi », disait-il. Les aides de camp se cassaient la tête pour trouver qui pourrait distraire le Führer. Heinrich Hoffmann était toujours l'ultime recours. Mais il était devenu si sénile et alcoolique que Hitler n'avait plus aucun plaisir à converser avec lui. Le professeur Hermann Giesler, bâtisseur et architecte, était l'homme de la situation. Il n'était pas seulement un artiste dans son domaine, mais il avait en plus un talent qui aurait pu faire de lui le bouffon du roi : il savait imiter à s'y méprendre la façon de parler et presque l'apparence du chef de l'organisation du Reich, Robert Ley. Ley n'avait pas seulement un défaut de prononciation, il racontait aussi de telles bêtises que l'on ne pouvait guère le prendre au sérieux.

Étant donné que Ley, en tant que chef du Front allemand du travail, avait passé beaucoup de commandes de constructions au professeur Giesler, celui-ci connaissait précisément toutes ses faiblesses, et c'est avec un plaisir particulier qu'il avait retenu les fautes de langage amusantes de ses discours. « Je suis devenu plus beau et l'Allemagne s'en réjouit », avait lancé une fois le chef de l'organisation du Reich du ton le plus convaincant devant une assemblée d'ouvriers, et il voulait dire exactement le contraire : « L'Allemagne est devenue plus belle et je m'en réjouis. » Quand Giesler bredouillait péniblement ces phrases à la manière de Ley, Hitler riait aux éclats. [...] Giesler livrait un spectacle de pur comique. Mais Hitler devait aussi éprouver un malaise étant donné que son chef de l'organisation du Reich livrait ses traits d'esprit en public, et en tant que personnalité dirigeante et collaborateur de Hitler, il devenait donc la cible des moqueries. « Ley est un vieux et fidèle camarade du parti et un véritable idéaliste. Il a créé une organisation exceptionnelle. Et surtout, je peux compter sur lui à cent pour cent. » Telles étaient les excuses alléguées par Hitler. C'était cette même tolérance qu'il manifestait à l'égard des autres vieux camarades de lutte, et qui lui faisait tant défaut à l'égard des esprits avisés qui osaient le contredire.

Par ailleurs, le scénographe du Reich, le professeur Benno von Arent, de Berlin, était lui aussi souvent invité au quartier général. Je trouve aujourd'hui bien étrange que tous ces messieurs aient porté des titres du « Reich » et de « professeurs ». Pas surprenant que nous ayons surnommé le sergent-chef qui s'occupait des chiens, chef des chiens du Reich, le professeur Morell, maître des injections du Reich et Heinrich Hoffmann, l'ivrogne du Reich. Au milieu de la pire phase de la guerre, von Arent n'avait vraiment rien à faire au quartier général. Mais, malgré tout, il remplissait la mission indispensable, en temps de guerre, de maintien des forces du « commandant suprême ». Même pendant le Troisième Reich, les gens de scène ne portaient pas d'uniforme, mais, dans l'arrière-plan caché, les artistes dirigeants avaient tous un rang quelconque dans le parti ou dans l'armée, si bien qu'il leur fallait au besoin se produire en « habit d'honneur allemand ». Il n'est donc pas étonnant que Benno von Arent soit apparu dans un uniforme chic vert-de-gris décoré d'argent. Je dois dire que c'était un homme vraiment charmant, gai et plein d'esprit, un peu mou, mais amusant. Je ne sais pas s'il était doué en tant que scénariste mais, en société, il faisait merveille, et quand il était avec Giesler, on riait, on se détendait et se divertissait tellement qu'il m'arrivait parfois d'oublier que Hitler devait mener la guerre la plus implacable et qu'il incarnait le destin de l'Europe.

Puis arriva le 20 juillet 1944.

Aujourd'hui encore, je sens la chaleur accablante de cette journée, qui faisait doucement trembler l'air et nous privait de sommeil dans les baraques étouffantes, bien que nous ne nous soyons couchés qu'au lever du soleil. Mme Christian et moi nous rendîmes à bicyclette au petit Moysee à l'extérieur du camp. Étendues dans l'eau, nous rêvâmes de paix et de tranquillité. À moitié endormies, nous tentions de poursuivre le repos nocturne. J'étais habitée de pensées apaisantes dans ce vaste silence. Nous étions seules, et n'échangeâmes pas un mot jusqu'à ce que le soleil brûle à la verticale, nous annonçant qu'il était midi. Nous ne savions pas quand commençait la réunion d'information. Peut-être aurait-on encore besoin de nous avant. Nous nous arrachâmes d'un autre monde et regagnâmes l'agitation de la forêt, au cœur de la guerre. La réunion avait apparemment déjà commencé. Sur le parking se trouvaient les voitures des officiers venus d'autres états-majors, mais le calme de midi régnait partout. Les secrétaires étaient chacune dans leurs chambres. Tout à coup, une détonation terrible traversa l'air silencieux. Inattendue et terrifiante. Mais il y avait souvent des explosions à proximité : des chevreuils passant sur des mines plates, ou bien l'essai d'armes quelconques.

J'étais en train d'écrire une lettre et ne me dérangeai pas. Mais, dehors, quelqu'un appela le médecin avec agitation et précipitation. Le professeur Brandt n'était pas au quartier général. La voix qui appelait le professeur von Hasselbach semblait bouleversée et prise de panique.

Ce ne fut pas la détonation qui fit soudain s'arrêter mon cœur. Nous avions l'habitude d'entendre brusquement résonner un coup de feu ou une explosion dans la forêt. On essayait des fusils, on construisait partout, les canons antiaériens tiraient pour l'exercice, et nous supportions ces bruits comme allant de soi. Mais ce qui venait de se passer me plongea dans l'inquiétude et la frayeur. Je sortis en courant. Mes collègues se précipitèrent hors des autres chambres, le visage pâle et épouvanté. Et à l'extérieur, nous vîmes sortir l'air bouleversé, les deux aides de camp qui cherchaient un médecin. « Une bombe a explosé, probablement dans le bunker du Führer », bredouillèrent-ils.

Nous ne savions pas si Hitler se trouvait déjà dans son bunker ou si la réunion d'information était encore en cours. Nous restâmes ensemble comme des moutons sous l'orage, paralysés par une peur indéfinie. Était-ce pour notre propre vie ou pour Hitler ? « Qu'allons-nous devenir si Hitler est mort ? », demanda soudain Mlle Schroeder dans le silence pesant, ce qui nous remit tout d'un coup sur pieds. L'envoûtement était rompu et nous nous dispersâmes stupidement dans différentes directions. Mlle Wolf voulait aider à trouver le médecin, Mlle Schroeder cherchait quelqu'un susceptible de donner des informations précises. Mme Christian et moi courûmes en direction du bunker et des baraques attenantes.

Les arbres épais cachaient encore le lieu de l'accident. Sur le sentier étroit qui serpentait à travers la forêt, le général Jodl et le lieutenant-général Waizenegger venaient à ma rencontre. Le visage de Jodl ruisselait de sang, son uniforme était en lambeaux. L'uniforme blanc de Waizenegger était taché de rouge. Ils avançaient ainsi en chancelant.

Mme Christian se précipita au-devant d'eux, et nous fûmes renvoyées avec l'ordre de ne pas aller plus loin : c'était barré. Nous n'en apprîmes pas davantage. Les deux officiers nous comprenaient à peine. Ce n'était pas surprenant, ils avaient non seulement subi avec l'explosion une commotion cérébrale, mais leurs tympans étaient crevés.

Nous regagnâmes nos baraques. Nous ne savions toujours rien sur la cause, la tournure et l'effet de l'accident. Si seulement nous avions appris ce qui s'était passé ? Le Führer était-il vivant ? Nous osions à peine formuler cette question, mais de vagues pensées me traversaient l'esprit sur ce qui arriverait si Hitler était mort. Je ne pouvais me faire une idée claire. Parmi les collaborateurs de Hitler, y en avait-il un capable de lui succéder ? Himmler, Goering, Goebbels... ? Cette perspective me semblait impossible. Ils n'étaient que des satellites qui recevaient leur lumière du soleil, sans luminosité propre. Ou y avait-il en Allemagne quelqu'un d'autre encore, un adversaire de Hitler, qui pouvait s'emparer du pouvoir ?

Les suppositions tournaient confusément dans ma tête, et il ne s'était pourtant écoulé que quelques minutes depuis que l'explosion s'était produite. Enfin, Otto Günsche passa devant notre fenêtre. Il devait lui aussi avoir participé à la réunion, mais il semblait être indemne. Nous nous précipitâmes vers lui : « Que s'est-il passé ? Le Führer est-il vivant ? Y a-t-il eu des morts ? À quoi était-ce dû ? » Il ne pouvait pas répondre à toutes les questions à la fois. « Il n'est rien arrivé au Führer. Il est déjà dans son bunker et vous pouvez aller le voir. Mais toute la baraque a sauté. Probablement qu'un engin explosif a été incorporé dans le sol par les hommes de l'OT[1]. On ne sait encore rien de précis. »

Poussées par la curiosité, nous nous rendîmes au bunker. Je faillis rire en voyant Hitler. Il était assis dans la petite entrée, entouré de quelques-uns de ses aides de camp et domestiques. Il n'avait jamais été particulièrement bien coiffé, mais à présent, il avait l'air d'un

1. OR = Organisation Todt.

hérisson tant ses cheveux étaient dressés sur sa tête. Les pantalons noirs pendaient en bandes étroites de la ceinture, presque comme une petite jupe en raphia. Il avait glissé sa main droite entre les boutons de sa veste d'uniforme, le bras était contusionné. En souriant, il nous salua avec la main gauche : « Eh bien, mesdames, ça s'est encore une fois bien passé. Encore une preuve que le destin m'a désigné pour ma mission, sinon je ne serais plus en vie. »

Naturellement, on parla de la cause de l'explosion. « C'était l'attentat d'un lâche, dit-il. L'explosif a probablement été déposé par un ouvrier de l'OT. Je ne crois pas à l'autre possibilité », déclara-t-il en s'adressant à Bormann, qui acquiesça. Bormann acquiesçait toujours. Nous aurions bien aimé entendre plus de détails. Mais Linge regarda sa montre et dit : « Mein Führer, je crois que vous devez mettre un autre pantalon, le Duce arrive dans une heure. » Hitler baissa les yeux sur ses haillons. « Je pense que vous avez raison. » Il prit congé et se dirigea vers sa chambre, droit et raide comme il ne l'avait pas été depuis longtemps.

Nous aurions volontiers visité de près les lieux de l'accident, mais nous n'avions pas encore le droit d'y pénétrer. Depuis l'entrée du bunker du Führer, nous voyions seulement que la baraque légère s'était effondrée dans la partie qui contenait la grande salle de conférences.

Mais le fantassin Mandl, le plus petit et le plus jeune soldat du bunker du Führer, était ravi de pouvoir prouver son importance : il nous décrivit par le menu ce dont il avait été témoin pendant la réunion. « L'engin n'a explosé qu'à deux mètres du Führer, mais le général Bodenschatz, qui se trouvait à côté de lui était juste en train de se pencher sur la table, et a été touché de plein fouet. À vrai dire, il est très grièvement blessé. Le général Schmundt également. Des morceaux entiers de chair lui ont été arrachés du dos et il a subi de nombreuses brûlures. Le sténographe qui était assis au bout de la table est mort. Il a eu les deux jambes arrachées. Keitl et Jodl sont blessés aussi, mais le Führer est indemne. Le Sturmbannführer Günsche et le major von John ont été précipités par le souffle à travers la fenêtre ouverte et ont atterri dans l'herbe à quelques mètres de la baraque. La plupart des messieurs présents ont été touchés par des éclats, ils ont des brûlures ou de petites blessures. » Le récit du fantassin Mandl était exact.

Partout dans le camp régnaient une tension et une agitation fiévreuses. Chacun ne parlait que de l'attentat. Les heures passaient comme des minutes et les minutes comme des heures. À peine la dernière fumée de l'explosion s'était-elle dissipée que l'on avait déjà trouvé le coupable. Et, à Berlin, le destin se prononça en faveur de Hitler. Tandis que ce dernier retournait avec ses hommes sur les lieux de l'accident et discutait à nouveau de tous les détails, on mentionna que le colonel von Stauffenberg était le seul officier absent pendant l'explosion parce qu'il venait de quitter la pièce pour téléphoner.

Tout à coup, le caporal Adam, du groupe de transmission, se dirigea vers le Führer. Il était de service au téléphone dans la baraque et annonça brusquement : « Mein Führer, le colonel von Stauffenberg est sorti de la salle de conférences peu avant l'explosion, mais il ne voulait pas téléphoner, il a quitté la baraque. Il avait une expression si bizarre que je me sens obligé de vous signaler qu'il peut être le coupable. »

Hitler se tut un moment, personne ne parlait. Jusqu'à présent, personne n'avait soupçonné qu'un officier de l'état-major de Hitler puisse être impliqué dans l'attentat. C'était la deuxième bombe qui le frappait. Hitler ne voulait pas encore y croire, mais il fit rechercher Stauffenberg. L'avalanche commença à rouler, la tragédie prit son cours. C'est seulement le soir, quand nous vînmes prendre le thé avec Hitler, que nous apprîmes toute l'histoire.

C'était donc vraiment le colonel von Stauffenberg qui avait apporté dans sa serviette une charge d'explosif et l'avait déposée à deux mètres de Hitler contre le pied de table. Stauffenberg n'était que rarement convié à la réunion. Cette fois, il s'était présenté au général Buhle pour le rapport. La plupart du temps, c'était le major John qui portait la serviette de Stauffenberg parce que celui-ci n'avait que trois doigts à la main droite. À présent, John se rappela soudain que Stauffenberg avait refusé cette fois de lâcher sa serviette. Elle resta plus d'une heure avec son contenu fatal à proximité immédiate de Hitler. Puis le colonel von Stauffenberg quitta les lieux et se rendit auprès du général Fellgiebel, qui faisait partie des conspirateurs, pour attendre le résultat de son entreprise. L'explosion se produisit comme prévu, Stauffenberg monta dans sa voiture et traversa le camp en passant devant la baraque détruite ; il vit les blessés étendus dans l'herbe, nulle trace de Hitler, rien que des morceaux de bois fumants et des corps ensanglantés.

Il dut croire que sa mission avait réussi et se rendit à l'aérodrome, convaincu que Hitler était mort. Mais lorsque Stauffenberg était devant le lieu de l'attentat, Hitler avait déjà regagné son bunker, sain et sauf.

Bien entendu, Goebbels fut aussitôt averti de l'attentat raté, mais pas le public. On ne savait pas encore qui avait pu aider Stauffenberg, ni ce qui se passait à

Berlin. Mais très vite, ce fut la pagaille ne tarda pas à se déclencher. Ordres et contre-ordres arrivaient pêle-mêle. À l'OKW[1], c'était l'enfer. Personne ne savait où se ranger : dans le mouvement de résistance de la Wehrmacht ou parmi les fidèles de Hitler. Je n'ai jamais complètement éclairci le contexte des faits à Berlin. Je sais seulement que le commandant du régiment « Grande Allemagne », le colonel Remer, énonça le verdict quand il se plaça sous les ordres de Goebbels, occupa avec ses hommes la Chancellerie du Reich et la maison de la radio en y interdisant l'accès aux officiers de la résistance. Pour cela, il reçut le lendemain par Hitler la croix de chevalier et, sans qu'un coup de feu n'ait été tiré, le calme fut rétabli dans les rues de Berlin.

Mais, au quartier général, la vague d'émotion se déchaîna encore longtemps. Quand je vis Hitler le soir, il était encore furieux et indigné de cette trahison dans la phase la plus décisive de la guerre. « Ces lâches ! Si au moins ils avaient tiré ! Je pourrais encore avoir du respect pour eux. Mais ils n'osent même pas risquer leur vie. Il ne doit pas y en avoir beaucoup assez bêtes pour croire qu'ils peuvent faire mieux. Ces benêts ne savent pas quel chaos va surgir si je lâche les ficelles. Mais je vais faire un exemple pour que chacun perde l'envie de commettre une telle trahison à l'égard du peuple allemand ! » Ses yeux étincelaient. Il était plus vif que je ne l'avais vu depuis longtemps. Seul le bras droit lui provoquait des douleurs. Il le portait immobile entre les boutons de sa veste. Le plateau de la table qui avait été projeté en l'air par le souffle le lui avait déboîté.

Je ne sais ce qui serait arrivé si l'attentat avait réussi. J'imaginais seulement voir revenir des millions de soldats

---

1. OKW = Oberkommando der Wehrmacht (commandement suprême de la Wehrmacht).

à présent enterrés quelque part à l'extérieur, disparus à jamais, je voyais les armes se taire et le ciel redevenir paisible. La guerre aurait été terminée.

Mais cette vision fut vite effacée par ce qui s'était réellement produit : l'attentat du 20 juillet fut le plus grand malheur qui pouvait toucher l'Allemagne et l'Europe. Non pas parce qu'il avait eu lieu, mais parce qu'il avait échoué. Hitler l'enregistra comme un succès personnel. Sa confiance, sa certitude de la victoire et son assurance, mais aussi la conscience de son pouvoir et sa mégalomanie dépassèrent alors toutes les limites de la raison. S'il avait peut-être été prêt à un compromis à cause des défaites militaires des derniers temps, si, en lui-même, sa foi en la victoire avait peut-être commencé à vaciller, lui et son idée, son pouvoir et ses actes se trouvaient confirmés par le destin.

« Ces criminels qui veulent m'écarter ne se doutent pas de ce qui serait arrivé au peuple allemand. Ils ne connaissent pas les projets de nos ennemis qui veulent anéantir l'Allemagne pour qu'elle ne puisse plus jamais se relever. Si la juiverie prend le pouvoir sur nous avec toute sa haine, il en sera alors définitivement fini de la culture allemande et européenne. Et s'ils croient que les puissances occidentales sont assez fortes sans l'Allemagne pour arrêter le bolchévisme, ils se trompent. Cette guerre doit être gagnée, sinon l'Europe sera perdue par le bolchévisme. Et je vais veiller à ce que plus personne ne puisse m'en empêcher ou m'écarter. Je suis le seul à connaître le danger, et le seul à pouvoir l'arrêter. » Hitler trouva nécessaire de parler ce jour-là au peuple allemand. Tandis que nous étions assis ensemble dans le bunker, on commanda une voiture radio de Königsberg et le circuit de transmission fut installé dans la maison de thé[1]. Peu avant minuit, nous nous y rendîmes avec Hitler. Là se trouvaient aussi les officiers légèrement blessés lors de l'attentat. Le général Jodl portait un bandage à la tête, Keitel avait les mains bandées, d'autres étaient recouverts de pansements. On se serait cru après une bataille, on avait pour la première fois l'impression d'être dans des quartiers de campagne, il y avait eu des blessés.

Ils se comportaient comme les vainqueurs d'un dur combat, les rescapés d'un grand danger. Ils félicitèrent le Führer pour son salut miraculeux, et nous nous laissions contaminer par cette ambiance, et nous continuions à croire en lui sans comprendre que, ce jour-là, les dés étaient jetés sur notre destin.

Puis Hitler parla. Il tint un bref discours qui devait convaincre le peuple allemand qu'il était resté indemne. Il remercia la Providence d'avoir conjuré un grand malheur et incita le public à croire à la victoire, et à y contribuer de toutes ses forces.

Nous écoutions, cernés et anesthésiés par le vertige de la supériorité qui animait les héros du 20 juillet, et nous ne prenions même pas conscience qu'à l'extérieur, des milliers de gens déçus gémissaient devant les haut-parleurs, enterraient leurs espoirs et maudissaient le destin auquel Hitler devait tant. Je continuais à croire que nous devions triompher.

Après le discours, nous revînmes dans le bunker. Hitler demanda au professeur Morell de l'examiner. Tout de suite après l'attentat, il s'était fait prendre le pouls, très fier qu'il soit régulier. À présent, il voulait se faire encore une fois confirmer avant d'aller se coucher qu'il était sain

1. Dans la Tanière du loup, il n'y avait pas de maison de thé comme au Berghof. Traudl Junge parle ici d'une construction ajoutée au mess.

et sauf. Nous restâmes encore un petit moment ensemble jusqu'à ce que le gros médecin passe la porte, puis nous nous retirâmes. Le ciel clair du matin brillait déjà à travers les arbres. Le soleil allait bientôt se lever.

Bien entendu, l'attentat fut encore longtemps le sujet principal de toutes les conversations. Eva Braun était complètement bouleversée et écrivit à Hitler une lettre soucieuse et désespérée qui l'émut profondément. En souvenir, il envoya à Munich son uniforme en lambeaux. Un jour, il dit : « Je peux absolument me fier à mes pressentiments. Déjà au Berghof, j'ai eu un sentiment d'inquiétude si étrange, il fallait absolument que je parte. Je sais aussi maintenant que l'on avait déjà préparé un attentat sur l'Obersalzberg. On devait me montrer de nouveaux armements et un explosif devait être emballé dans le havresac d'un soldat sans qu'il le sache. Par hasard, un général des conjurés assistait à la démonstration, ils ont voulu l'épargner, c'est pour cette raison que l'attentat n'eut pas lieu. Mais si l'explosion s'était produite au Berghof ou même dans le nouveau bunker, nous tous ne serions plus en vie. Je n'ai pas peur de la mort. Ma vie est si pleine de soucis et si dure que la mort ne serait qu'une délivrance pour moi. Mais j'ai un devoir vis-à-vis du peuple allemand, et je remplirai ce devoir… »

Par ailleurs, bien qu'il se sente « indemne », Hitler fit quand même venir un oto-rhino-laryngologiste de Berlin car son audition l'incommodait et qu'il souffrait de maux de tête. Le docteur Giesing constata qu'un tympan était complètement déchiré et que l'autre était également lésé. Le professeur Brandt, présent lors de l'attentat, n'était pas venu. Nous en fûmes surpris. Le professeur Morell, spécialiste des maladies internes, ne pouvait pas être d'un grand secours avec ses injections. Les grands blessés, qui se trouvaient à l'hôpital à

Rastenbourg, ne se rétablirent que difficilement après son traitement. Le général Schmundt ne put être sauvé. Il mourut quelques semaines plus tard de ses graves blessures bien que Morell ait essayé sur lui son nouveau remède aux sulfamides.

Le Gruppenführer Fegelein était chargé d'élucider l'attentat et de découvrir les coupables. Il était personnellement indigné que l'on veuille faire sauter un type épatant comme lui. Je crois qu'il jugeait cette idée plus sacrilège encore que l'intention d'écarter Hitler, et c'est avec un zèle nourri de ressentiment qu'il se lança dans les poursuites. Finalement, il se révéla aussi à Hitler que la résistance de l'armée avait attiré des cercles plus larges qu'il ne l'avait supposé. Des noms ronflants de grades élevés furent cités. Il fut furieux et tempêta, parlant de traîtres et de canailles.

Hitler avait très mauvaise mine et menait une vie plus malsaine que jamais. Il ne prenait quasiment plus l'air, mangeait peu et sans appétit, et sa main gauche commençait à trembler légèrement. Il remarqua : « Avant l'attentat, j'avais ce tremblement dans la jambe droite, maintenant il est passé dans la main gauche. Je suis très content de ne pas l'avoir dans la tête. Si je devais constamment dodeliner de la tête, ce serait très désagréable. »

Pour les entretiens du soir, il y avait un nouveau sujet de conversation : Blondi devait fonder une famille. Hitler chercha un partenaire approprié. Son choix tomba sur le berger allemand qu'il avait offert à Mme le professeur Troost. Ainsi Gerdy Troost arriva-t-elle un jour en unique invitée féminine au quartier général avec son chien Harras. Blondi, dont on attendait qu'elle se réjouisse de l'apparition d'un compagnon masculin, ne prêta aucune attention au visiteur et, à la première tentative d'approche, se précipita sur lui furieuse, prête à mordre. Hitler était déçu, mais il n'abandonna pas l'espoir qu'au bout de quelque temps, les deux animaux finissent par s'apprécier et s'aimer, et qu'il pourrait un jour élever un petit mâle.

Le soir, nous prîmes le thé avec Mme Troost. Elle pressa Hitler de se promener davantage. « Mein Führer, ce n'est pas une vie ici. Autant vous faire peindre tout de suite le paysage sur les murs de béton et ne plus quitter du tout le bunker ! » Il rit et répondit que le climat prussien lui était si désagréable en été qu'il était beaucoup plus sain pour lui de rester dans les pièces fraîches. Mais quand Mme Troost lui conseilla d'au moins se faire masser – ce serait très bon pour son bras – il refusa tout net. Il détestait tout contact. Lors du putsch de novembre 1943 à Munich, il s'était luxé l'épaule et avait été massé par un sergent-chef qui lui avait fait plus de mal que de bien et dont les soins lui avaient laissé un souvenir douloureux.

Mme le professeur Troost repartit sans son chien. Celui-ci, brutalement rejeté par Blondi, s'intéressa alors activement à ma petite chienne fox qui, à cette époque, ressentait également ses premiers élans langoureux. Je fus plutôt effrayée quand, une nuit, une grande ombre grise sauta par la fenêtre de ma baraque, mais je compris vite que cette visite ne s'adressait qu'à mon petit chien.

Harras maigrissait à vue d'œil à cause de l'agitation constante. Enfin, Blondi se fit plus aimable et prévenante et, finalement, Hitler nous apprit un jour, rayonnant, que les deux s'étaient unis ! Harras resta encore quelques semaines pour se délecter des ragoûts de notre cuisinier.

Alors qu'au quartier général, la vie s'écoulait régulièrement et que Hitler se montrait toujours aussi aimable, confiant, gai et charmant, de durs combats faisaient rage sur tous les fronts. À l'Est, on ne remporta plus que quelques victoires défensives et l'on entreprit des raccourcissements du front, grâce auxquels les Russes se rapprochèrent de plus en plus. Et à l'Ouest, l'invasion s'était étendue et avait acculé toutes les formations allemandes à la défensive. La division de mon mari avait surmonté des combats sanglants et avait ensuite été repliée en France pour attendre de nouveaux blindés et du ravitaillement. Hans Junge fut envoyé comme messager au quartier général du Führer précisément quand je voulais me rendre à Munich afin d'aider ma famille sinistrée par les bombardements. Nous passâmes quelques jours dans un Berlin détruit et désolant, puis nous nous séparâmes. Je partis en Bavière, il retourna auprès de sa troupe.

À Munich aussi je trouvai un champ de ruines. Notre maison était complètement détruite, rien n'avait pu être sauvé. Les gens étaient désespérés et désenchantés, très peu croyaient encore à une victoire. J'essayai de leur donner du courage, mais je n'en avais pas beaucoup moi-même. Quand je répétais les paroles de Hitler, il me manquait sa force de conviction et son assurance. Mon cœur se remplissait de doute et se livrait au conflit intérieur. Quand, trois semaines plus tard – à la fin août –, je revins au quartier général, je demandai aux officiers, aux aides de camp et à tous ceux qui devaient le savoir : « Dites, comment est la situation ? Croyez-vous vraiment à une victoire ? » Et j'obtins toujours la même réponse : « Ça n'est guère encourageant, mais pas désespéré. Nous devons tenir bon et attendre que nos nouvelles armes entrent en action. »

Et nous nous retrouvâmes à nouveau assis le soir aux côtés de Hitler. Depuis que la plupart des villes allemandes étaient en ruines et en cendres, il s'occupait de projets de construction avec une intensité passionnée. Quand Giesler était là, il discutait de la reconstruction de l'Allemagne jusque dans les moindres détails. Les projets pour Hambourg, Cologne, Munich, Linz et beaucoup d'autres villes avaient pris des formes précises non seulement dans l'esprit de Hitler, mais comme plans achevés sur le papier. Et, comme un jardinier ses roses, Hitler protégeait et soignait ses plans de construction. Quelquefois, décontenancés, nous écoutions ses descriptions faire surgir devant nos yeux les plus belles villes du monde, les rues les plus larges, les tours les plus hautes de la terre. Tout devait devenir beaucoup plus beau que cela ne l'avait jamais été, et il se grisait de superlatifs. Croyait-il lui-même à ce qu'il disait ? À l'époque, je ne me suis pas interrogée à ce sujet.

Je ne souhaitais pas de constructions monumentales, mais le calme et la paix. Bien sûr, j'avais une vie meilleure que la plupart de la population pendant la guerre, et je n'avais pas à rester dans un bureau inutile, ni à subir des attaques aériennes. Mais j'avais l'impression d'être prisonnière d'une cage dorée, dont j'aurais aimé enfin partir. J'étais mariée depuis déjà plus d'un an, et n'en éprouvais rien du tout. Hitler me traitait toujours comme la benjamine. C'était avec moi qu'il plaisantait le plus. Il me fallait imiter un comique de cinéma autrichien, parler en dialecte saxon et répondre à ses blagues. Et Mme Christian était l'objet de sa vénération charmante. Cela ressemblait quelquefois à un petit flirt mais, presque chaque jour, la conversation tombait un moment sur Eva Braun, et je pouvais toujours observer que les yeux de Hitler prenaient alors un éclat profond et chaud, et que sa voix devenait douce et tendre.

Mais quand, vers la mi-août, il convoqua une nouvelle fois une assemblée d'officiers et qu'il tint un discours devant les dirigeants militaires de rangs élevé et supérieur, il n'y avait en lui nulle trace de tolérance ni de douceur. Je n'ai pas assisté à la réunion, mais je vis ensuite au mess les uniformes rutilants dans une discussion violente et agitée. Il semblait y avoir eu des propos tranchants. Hitler avait radicalement exprimé son indignation à propos de la trahison du 20 juillet et introduit le « salut allemand » pour l'ensemble de la Wehrmacht. En même temps, il fit appel à la fidélité, à la conscience des officiers et à leur adhésion inconditionnelle. Plus tard, je fus amenée à voir par hasard le procès-verbal de cette assemblée. Je n'avais pas le droit de le lire, mais je jetai quand même un coup d'œil sur quelques pages. On y trouvait : « … Et je croyais qu'à ma dernière heure, mes officiers se rallieraient autour de moi avec l'épée dégainée dans une fidélité inébranlable… » Et le général Manstein[1] s'était écrié : « C'est aussi ce qui va se passer, mein Führer. » Et là, tonnerre d'applaudissements.

Ces jours-là, Hitler décerna aussi des décorations aux blessés du 20 juillet. Beaucoup avaient entre-temps succombé à leurs blessures, parmi lesquels le général Schmundt. Les survivants se virent remettre solennellement la médaille des blessés. Les actualités de la semaine et les reporters-photographes fixèrent le grand moment.

1. Erich von Manstein, tombé en disgrâce, fut dépossédé par Hitler de ses fonctions de commandement le 31 mars 1944. Fait prisonnier par l'armée britannique en 1945, il fut acquitté par le tribunal de Nuremberg en 1946 puis condamné à douze ans de détention pour crimes de guerre par le tribunal militaire britannique de Hambourg. Libéré prématurément en 1953, il fut de 1953 à 1960 le conseiller officiel du gouvernement fédéral pour les questions de restructuration de la Bundeswehr.

Je vis que Hitler gardait en permanence sa main gauche immobile dans son dos. Il prenait soin de dissimuler son tremblement permanent. Je remarquai que son état de santé général n'était pas particulièrement bon : il prenait énormément de médicaments. Au repas, Linge devait lui donner cinq pilules différentes, soit avant, soit après. L'une devait stimuler l'appétit, d'autres devaient faciliter la digestion, les troisièmes empêcher les ballonnements, etc. En plus, le professeur Morell venait tous les jours en personne, geignant et gémissant, pour administrer les habituelles injections miraculeuses. Ces derniers temps, le médecin avait d'importants troubles cardiaques. Il essayait encore une fois de faire une cure d'amaigrissement, mais son furieux appétit l'en empêchait. Quand il arrivait le soir pour le thé, il commençait à ronfler au bout de quelques minutes. Après le départ de Hitler, Morell assurait qu'il s'était remarquablement diverti, mais qu'il était très fatigué à présent. Hitler n'était jamais fâché contre lui, mais indulgent comme envers un enfant. Il y avait dans ses yeux beaucoup de reconnaissance, et quelque chose comme de la pitié quand il parlait de Morell. Il lui faisait tellement confiance qu'il disait : « Sans Morell, je serais peut-être mort depuis longtemps, ou, du moins, je ne pourrais plus travailler. Il a été et il est le seul à pouvoir m'aider. » Pourtant, personne ne savait de quoi Hitler souffrait en réalité. Jamais un diagnostic précis ne fut connu.

5.

Nous nous étions une fois encore retrouvés pour déjeuner, c'était à la fin du mois d'août [1944]. Hitler était très étrange avec moi, il me semblait presque désobligeant. Pendant tout le repas, il ne m'adressa pas la parole, et quand je rencontrais son regard par hasard, ses yeux me fixaient d'un air sérieux et scrutateur. Je ne savais pas du tout ce que j'avais fait pour provoquer son irritation. Je décidai de ne plus y penser : sans doute de la mauvaise humeur.

Le même jour, Fegelein me téléphona : « Est-ce que je peux venir te voir cet après-midi pour le café ? » Je me demandai pourquoi il voulait me voir tout d'un coup, il ne l'avait encore jamais fait, mais j'acceptai. L'heure du café était passée depuis longtemps, mais Fegelein ne se montrait pas. Finalement, le téléphone sonna à nouveau. Il dit que la réunion avait duré très longtemps, et il fallait qu'il travaille à présent, est-ce que je ne pouvais pas aller le retrouver rapidement ? Très bien, pensai-je, je pourrai emmener mon chien promener, et je me mis en route pour la nouvelle baraque de Fegelein, la dernière construction du quartier général. Fegelein me salua : « Salut, c'est gentil d'être venue, tu veux un schnaps ? » Tiens, tiens, me dis-je, que mijote-t-il donc ? Je supposai qu'il désirait me parler de quelque chose. « Non, dis-je, je ne veux pas de schnaps maintenant, mais que se passe-t-il pour que tu me fasses un tel honneur alors que tu sais que je suis fidèle à mon mari ? » Il s'approcha alors de moi, me prit paternellement dans ses bras et dit : « Je préfère te le dire tout de suite : ton mari est tombé[1]. Le chef le sait déjà depuis hier, mais il voulait d'abord attendre une confirmation, et il ne pouvait pas te l'annoncer lui-même. Si tu as des soucis quelconques, viens me voir, je t'aiderai toujours. » Là-dessus, il me lâcha et me servit quand même un schnaps, que cette fois je vidai. Sur le moment, je ne pus penser à rien, et Fegelein ne m'en laissa pas non plus le temps. Il continua à parler, je l'entendis dire, comme de très loin, que tout cela était une « grosse merde », cette guerre et les bolchévistes et tout, tout, mais qu'un jour, tout serait différent… Il est étrange que je m'en souvienne encore aujourd'hui, bien que j'aie à peine écouté.

Je me retrouvai soudain dehors, à l'air libre. Une chaude pluie d'été tombait tout doucement, et je continuai à marcher sur la grand-route, sortie du camp par les prairies d'un vert frais : tout était très calme et désert. Je me sentais très seule, et tout était affreusement triste. Je rentrai tard dans ma chambre. Je ne voulais voir ni entendre personne. Surtout pas entendre de condoléances ni de pitié. Le bunker du Führer appela alors : « Madame Junge, vous venez dîner ? » Je répondis : « Non, je ne viendrai pas. » L'ordonnance raccrocha. Mais à peine quelques minutes plus tard, on sonna de

1. Hans Junge est mort le 13 août 1944 lors d'une attaque à très basse altitude à Dreux (Normandie).

nouveau. Cette fois, c'était Linge lui-même : « Le Führer voudrait te parler brièvement, même si tu ne restes pas pour le repas, viens vite. » Je me dis que le plus tôt était le mieux.

Je fus conduite dans la petite pièce qui était auparavant le salon de Mlle Schroeder. Elle servait maintenant à Hitler de bureau provisoire. La pièce semblait bien sombre et vide à présent. Hitler vint vers moi sans dire un mot après que Linge eut fermé la porte. Il me prit les deux mains et murmura : « Ah, mon enfant, je suis tellement désolé. Votre mari était un type magnifique. » Sa voix était très basse et triste. Je plaignais Hitler presque plus que moi parce qu'il est si difficile d'exprimer des condoléances. « Vous allez rester avec moi désormais, ne vous faites pas de soucis, je vous aiderai toujours ! » Tous voulaient m'aider tout d'un coup, alors que j'aurais voulu me sauver.

Je repris bientôt part aux repas avec Hitler. Il se sentait très mal, il était silencieux, semblait vieux et fatigué. Il était difficile de le faire participer à une conversation. Il arrivait même à Speer de parler sans que Hitler écoute. « J'ai de si gros soucis... Si vous saviez quelles décisions j'ai à prendre, moi tout seul, personne ne partage ma responsabilité... » Telles étaient les phrases qu'il répétait chaque fois que nous lui demandions comment il allait. Les médecins ne cessaient d'entrer et sortir du bunker. Le médecin chef de Berlin était toujours là, Brandt aussi était consulté et examinait le bras douloureux et la main tremblante. Finalement, on appela de Berlin le professeur von Eicken, qui avait autrefois opéré Hitler du larynx avec succès et possédait son entière confiance. Et Morell était malade. Il n'y avait plus rien à faire, il dut se coucher et laisser à Weber, son remplaçant, le soin de traiter Hitler. Ce fut le coup le plus dur dans la carrière de Morell, que Hitler soit satisfait de son remplaçant. Il s'aperçut soudain qu'en dehors de Morell, d'autres médecins savaient faire des injections. Hitler prétendait que c'était vraiment un tour de force de trouver les veines chez lui et qu'il était rare qu'un médecin puisse le soigner correctement. Morell était follement jaloux et ambitieux. Mais il lui fallait à présent se retirer provisoirement, précisément quand Hitler avait le plus besoin de lui. Des nuages noirs s'amoncelaient au-dessus de sa grosse tête. Il faut dire que Brandt, avec son collègue von Hasselbach, avait constaté que les comprimés que Morell administrait à Hitler contenaient un certain pourcentage de strychnine dont l'effet serait mortel si Hitler continuait de telles doses.

La quantité de médicaments absorbés par Hitler au cours d'une journée était incontrôlable. Linge en avait une réserve dans sa petite armoire et, quand Hitler le demandait, il lui apportait ce qu'il voulait sans consulter Morell. Finalement, les deux chirurgiens rédigèrent un mémorandum qu'ils transmirent à Hitler. Il en résulta un accès de rage du Führer et la révocation de Brandt comme médecin d'escorte. Il avait perdu la confiance de Hitler, bien qu'il lui ait auparavant été lié ainsi qu'à Eva Braun par une certaine amitié. Mais c'était une entreprise dangereuse et presque désespérée que d'objecter quoi que ce soit à Morell.

Quelques jours plus tard, on annonça : « Le Führer se fait excuser, il mange seul. » Et le thé n'eut pas lieu non plus. En fin de compte, le Führer resta une journée au lit. Ce fut un événement majeur. Personne n'avait jamais vu Hitler couché. Même son domestique le réveillait à travers la porte fermée et posait les nouvelles du matin à l'extérieur sur une petite table. Hitler n'avait même encore jamais reçu l'un de ses collaborateurs en robe de chambre. Brusquement, il était tombé malade, et personne n'en connaissait la cause. L'attentat aurait-il laissé des traces ? Les médecins pensèrent qu'il s'agissait peut-être des suites d'une commotion cérébrale. En tout cas, nous ne vîmes pas Hitler pendant plusieurs jours. Les aides de camp étaient désespérés. Le Führer ne voulait recevoir personne. Otto Günther vint me voir et raconta : « Le Führer est complètement apathique, nous ne savons pas quoi faire. Même la situation à l'Est ne l'intéresse plus, bien que nous soyons en grand danger là-bas. »

De son lit de malade, Morell délivrait par téléphone à l'assistant les instructions pour le traitement de Hitler. Et voilà que celui-ci reprit soudain ses esprits, distribuant des ordres depuis son lit, se faisant exposer la situation et, au bout de quelques jours, il reprit même le thé du soir. Je crois qu'il est exceptionnel dans la vie de Hitler d'avoir reçu ses hôtes couché dans sa chambre.

La petite pièce du bunker était très chichement meublée, à l'image du quartier d'un soldat dans une caserne. En plus, Hitler avait dans sa chambre une énorme caisse en bois destinée à Blondi et à sa famille, si bien qu'il y avait vraiment peu de place. Je compris alors les soucis d'Eva Braun qui ne savait jamais quoi offrir à Hitler pour son anniversaire ou à Noël. Il portait une robe de chambre en flanelle grise de peu d'apparence, pas de cravates colorées, seulement d'horribles chaussettes noires, même pas de pyjamas modernes. Il était allongé dans son lit, bien coiffé et rasé, dans une chemise de nuit blanche si sage qu'elle ne pouvait avoir été conçue que par la Wehrmacht. Il n'avait pas boutonné les manches parce que cela le serrait, découvrant ainsi la peau blanche de ses bras. Un blanc éclatant ! Nous pouvions comprendre qu'il refuse de porter des culottes courtes ! Devant le lit, une petite table avait été approchée, nous avancions quelques chaises et nous groupions laborieusement autour du lit. Si l'un des invités voulait sortir – il n'y en avait pas beaucoup, à part deux secrétaires, l'aide de camp Bormann et Hewel –, tout le monde devait se lever, et le service posait des difficultés.

Hitler parlait encore peu. Il se faisait raconter ce que nous avions fait pendant les derniers jours. Nous n'avions pas grand-chose à rapporter. Notre activité principale avait consisté à recopier des piles entières de comptes rendus de pertes. C'était un travail désolant, et il nous semblait si absurde. Hitler n'avait plus regardé les rapports ces jours derniers. C'était un sentiment désespérant de voir que le seul homme qui aurait pu mettre fin à toute la misère d'un trait de plume était étendu dans son lit, presque indifférent, et regardait devant lui avec des yeux fatigués, alors qu'autour de lui, c'était l'enfer. J'avais l'impression que le corps avait soudain reconnu l'absurdité de tous les efforts de l'esprit et s'était mis en grève. Qu'il s'était simplement allongé et avait dit : « Je ne veux plus. » Jamais Hitler n'avait rencontré cette insoumission, et à présent, il s'était laissé surprendre.

Mais il s'écoula peu de temps avant que toutes les faiblesses ne soient surmontées. L'annonce que les Russes allaient envahir la Prusse orientale le remit sur pieds et le guérit en une nuit. Entre-temps, le nouveau bunker, une véritable forteresse, était terminé. Hitler déménagea. Le nouveau colosse de béton contenait un labyrinthe de couloirs, de pièces et de salles. Maintenant, on avait aussi installé une cuisine diététique, et tous les collaborateurs directs de Hitler avaient leurs propres locaux dans le bunker. C'est qu'il s'attendait chaque jour à une attaque aérienne ciblée sur le quartier général, et tous les gens importants devaient donc être ensemble. Tous les autres bunkers furent renforcés en même temps. Effectivement, nous subissions désormais tous les jours une alerte aérienne. Mais il ne s'agissait toujours que d'un avion isolé qui tournait au-dessus de la forêt, jamais il n'est tombé de bombe. Toujours est-il que Hitler prenait le danger très au sérieux et qu'il considérait tous ces vols de reconnaissance comme les préparatifs du grand raid attendu.

Les Russes avançaient à une vitesse inquiétante. Des communiqués épouvantables arrivaient des villages qu'ils occupaient. Hitler avait perdu sa bonne humeur. Quand nous venions le soir pour le thé, son regard était sombre et soucieux, et il devait faire des efforts pour oublier pendant au moins quelques heures les images et les comptes rendus qu'il recevait de l'Est. Les femmes violées, les enfants tués et les hommes brutalisés, la mort, la détresse et le désespoir l'accusaient.

Il jurait vengeance et attisait la haine. « Ce ne sont plus des hommes, ce sont les bêtes de la steppe asiatique, et le combat que je mène contre eux est le combat pour la dignité des Européens. Aucun prix n'est trop élevé pour la victoire. Nous devons être impitoyables et lutter avec tous les moyens qui sont à notre disposition. »

Mais la victoire ne semblait pas en vue. À l'Ouest aussi, les troupes alliées avançaient peu à peu vers la frontière allemande. Et nous étions toujours en Prusse orientale. Tôt ou tard, les Russes nous débusqueraient. Par de claires journées d'automne, nous entendions le tonnerre de l'artillerie. Et Hitler faisait construire, fortifier et équiper pour la défense. C'était une tâche énorme. Il y avait partout des barrages et des nouvelles sentinelles, des mines, des réseaux de barbelés, des tours d'observation. Les chemins sur lesquels je m'étais encore promenée la veille avec mon chien étaient tout à coup obstrués, gardés par une sentinelle. Si l'ennemi avait connu la pagaille incroyable que déclenchait chaque fois dans notre camp la moindre alerte aérienne, il aurait certainement attaqué.

La nuit, c'était effrayant : toutes les lampes s'éteignaient brusquement, tout le monde devait se dépêcher d'aller dans le bunker, mais les arbres partout sur le chemin empêchaient de s'orienter. Tout le monde devait en plus connaître les mots de passe et les réponses, car les sentinelles ne plaisantaient pas, et tiraient plus vite qu'on pouvait se l'imaginer. En temps normal, personne ne s'en souciait car, de jour, les papiers suffisaient et personne n'allait plus se promener la nuit à l'extérieur du périmètre.

Hitler essayait de créer rapidement de nouvelles divisions et de les déployer à l'Est. Quand le front se fut réduit et tant soit peu stabilisé, Hitler se décida à aller dans son quartier général occidental dans le Taunus pour, à partir de là, rassurer le front de l'Ouest. Les premiers jours de novembre 1944, nous déménageâmes de la Tanière du loup en emmenant tout ce que nous possédions, car les Russes se rapprochaient.

C'est avec le sentiment un peu douloureux d'un adieu définitif que nous quittâmes la Tanière du loup et montâmes, par un matin de novembre, dans le train spécial vers Berlin. J'avais aimé la vie dans la forêt et porté dans mon cœur le paysage de Prusse orientale. À présent, nous partions, pour toujours. Hitler le savait sans doute lui-même. Et même s'il continuait à faire construire comme s'il avait l'intention de revenir un jour, lui aussi était dans un état d'esprit de départ. N'avait-il pas toujours affirmé qu'il ne renoncerait pas, tant qu'il tenait personnellement une partie du front ? Il était obsédé par l'idée que sa personnalité pouvait rendre l'impossible possible.

Le train spécial était bondé. Le reste de l'état-major était déjà parti une heure auparavant dans le train supplémentaire. Cette fois, nous fîmes le voyage de jour. Hitler voulait atteindre Berlin après la tombée de la nuit pour garder son arrivée secrète. Lentement, le soleil perça à travers les nuages et nous offrit encore une claire journée d'automne.

Mais la fenêtre du wagon de Hitler était bien calfeutrée. Il était assis dans son compartiment avec la lumière artificielle. Comme le déjeuner fut morne dans son wagon-salon ! Dehors, le soleil brillait, et il régnait là une demi-pénombre, comme dans un mausolée. Morell, Bormann, Hewel et Schaub prirent part au repas. Mlle Schroeder et Mme Christian étaient déjà à Berlin. Et Mlle Manziarly, la jeune cuisinière diététicienne d'Innsbruck, qui voulait en réalité devenir enseignante et n'était entrée que provisoirement au service de Hitler, était encore trop nouvelle pour faire partie de ce cercle interne. Mlle Wolf et moi étions donc les deux seules femmes présentes.

Je n'ai jamais vu Hitler si accablé et absent que ce jour-là. Sa voix était un chuchotement à peine perceptible, ses yeux restaient baissés sur son assiette ou fixaient d'un air absent un point de la nappe blanche. Une atmosphère oppressante pesait sur l'étroite cage qui tanguait dans laquelle nous étions rassemblés, et nous étions tous envahis d'un sentiment étrange. Tout à coup, Hitler parla d'une opération. Sur le moment, je ne savais pas ce qu'il voulait dire. Il parla de la grande confiance qu'il avait dans l'art du professeur Eicken. « Il a une grande responsabilité, mais c'est le seul qui peut y arriver. Une opération des cordes vocales n'est pas vraiment grave. Mais il se pourrait que je perde la voix… » Il laissa la phrase inachevée. Et nous vîmes, suspendus au-dessus de sa tête, les sombres nuages de silence, presque palpables. Il savait bien que sa voix était un instrument important de son pouvoir et que ses paroles envoûtaient et galvanisaient le peuple. Comment pourrait-il tenir les masses s'il ne pouvait plus parler ?

Depuis des semaines déjà, ses collaborateurs lui rebattaient les oreilles : « Mein Führer, il faut que vous reparliez au peuple allemand. Les gens sont découragés et doutent de vous. Des bruits courent selon lesquels vous ne seriez plus en vie. » Les aides de camp nous avaient même priées, nous, les secrétaires, de demander une dictée au Führer. Mais il répondait toujours : « Ce n'est pas le moment de parler maintenant. Je dois prendre des décisions et agir. Et je n'ai rien à dire au peuple allemand. Il faut d'abord que je remporte des succès, ensuite, je pourrai rendre force et courage au peuple. » Et à présent, peu après avoir échappé à l'attentat, il avait une nouvelle épée de Damoclès au-dessus de sa tête. Tous les fronts étaient en flammes, et il aurait fallu qu'il soit à l'Ouest et à l'Est en même temps. Il se décida à rester provisoirement à Berlin.

Nous arrivâmes le soir à Berlin sans alerte aérienne. Nous dûmes entrer en gare de Grunewald, la Schlesische Bahnhof avait été bombardée la veille. Lorsque nous descendîmes du wagon d'hôtes, Hitler avait disparu depuis longtemps. Les feux arrière de sa voiture étaient en train de tourner le coin de la rue quand nous quittâmes la gare. La ville semblait plus obscure et désolante que la forêt nocturne. La colonne de voitures chercha son chemin à travers des rues les moins détruites possible. Hitler n'eut encore une fois pas l'occasion de voir les blessures de Berlin. Les feux de croisement des voitures ne balayaient que des tas de gravats à droite et à gauche de la rue.

Quand nous arrivâmes à la Chancellerie du Reich, une société importante était rassemblée dans la pièce des dames. Celle-ci n'avait plus rien à voir depuis longtemps avec les dames. C'était une grande salle avec une cheminée, de hauts miroirs et différents sièges d'angle accueillants, qui portait encore la marque de l'époque des fêtes splendides, quand Hitler recevait des foules d'artistes. Mais à présent, les épais tapis avaient été emmenés dans les bunkers, et les meubles précieux avaient fait place à des chaises et tables confortables, mais simples.

Hitler resta très peu de temps avec nous. Nous avions déjà dîné dans le train. Il ordonna à Linge d'arranger sa chambre à coucher et de sortir Blondi. Lui-même se retira très tôt. Sa nervosité était visible. Il devait être opéré le lendemain.

Je n'étais jamais restée longtemps à Berlin avec Hitler et l'état-major entier. Pour la première fois depuis le début de la guerre, le quartier général était désormais transféré au cœur de l'Allemagne, à Berlin. Le complexe gigantesque de la Chancellerie du Reich, entouré par l'ancienne Hermann-Göring-Strasse, la Voss-Strasse et la Wilhelmstrasse, demeurait toujours pour moi un véritable labyrinthe. Je connaissais l'appartement de Hitler dans l'ancien palais de la Wilhelmstrasse, mais les pièces étaient mortes et vides, comme une maison de maître dont les propriétaires se seraient retirés à la campagne.

Entre-temps, quelques bombes étaient tombées ici aussi, et le vieux bâtiment affichait de nombreux dégâts. C'était un vieil édifice très curieux, que même les transformations réalisées par Hitler n'avaient jamais pu rendre tout à fait pratique et approprié. Il y avait une quantité d'escaliers devant et derrière, et un nombre surprenant de vestibules et d'entrées qui rendaient difficile l'accès aux personnes importantes dont on avait besoin d'urgence.

Au premier étage se trouvaient la bibliothèque et le bureau de Hitler, sa chambre à coucher et l'appartement d'Eva Braun. Il y avait en outre une grande salle de congrès, très belle, dont Hitler racontait qu'il l'avait sauvée de l'effondrement. « Le vieux monsieur – ainsi appelait-il Hindenburg – m'a reçu dans cette salle quand il m'a nommé Chancelier du Reich. "Marchez plutôt le long des murs, Hitler", dit-il d'une voix profonde. "Le sol ne va plus tenir longtemps !" Je crois que le bâtiment se serait lentement écroulé parce que rien n'avait jamais été réparé. » Hitler avait alors fait installer deux nouveaux plafonds, mais une bombe était justement tombée dans cette salle vide, et elle n'avait plus été remise en état. On pouvait accéder à cet étage par trois escaliers différents.

Directement en face de la porte du bureau de Hitler, quelques marches menaient à un long couloir, sur lequel donnaient les pièces des collaborateurs de Hitler. La première, tout de suite au pied de quelques marches, était appelée la « pièce d'escalier ». C'était à présent notre salle de réunion, la salle d'attente des aides de camp et, parfois aussi, la chambre à coucher d'un visiteur imprévu. À côté habitait Schaub, puis le Dr Otto Dietrich, chef de la presse, ensuite venait la pièce qui était en fait destinée à Sepp Dietrich, mais qu'occupait maintenant l'aide de camp Bormann et, enfin, il y avait encore le salon permanent du Gruppenführer Albrecht, l'aide de camp fixé à Berlin.

Le couloir tournait au coin vers les locaux destinés à Morell, au colonel von Below, au général Burgdorf et au professeur Hoffmann. Au rez-de-chaussée, les pièces étaient réparties de la même manière. Il y avait le bureau de l'intendant Kannenberg, une petite salle rustique servant de salle à manger pour les employés, la chambre du domestique, un cabinet médical et une salle de douche et de bain. En bas logeaient aussi la cuisinière, la bonne, c'était là que se trouvaient la lingerie et la salle de repassage.

Sous les appartements privés de Hitler étaient situées les salles de représentation. Même avec moins de tapis, de meubles et de tableaux précieux, le gigantesque vestibule était encore une belle pièce agréable, qui n'était pourtant jamais utilisée. Par une petite antichambre, on arrivait à ce que l'on appelait le salon. Sur sa droite, on accédait au « salon des dames », sur sa gauche, à la salle de cinéma et de concert. Là, trois belles et larges portes donnaient directement sur le parc de la Chancellerie. Le « jardin d'hiver » était le plus bel espace de tout le bâtiment. C'était une construction très allongée, avec une extrémité en demi-cercle, de nombreuses fenêtres et portes hautes ouvrant sur le parc. Il est vrai que l'appellation « jardin » n'était plus de mise, car les jolis plantes, fleurs et végétaux qui s'y trouvaient auparavant avaient disparu depuis longtemps. Dans l'arrondi de la pièce, il y avait deux tables rondes sur lesquelles on prenait le petit déjeuner. C'était là que Hitler tenait les réunions ordinaires quand il n'avait pas besoin d'un état-major particulièrement important, avec lequel il utilisait alors l'énorme bureau de la nouvelle Chancellerie. Ces espaces longtemps désertés reprenaient soudain vie.

Les premiers jours, il régnait partout une nervosité oppressée. Hitler avait supporté l'opération. Le professeur Eicken avait enlevé un nodule des cordes vocales. Je ne sais même pas s'il fut opéré dans sa chambre ou dans une clinique. En tout cas, nous ne le vîmes pas pendant trois jours. Puis il réapparut, de façon tout à fait inattendue, à la table du petit déjeuner. Il y avait eu une alerte le matin, nous étions tous sortis du bunker et nous étions rassemblés autour de la table. À cause de l'alerte, Hitler s'était levé plus tôt qu'il n'en avait l'intention, et il ne savait pas bien quoi faire jusqu'à la réunion d'information. Il cherchait de la compagnie, suivit les voix et nous trouva en train de prendre le petit déjeuner. Naturellement, on écrasa aussitôt les cigarettes et on ouvrit les fenêtres. La plupart d'entre nous n'avaient pas encore vu Hitler depuis son opération. Intimidé, le nouveau médecin d'escorte, qui était venu à la place du professeur Brandt, trébucha sur le pied de sa chaise en se levant pour saluer Hitler, il s'accrocha à la nappe et renversa sa tasse. Il rougit terriblement de confusion et j'eus pitié de lui en le voyant, désarmé, faire face à son Führer de ses presque deux mètres de haut. Jusqu'alors, il n'avait guère eu l'occasion d'être en contact avec Hitler en société.

Le Führer ne pouvait que chuchoter, et ne devait pas parler à voix haute pendant une semaine. Après un court moment de conversation, tout le monde se mit également à chuchoter, jusqu'à ce que Hitler fasse remarquer que son ouïe fonctionnait bien et n'avait pas besoin d'être ménagée. Nous éclatâmes de rire, et Hitler aussi. Au demeurant, il avait à annoncer une amère déception au sujet de Blondi : « Elle n'aura pas de petits, dit-il. C'est vrai qu'elle a grossi et on aurait dit qu'elle pourrait bientôt allaiter. Mais je crois qu'elle a seulement grossi parce qu'elle a eu davantage à manger et qu'elle ne faisait pas tellement d'exercice. Tornow, le maître-chien, m'a dit qu'elle avait eu une grossesse nerveuse, mais je crois qu'elle était simplement énorme ! » Le Führer pensait en outre que le partenaire était peut-être sous-alimenté, il voulait refaire une tentative à la prochaine occasion.

Peu à peu, l'un après l'autre, on se leva de la table du petit déjeuner. Schaub devait se rendre à son travail au téléphone. Les aides de camp de la Wehrmacht et de la SS devaient préparer la réunion. Lorenz et le Dr Dietrich devaient recueillir les nouveaux communiqués de presse. Finalement, il ne resta que Frentz, le photographe, Mme Christian et moi, et le médecin, le Dr Stumpfegger. Nous parlâmes de Noël. Est-ce que nous serions à Berlin cette année ? Hitler secoua la tête. « Il faut que j'aille à l'Ouest. Nous serons probablement dans notre "Nid d'aigle" dans le Taunus. » Je saisis tout de suite l'occasion et demandai si je ne pourrais pas avoir de congé. Mme Christian pouvait rester avec son mari près de Hitler.

J'obtins la permission. Je n'avais plus très longtemps à attendre. D'ici quatre semaines, ce serait déjà le réveillon. Nous, les quatre secrétaires, profitions d'être à Berlin pour préparer les listes pour les gratifications de fin d'année et les colis de Hitler. « Oui, il faut célébrer Noël en famille », chuchota Hitler, ombrageux et triste. « Eva m'écrit aussi des requêtes pressantes pour que je vienne cette année au Berghof. Elle prétend qu'il faut d'urgence que je me détende après l'attentat et la maladie. Mais je sais aussi qu'il y a Gretl là-dessous, qui veut avoir son Hermann auprès d'elle. » En effet, Fegelein avait épousé la sœur d'Eva l'année précédente[1]. Nous étions encore à Berchtesgaden à ce moment, et le mariage fut magnifiquement célébré à 2 000 mètres d'altitude dans la Kehlsteinhaus. Il est vrai que je n'étais pas invitée. Et Gretl attendait déjà son premier enfant pour le printemps [1945]. Le beau Hermann avait réussi à gagner

1. En réalité, le mariage de Hermann Fegelein et de Gretl Braun n'avait eu lieu que quelques mois avant, le 3 juin 1944.

l'amitié d'Eva, ce qui n'était pas du tout surprenant quand on pense combien Fegelein pouvait être frais, gai et amusant. La jeune et pétulante Eva, qui devait vivre si retirée et vertueuse, était ravie d'avoir enfin un beau-frère avec lequel elle pouvait danser et plaisanter à cœur joie, sans que cela signifie pour elle une perte de prestige.

Mais Hitler restait de fer : il devait aller à l'Ouest. Il voulait seulement se reposer deux semaines encore à Berlin. Mais j'eus une occasion merveilleuse d'aller à Munich plus tôt que prévu : le 10 décembre, le commandant Baur devait transférer un avion de Berlin à Munich. Je demandai s'il pouvait m'emmener, et, bien sûr, il accepta. Je n'avais donc au moins pas de souci sur ce qui arriverait à mon petit fox en mon absence. Je pouvais par miracle le prendre avec moi dans l'avion, alors qu'il était interdit depuis quelques années de transporter des chiens dans le train.

J'avais une quantité de valises pleines de cadeaux et de splendeurs avec lesquels je voulais faire plaisir à ma famille et à beaucoup d'amis. Dans le grand entrepôt qui contenait les cadeaux d'anniversaire de Hitler, j'avais obtenu beaucoup de choses utiles pour ma mère sinistrée, qui vivait maintenant avec ma sœur dans un petit village sur l'Ammersee, près de Munich : du linge, de la vaisselle, des vêtements, etc., et j'emportai aussi la garde-robe entière de mon mari, oubliant complètement que l'avion ne volerait que jusqu'à Munich et qu'avec tout mon barda, je devrais ensuite essayer par des voies normales d'arriver à Breitbrunn, qui n'avait même pas de gare. Et j'avais aussi oublié qu'en hiver, la navigation sur le lac était interrompue, si bien qu'après de nombreux tracas, je dus laisser mes valises à la gare de la localité importante la plus proche et qu'il me fallut entamer une longue marche à pied avec chien et sac de voyage. Mais la joie suscitée par ma visite inattendue et prématurée fut énorme. À nouveau, enfin, un arbre de Noël avec les vieilles chères décorations, les petits gâteaux maison familiers et quelques futilités rescapées d'autrefois.

Hitler se trouvait maintenant avec son état-major au « Nid d'aigle », sans remarquer que le peuple entier célébrait une fête de l'amour et de la réconciliation, même dans la plus grande période de crise. J'étais un peu anxieuse dans notre petite chambre-cuisine étroite, sans téléphone et avec une radio qui transmettait à grand-peine la station de Munich. Et la plupart du temps, les émissions était interrompues par le léger tic-tac lugubre que l'on appelait le « gémissement du Gauleiter », et qui signifiait que des avions ennemis étaient à proximité. Peu avant de devoir m'apprêter à retourner au quartier général, le 8 janvier 1945, Munich subit l'une de ses plus graves attaques aériennes. De notre petit village, à environ quarante kilomètres de la ville, nous vîmes le ciel rouge sang et les explosions éblouissantes des grosses bombes.

Le lendemain, la liaison avec Munich était totalement coupée. La ligne de chemin de fer était endommagée, les téléphones ne fonctionnaient pas. Mais je devais être à Berlin le 10 janvier. Ma mère était inquiète et malheureuse. Elle me pria d'attendre encore, car elle avait le pressentiment d'un désastre imminent. Mais je n'étais pas tranquille. Laissant chien et valises, je me rendis en ville dans un camion. À travers la fumée, les décombres et la foule, j'atteignis enfin l'appartement du Führer sur la Prinzregentenplatz, je pris mon billet et partis dans la nuit pour Berlin. J'emportais à nouveau un cœur très lourd et des images désolantes des horreurs de la guerre.

Mlle Wolf, qui avait également passé Noël à Munich, mais était déjà revenue à Berlin quelques jours plus tôt, m'attendait et, le lendemain, au quartier général du Führer, nous montâmes ensemble dans le train, en direction de l'ouest cette fois. De nouveau, le train courrier m'emmena dans une région de l'Allemagne que je ne connaissais pas encore. Le matin, nous arrivâmes dans une petite gare enneigée de la Hesse. Le village s'appelait Hungen.

Des voitures nous attendaient et nous conduisirent au quartier général. Nous traversâmes Bad Nauheim qui, à ces heures matinales de l'hiver, était encore perdu dans ses rêves et sans vie, et nous avalâmes dans une neige profonde une route sinueuse qui montait à travers les collines boisées du Taunus jusqu'au moment où, sur l'une des crêtes de la montagne, nous découvrîmes le quartier général bien camouflé. C'était une installation merveilleuse : des petites maisons en bois blotties contre les versants boisés, dont chacune avait en sous-sol un bunker profond et solide. Les pièces étaient petites, mais mieux équipées qu'à la Tanière du loup. Le Führer occupait deux pièces un peu plus grandes dans la maison qui était située au niveau le plus bas.

Le premier jour, je fis une petite promenade dans les environs. Tout près, sur la colline voisine, se trouvait un château. C'était le quartier général du général Rundstedt, ancien commandant du groupe d'armées ouest. Hitler avait avec lui des discussions décisives. Il était venu ici pour rassurer le front de l'Ouest et arrêter la progression des Américains.

Pendant toute la journée, une activité fébrile régna dans le bunker du Führer. Les réunions d'information durèrent des heures. Ce n'est que le soir que nous rencontrâmes Hitler au repas. Il était rétabli et avait l'air plus frais qu'à Berlin. Je lui racontai la grave attaque sur Munich. Il écouta mon compte rendu et dit ensuite : « Le spectre va s'arrêter brusquement dans quelques semaines. Nos nouveaux avions sortent maintenant en séries, et alors, les Alliés réfléchiront avant de survoler le territoire du Reich. » Blondi était allongée à côté de la chaise de Hitler quand nous fûmes rassemblés pour le thé. Une ou deux fois, elle essaya d'attirer l'attention du Führer, mais il la fit se tenir tranquille et elle retourna docilement à sa place. Si je pouvais me fier à mon nez, le chien devait vraiment sortir d'urgence. Mais Hitler ne remarquait rien. Lui qui prétendait flairer à coup sûr chaque cigarette était complètement insensible aux odeurs de son chien favori. Finalement, je glissai : « Mein Führer, je crois que Blondi a vraiment besoin de sortir. » Elle réagit à mes paroles en dansant de joie, courut vers la porte, sauta en l'air et ne se précipita dehors que quand Hitler eut sonné Lingen. Nous fûmes tous assez soulagés quand l'air frais pénétra par la porte. Je dis : « Mein Führer, c'est tout de même étonnant le plaisir qu'on peut faire à un chien avec si peu de chose. » Alors il rit : « Avez-vous une idée du plaisir que cela peut être aussi pour des humains ? Une fois, je suis resté longtemps en route avec mes hommes. Avant, je faisais beaucoup de voyages en voiture à travers toute l'Allemagne. Finalement, je devais encore aller à Magdebourg pour inaugurer la première section de l'autoroute qui était achevée. Quand mon cortège était reconnu sur les routes, il y avait toujours beaucoup de voitures qui s'y joignaient et me suivaient, et j'avais souvent de grandes difficultés à m'échapper. Il était parfois impossible de disparaître dans une forêt pour un besoin urgent et de s'isoler. Mais cette fois-là, quand nous sommes arrivés sur l'autoroute, il faillit vraiment arriver un accident. Nous roulions déjà depuis des heures et nous désirions ardemment faire une pause. Mais il y avait des haies partout. D'abord les Jeunesses hitlériennes, puis la Ligue des jeunes filles allemandes, la SA, la SS, toutes les formations. Je ne savais pas du tout combien de formations mon parti avait au juste, mais j'ai trouvé alors qu'il y en avait beaucoup trop. Il fallait encore que je reste debout et que je prenne un air aimable. Brückner et Schaub étaient assis à côté de moi avec des visages complètement pétrifiés, puis Brückner eut tout à coup une idée merveilleuse : "Mein Führer, j'ai fait arrêter le train spécial à Magdebourg, à tout hasard. Est-ce que nous ne pourrions pas… ?" Et nous nous sommes précipités à la gare et nous avons été follement contents de monter dans notre train. » Schaub, qui était assis à la table, tenait la main à l'oreille avec attention et grogna de plaisir quand Hitler raconta cette histoire. Puis il lança : « Mein Führer, vous souvenez-vous de Weimar ? Quand vous logiez à l'"Éléphant" ? » – « Oui, dit Hitler en riant. C'était aussi une histoire pénible. J'étais souvent à Weimar autrefois et je suis toujours descendu à l'hôtel "Éléphant". C'était encore un vieil hôtel à l'époque, mais très bien tenu. J'avais mes pièces en permanence, où il y avait l'eau courante, mais pas de salle de bain ni de toilettes. Il me fallait remonter un long couloir et disparaître par la dernière porte. C'était chaque fois une marche à Canossa car, quand je quittais ma chambre, c'était aussitôt comme une traînée de poudre dans tout l'hôtel, et quand je quittais les cabinets incommodes, les gens m'ovationnaient et je devais passer entre deux haies de curieux jusqu'à ma chambre avec le bras levé et un sourire un peu gêné. Plus tard, j'ai fait transformer l'hôtel. »

Ce fut une conversation très animée ce soir-là. On aurait pu penser qu'il n'y avait pas de guerre ni de soucis pour Hitler. Mais celui qui le connaissait aussi bien que nous savait qu'il ne faisait que s'étourdir et détourner son esprit des pertes de terres, de personnes et de matériels qui lui étaient annoncées jour après jour et d'heure en heure. Et même les avions qui survolaient constamment le quartier général, déclenchant les sirènes d'alarme pendant toute la journée prouvaient que la paix et l'insouciance étaient encore loin.

Je n'avais même pas eu l'occasion de bien connaître le camp qu'il nous fallut déjà le quitter. Hitler était pressé de regagner Berlin. Il voulait à nouveau être près du front de l'Est. Il aurait dû être sur les deux fronts à la fois et le mieux eût été qu'il ait aussi la partie sud sous contrôle direct. Il ne pouvait plus retourner en Prusse orientale. La Tanière du loup était trop près du front. Je ne passai que trois jours au quartier général de l'Ouest. Le 15 janvier 1945, le train spécial du Führer roulait à nouveau vers Berlin, au-devant de la catastrophe. On plaisanta encore. Quelqu'un déclara que Berlin était très pratique comme quartier général, on pourrait bientôt se rendre en tramway du front de l'Est au front de l'Ouest, et Hitler parvint encore à en rire.

Dans l'intervalle, le gigantesque bunker souterrain du Führer avait été achevé dans le parc de la Chancellerie. Onze mètres d'épaisseur de béton armé recouvraient les petites cabines et pièces. Mais seul un plateau d'environ un mètre de hauteur s'élevait au-dessus du sol. Le bunker n'était conçu que pour un séjour provisoire lors d'une attaque aérienne, mais quand une bombe incendiaire rendit inhabitables ses locaux d'habitation à l'étage, en particulier sa bibliothèque, il devint pour Hitler et son état-major un lieu de résidence permanent. Ce que l'on appelait l'aile des aides de camp, qui comprenait la petite pièce d'escalier, était restée intacte. C'est là, où nous avions nos machines à écrire et mettions à jour nos travaux, que nous déjeunions désormais aussi avec Hitler.

Mais, le soir, les avions ennemis arrivaient avec la ponctualité des aiguilles d'une montre. Nous devions prendre les repas avec Hitler dans son petit salon-bureau du bunker. C'était une pièce minuscule qui se trouvait au cœur le plus profond du nouveau bunker. Quand nous ne descendions pas dans la forteresse souterraine directement du parc par la cage d'escalier, il nous fallait traverser les anciennes caves-abris en passant par la cuisine de l'appartement du Führer et quelques couloirs tortueux. On arrivait ensuite dans un large couloir qui abritait à droite et à gauche différentes chambrées et pièces, et, de là, encore quelques paliers plus bas, dans le nouveau bunker proprement dit. De lourdes portes en fer menaient à un vaste couloir. À gauche, une porte sur les toilettes, à droite, la salle des machines avec les installations d'éclairage et d'aération, puis venait une porte donnant sur le central téléphonique et la pièce des domestiques. À partir d'ici, on continuait jusqu'à la salle de réunion générale qu'il fallait traverser si l'on voulait atteindre la pièce du professeur Morell, le cabinet médical et une petite chambre pour les soldats. Cette partie du bunker devait aussi être fermée par de lourdes portes en fer, pourtant ouvertes la plupart du temps. Puis venait la partie du couloir menant aux locaux de Hitler. Elle était utilisée à la fois comme salle d'attente et salle de réunion. Un large tapis rouge recouvrait les dalles. Au mur de droite étaient accrochés les précieux tableaux qui avaient été amenés de l'appartement du Führer et de la Chancellerie pour être mis en sûreté ici. De jolis fauteuils étaient alignés au-dessous. De ce corridor, donc, les portes donnaient sur les locaux de Hitler. Du couloir, on pénétrait dans son bureau par un petit vestibule. C'était une pièce d'environ trois mètres sur quatre, avec un plafond bas qui donnait un sentiment oppressant. Il y avait peu de place pour du mobilier. À droite de la porte, il y avait un petit bureau contre le mur et, en face, une petite banquette capitonnée de toile aux motifs bleus et blancs. Devant, une petite table carrée et trois fauteuils. À droite du canapé, un petite table sur laquelle se trouvait une radio complétait l'aménagement. Sur la droite, une porte conduisait à la chambre de Hitler, qui n'avait pas d'entrée particulière par le corridor et où je n'ai jamais pénétré. À gauche, on accédait à la salle de bain de Hitler et, de là, à un petit cabinet de toilette contigu à l'appartement d'Eva Braun. Cette pièce avait aussi un accès depuis le petit vestibule, que les domestiques utilisaient comme réserve et comme débarras quand ils servaient, mais la maîtresse des lieux n'y avait encore jamais habité.

À côté de la chambre de Hitler se trouvait encore un petit local qui servait de pièce de conférence, de discussion et de réunion. Il n'y avait rien d'autre à l'intérieur qu'une grande table, un banc qui en faisait le tour et quelques chaises et tabourets. Puis venait la porte fermant le corridor, qui menait encore à un petit vestibule par lequel on pouvait arriver à l'escalier et, enfin, dans le parc. C'est là, dans ce complexe relativement petit, à l'aménagement si confus que l'on peut à peine le décrire de façon compréhensible, qu'eut lieu le dernier acte du drame.

Aujourd'hui, il me semble presque incroyable qu'au début de février, nous ayons encore eu confiance en Hitler et en sa foi dans la victoire. À table, les conversations enjouées et légères se poursuivaient et l'on parlait rarement de la gravité de la situation. Mais dans mon cœur commençaient à s'éveiller des doutes angoissés, car les Russes se rapprochaient de plus en plus. La Tanière du loup était piégée depuis longtemps déjà, avant que les équipes de construction de l'Organisation Todt aient achevé leur travail sur le bunker mammouth. Les Russes avaient envahi la Prusse orientale, et des communiqués atroces arrivaient des villages qui étaient tombés entre les mains ennemies. Des hommes et des enfants tués, des femmes violées, des villages en flammes les accusaient. Le visage de Hitler était plein de dureté et de haine, et il déclarait sans cesse : « Cela ne peut et ne doit pas être que ces bêtes incultes submergent l'Europe. Je suis le dernier rempart contre ce danger, et s'il y a une justice, alors nous triompherons, et un jour, le monde comprendra de quoi il s'agissait dans ce combat ! » Souvent, il citait les mots de Frédéric le Grand, dont le tableau était accroché au-dessus de son bureau : « Celui qui lance le dernier bataillon dans la bataille sera le vainqueur ! » Et la bataille de Kunersdorf se dressait dans la mémoire de Hitler tel un monument flamboyant.

20 avril 1945 – Anniversaire de Hitler ! Les premiers chars russes étaient devant Berlin. Le tonnerre des canons pénétrait jusque dans la zone de la Chancellerie. Le Führer reçut les félicitations de ses fidèles. Tous venaient, lui serraient la main, faisaient vœu de loyauté et essayaient de le décider à quitter la ville. « Mein Führer, la ville va bientôt être encerclée ! Bientôt, vous serez coupé du Sud. Il est encore temps de commander les armées du Sud si vous vous esquivez pour Berchtesgaden. » Goebbels, Ribbentrop, Himmler, Dönitz, ils essayèrent tous en vain. Hitler voulait rester et attendre. Dehors, dans le parc, il décora des jeunes hitlériens.

C'étaient des enfants qui s'étaient distingués dans le combat contre des blindés russes. Voulait-il compter sur cette défense ? Du moins se déclara-t-il prêt à évacuer dans le sud tous les états-majors, toutes les personnes qui n'étaient pas indispensables, les ministères et les services.

Le soir, nous étions entassés dans le petit bureau. Hitler était silencieux et regardait fixement devant lui. Nous lui demandâmes nous aussi s'il ne voulait pas quitter Berlin. « Non, je ne peux pas, répondit-il. J'aurais l'impression d'être un prêtre lama qui actionne un moulin à prières vide. Il faut que je prenne la décision ici, à Berlin, ou que je sombre. » Nous nous tûmes, et le champagne que nous buvions à la santé de Hitler semblait fade.

Hitler venait d'exprimer ce qui était pour nous depuis longtemps une certitude anxieuse : lui-même ne croyait plus à la victoire. Il se leva de bonne heure. La réunion d'anniversaire se dispersa. Mais Eva Braun revint après avoir conduit Hitler dans sa chambre. Dans ses yeux brillait un feu inquiet. Elle portait une robe neuve en brocart bleu argent ; elle était destinée à célébrer une fête au côté de l'homme aimé. Hitler ne l'avait pas remarquée. Il n'avait pas remarqué non plus qu'à sa table étaient assises quatre jeunes femmes qui voulaient vivre, qui avaient cru en lui et espéraient de lui la victoire.

Eva Braun voulait faire taire la peur qui s'était éveillée dans son cœur. Elle voulait une seule fois encore faire la fête alors qu'il n'y avait plus rien à fêter, danser, boire, oublier… Je ne me laissai que trop volontiers contaminer par cette dernière impulsion de joie de vivre pour sortir encore une fois du bunker, dont le lourd plafond devenait soudain sensiblement oppressant, et dont les murs étaient froids et blancs.

Eva Braun emmenait tous ceux qu'elle croisait dans son vieux salon du premier étage qui avait été conservé, même si les beaux meubles se trouvaient maintenant en bas dans le bunker. La grande table ronde fut encore une fois dressée pour la fête pour tous ceux qui étaient restés à Berlin et faisaient partie du cercle de Hitler. Même le Reichsleiter Bormann quitta Hitler et abandonna son bureau, le gros Theo Morell sortit de l'abri de son bunker malgré le vrombissement permanent des tirs d'artillerie. Quelqu'un apporta un vieux gramophone avec un seul disque. « Des roses rouge sang te parlent de bonheur… » Eva Braun voulait danser ! Peu importait avec qui, et elle entraîna tout le monde dans un vertige désespéré, comme tous ceux qui ont déjà senti le léger souffle de la mort. On but du champagne et les rires étaient stridents, et je ris aussi, parce que je ne voulais pas pleurer. Entre-temps, une explosion fit taire la compagnie pendant un moment, quelqu'un se précipita au téléphone, un autre recueillit des informations importantes. Mais personne ne parla de guerre, de victoire, ni de mort. C'étaient des fantômes qui donnaient une fête. Et des roses rouges continuaient à parler de bonheur…

J'eus tout à coup envie de vomir. Je me sentais dans un état lamentable. Je n'entendais plus que le rugissement sourd de l'artillerie et je m'étais réveillée de l'anesthésie. Silencieuse et discrète, je quittai la dernière fête débridée et me glissai jusqu'à la Nouvelle Chancellerie à travers le labyrinthe des couloirs du bunker et de la cave. Qu'apporteraient les prochains jours ? Je m'endormis avant d'avoir trouvé une réponse.

Le lendemain matin, les rangs s'étaient éclaircis. Ceux qui avaient présenté leurs vœux avaient quitté le navire en train de sombrer et s'étaient retirés vers le sud par le dernier goulot d'étranglement. Ribbentrop avait encore tenté de décider une dernière fois aussi Hitler à partir. Il eut avec Eva Braun un entretien dont elle me parla plus tard. « Vous êtes la seule qui puisse faire bouger le Führer d'ici, déclara-t-il, suppliant. Vous pouvez ainsi rendre un grand service à toute l'Allemagne. » Mais Eva Braun répondit : « Je ne vais pas dire un mot au Führer de votre proposition. Il doit décider seul. S'il considère qu'il faut rester à Berlin, je resterai avec lui. S'il part, je partirai aussi. »

Des colonnes de voitures et d'avions démarraient sans interruption en direction du Sud. Mlle Wolf et Mlle Schroeder, les deux autres secrétaires, étaient aussi parmi les partants. Mlle Wolf avait les larmes aux yeux, comme si elle sentait qu'elle ne reverrait plus Hitler, son patron depuis vingt-cinq ans [1]. L'un après l'autre serra la main de Hitler pour prendre congé. Seuls restèrent les officiers de liaison les plus importants.

---

1. En réalité, Johanna Wolf fut une collaboratrice de Hitler de 1929 à 1945, c'est-à-dire pendant seize ans environ.

6.

22 avril 1945. Une anxiété fiévreuse règne dans le bunker. Au-dessus, c'est l'enfer. Toute la journée, ça tire et ça tonne, on peut à peine passer la tête dehors. La Wilhelmsplatz a un aspect désolant, le Kaiserhof s'est écroulé comme un château de cartes. Du ministère de la Propagande, il ne reste plus symboliquement que la façade blanche sur la place dénudée.

J'interroge tous ceux que je rencontre sur le succès de l'attaque. Elle devrait avoir démarré maintenant. Les tirs d'infanterie et les blindés allemands sont-ils la cause du vacarme ? Aucun des officiers n'a de réponse. Ils courent tous dans tous les sens comme des figures de cire, font semblant d'être affairés et s'abusent eux-mêmes.

Les portes de la salle de conférence de Hitler sont fermées. Derrière, une discussion agitée est en train. Mme Christian, ma collègue, Mlle Krüger, la secrétaire de Martin Bormann, et moi sommes assises dans la cuisine diététique et buvons du café fort. Nous parlons de choses anodines pour que la peur désespérée qui est en nous ne prenne pas le dessus. Chacune essaie à sa manière d'avoir raison de la situation. Personne ne pense au déjeuner, bien qu'il soit grand temps. L'inquiétude nous ramène à proximité de la conférence. Nous entendons des voix enfler et diminuer. Hitler crie quelque chose, nous ne pouvons rien comprendre. Martin Bormann sort avec un visage excité et presse dans la main de Mlle Krüger quelques feuilles qui doivent être aussitôt recopiées. Pendant un instant, nous voyons des dos d'uniformes courbés sur le plan de Berlin. L'assemblée semble perplexe. Bouleversées, nous nous retirons dans le vestibule, nous fumons, attendons, chuchotons...

Enfin, la lourde porte de fer s'ouvre. Linge appelle Mme Christian et moi auprès du Führer. Avec un visage qui ne nous dévoile rien, il continue pour aller chercher aussi Mlle Manziarly. Seuls quelques pas nous séparent encore de la décision de vie ou de mort. Maintenant, nous allons apprendre la vérité.

Devant la porte ouverte de la salle de conférences se tiennent tous les officiers de la réunion, blêmes, avec des visages de marbre. Dans le petit vestibule devant son bureau, Hitler est debout, immobile. Son visage a perdu toute expression, ses yeux sont éteints. Il ressemble à son propre masque mortuaire. Son regard ne s'accroche à rien. Impersonnel et impératif, tel que je ne l'ai encore jamais entendu parler devant une femme, il lance : « Changez-vous immédiatement. Dans une heure, un avion va partir et vous emmener dans le Sud. Tout est perdu, désespérément perdu. »

Je suis complètement engourdie. Le tableau au mur est de travers, et il y a une tache sur le revers de sa veste. Tout est comme enveloppé de coton et lointain.

Eva Braun est la première à sortir de l'engourdissement. Elle se dirige vers Hitler, qui a déjà posé la main sur la poignée de la porte, lui prend les deux mains et dit en souriant et sur un ton consolateur, comme on s'adresse à un enfant triste : « Mais tu sais bien que je reste près de toi. Je ne me laisse pas renvoyer. » Les yeux de Hitler commencent alors à briller, et il fait une chose que personne encore, même pas ses amis et domestiques les plus intimes, n'a jamais vue : il embrasse Eva Braun sur la bouche, tandis qu'à l'extérieur se trouvent les officiers qui attendent d'être congédiés. Je n'en ai aucune envie, mais cela sort tout seul ; je ne veux pas rester ici, et je ne veux pas mourir, mais je prononce pourtant : « Je reste aussi. »

Je dus remplir une caisse avec les dossiers, écrits et documents les plus importants que Schaub me tendait. Mécaniquement, je rassemblais pièce après pièce. Devais-je envoyer aussi mes propres affaires à la maison ? Peut-être que le lendemain, il n'y aurait déjà plus de place pour des bagages dans les quelques derniers appareils qui s'envoleraient pour le sud ? Mais peut-être aussi devions-nous encore tenir ici pendant des semaines ? Je n'expédiai rien. L'appareil qui avait décollé avec son importante cargaison et deux des aides de camp de Hitler n'est plus jamais réapparu.

L'un après l'autre tendit la main à Hitler pour prendre congé. Seuls restèrent les officiers de liaison les plus importants. Bormann aussi, bien entendu, qui était toujours le sas indispensable pour toute nouvelle qui devait parvenir à Hitler.

L'après-midi, à nouveau, une grande réunion d'information. Les Russes se trouvaient maintenant à deux pas des portes de la ville. Hitler ordonna une dernière attaque définitive avec toutes les troupes et les avions encore présents à Berlin. Chaque blindé, chaque arme devait partir au front. Le bunker résonnait sous les explosions des petites bombes que les Russes répandaient sans interruption sur Berlin et sous la voix impérieuse de Hitler. Le visage rouge, les généraux quittèrent la petite salle de conférence étouffante. Mme Christian et moi étions assises dehors dans le corridor, intimidées. Mlle Krüger, la secrétaire de Bormann, s'était jointe à nous. Elle aussi ne pouvait que rapporter que son chef comptait quitter Berlin dans les jours prochains, ou… Nous n'avions pas d'idée claire de l'autre possibilité.

De nouveau, il fallait attendre. Hitler lui-même ne pouvait rien faire d'autre. Il se glissa jusqu'à ses chiens, qui étaient maintenant cantonnés dans un compartiment des toilettes. Puis il s'assit sur le petit banc du couloir, silencieux, avec le petit chien sur les genoux, et il observa les gens qui entraient et sortaient. Le personnel faisait son service sans se laisser troubler. Les domestiques s'activaient tranquillement et sûrement comme d'habitude et satisfaisaient les désirs de Hitler. Theo Morell était dans sa chambre du bunker en proie aux troubles cardiaques et aux tourments. La tension était insupportable.

Eva Braun sortit de sa chambre. Là-haut, tout était désormais calme. Nous ne savions pas le temps qu'il faisait. Aucune fenêtre ne nous montrait où en était le soleil. Nous eûmes envie de monter jeter un coup d'œil dans le parc pour nous accorder un petit peu d'air frais et de lumière du jour, à nous et aux chiens. Au-dessus de Berlin était suspendu un nuage brumeux de poussière et de fumée. L'air était doux, et l'on sentait le printemps. Silencieuses, Eva Braun, Mme Christian et moi nous promenâmes dans le parc de la Chancellerie. Partout, il y avait des trous profonds dans les pelouses soignées, des jerrycans vides et des branches cassées étaient éparpillés. Le long du mur d'enceinte, nous vîmes à intervalles réguliers des abris de tranchées et des dizaines de lance-fusées entreposées. Ce devait sans doute être la toute dernière ligne de défense ? Nous n'y croyions pas. Dès demain, ou peut-être dans les jours prochains, les troupes allemandes repousseraient l'ennemi.

À travers le mur détruit, effondré, nous nous glissâmes de l'autre côté dans le parc du ministère des Affaires étrangères. Les arbres étaient en fleurs, calmes et paisibles. Quelques jours avant encore, nous, les femmes, nous étions exercées à tirer au pistolet. Hitler nous l'avait enfin permis. Auparavant, en Prusse orientale, alors que les Russes se rapprochaient de plus en plus, Mme Christian et moi avions déjà demandé si ne devions pas apprendre à manier le pistolet, à tout hasard. À l'époque, Hitler avait répliqué en souriant : « Non, mesdames ! Je ne voudrais pas tomber par la main d'une secrétaire. Tirez avec les yeux, cela suffit ! » Mais désormais, il n'avait plus rien contre. Sous la surveillance de Rattenhuber, nous avions tiré sur des cibles. Hitler nous envoya dans le parc abandonné du ministère des Affaires étrangères pour que nous ne puissions pas causer de dommages, et là étaient à présent accrochées les cibles de papier déchirées qui montraient nos coups de maître. Nous n'avions plus eu l'occasion de poursuivre nos exercices, car l'artillerie russe s'était déjà chargée de tirer dans les parages. Mais aujourd'hui, tout était calme pour peu de temps. Cachée derrière des buissons, nous découvrîmes sur un petit rond-point une ravissante statue de bronze. Une jeune nayade aux lignes charmantes se tenait sous les arbres florissants. Dans toute cette désolation, elle nous parut d'une beauté indicible. Nous entendîmes soudain des gazouillis d'oiseaux, nous vîmes que les perce-neige fleurissaient dans l'herbe et que tout dans la nature se préparait à une nouvelle vie. Nous étions presque gaies de voir tout cela. C'était certainement cet affreux bunker qui était responsable de l'atmosphère si oppressante. Ici en haut, à l'air frais, on respirait plus facilement, on avait la tête plus claire. Les chiens se démenaient en jouant à travers le pré, nous nous assîmes sur une pierre et fumâmes une cigarette. Même Eva Braun en alluma une. À notre coup d'œil étonné, elle répondit : « Ah, mes enfants, il faut aussi que je me remette à fumer. Puisque j'ai des soucis aussi exceptionnels, je peux aussi faire quelque chose d'exceptionnel. » Mais elle avait une boîte de pastilles de menthe dans la poche et en avala tout de même une par précaution quand nous redescendîmes, au premier bruit de sirène.

En bas, Hitler était assis dans le couloir avec Goebbels, Bormann et Burgdorf. Ils parlaient de l'attaque imminente. Le corps de Hitler semblait de nouveau un peu raide et raffermi. Nous arrivions d'en haut, détendues et remontées par l'air frais, et nous fûmes accueillies par une vague d'espoir et de confiance. Du moins une décision tomberait-elle enfin. Le lendemain, on verrait si Hitler partirait pour Berchtesgaden ou s'il resterait à Berlin pour toujours. Hitler nous invita à prendre place près de lui. Tout était devenu complètement différent depuis que le cercle s'était tellement rétréci. Eva s'assit à côté de Hitler et, sans tenir compte des autres messieurs, commença aussitôt à lui parler : « Dis, tu connais la statue du ministère des Affaires étrangères ? Une merveilleuse sculpture ! Elle irait terriblement bien avec le bassin dans mon jardin. S'il te plaît, achète-la-moi quand tout ira bien et que nous sortirons de Berlin ! » Elle le regardait d'un air suppliant. Hitler lui prit la main : « Mais je ne sais pas du tout à qui elle appartient. C'est probablement une propriété d'État, et alors je ne peux pas l'acheter et la mettre dans un jardin privé. » – « Oh, dit-elle. Si tu arrives à refouler les Russes et à libérer Berlin, tu pourras bien faire une exception ! »

Hitler se mit à rire sur la logique des femmes, mais il ne parla plus de cette affaire. Eva, d'une propreté méticuleuse, découvrit quelques taches rouges et bleues sur sa veste d'uniforme vert-de-gris. « Regarde, tu es tout sale ! Tu ne peux plus porter cette veste ! Tu n'as pas besoin de tout faire comme le "vieux Fritz" et de te promener aussi dégoûtant que lui. » Hitler protesta. Il n'était plus commandant en chef, plus politicien, ni dictateur. « Mais c'est mon costume de travail, en fin de compte. Je ne vais quand même pas me mettre un tablier pour la réunion et que je dois manipuler des crayons de couleur. » Elle avait tort, car il était d'une propreté pointilleuse. Il ne tendait jamais la main à quelqu'un après avoir caressé son chien, même très légèrement.

La conversation fut interrompue par des bombes et des tirs de canons, une attaque était à nouveau en marche, comme chaque soir à cette heure. Le bunker se remplit, la lourde porte en fer qui donnait sur la première partie du corridor fut fermée. Hitler fit allumer la radio. Il n'écoutait jamais de musique, seulement les informations précises sur l'approche des avions ennemis, interrompues par le tic-tac monotone de la pendule. Berlin devait encore sérieusement souffrir. Et, soudain, le spectre du désespoir revint vers nous.

[...] [1] Maintenant, l'illusion prend fin. Elle fait enfin et définitivement taire en moi cette voix désespérée, séductrice, qui ne voulait ni voir ni connaître la vérité, qui voulait croire. En même temps, j'éprouve subitement une grande pitié pour Hitler. Un homme infiniment

1. Le passage supprimé se trouve à deux reprises et presque à l'identique dans le manuscrit original, qui commence par « 22 avril. Anxiété fiévreuse dans le bunker ». Mais la fin varie et indique dans le passage supprimé : « [...] Cela semble impersonnel et impératif. Dans ma tête, ça tourne comme une roue de moulin. Le Führer, qui, jusqu'à présent, n'a jamais fait naître de doute sur sa confiance, abandonne, complètement, tout ! »

déçu, un homme précipité du plus haut sommet, brisé, seul. [...] Je me sens brusquement coupable. Je pense à tout le malheur qui, là-haut, à quelques mètres au-dessus de nous, suit son cours et le suit déjà depuis des années, provoqué par mon chef. Est-ce que je dois partir maintenant, retourner vers les gens qui me regarderont avec des yeux pleins de reproche, et leur dire : « Me revoilà. Je me suis trompée, mais quand cela a concerné ma propre vie, j'ai compris mon erreur. » Pitié et culpabilité me retenaient ici, et Mme Christian devait éprouver la même chose. Presque en même temps, nous dîmes : « Nous restons ici aussi ! » Hitler nous regarda un moment : « Je vous ordonne de partir. » Mais nous secouâmes la tête. Alors, il nous tendit la main. « Je voudrais que mes généraux soient aussi courageux que vous », dit-il encore. Mlle Manziarly, la paisible petite dame, qui aurait voulu en fait être enseignante et n'avait aucune obligation de rester là, ne voulait pas non plus quitter Berlin.

Hitler sortit péniblement voir les officiers : « Messieurs, c'est fini. Je vais rester ici à Berlin et me tuer d'un coup de feu quand il le faudra. Celui qui veut partir peut partir, chacun est libre. »

L'un après l'autre, ils quittèrent le bunker, saluant le Führer en silence. La plupart quittèrent Berlin pour toujours, seuls quelques-uns regagnèrent leurs états-majors et leurs bureaux dans les environs de Berlin.

Dans sa chambre, Hitler sortit de tous les tiroirs et armoires les documents et pièces écrites qui devaient être détruits. Cette mission de confiance fut transmise à Julius Schaub. Avec un air malheureux comme les pierres et clopin-clopant, celui-ci traversa le bunker, monta l'escalier du parc et, le cœur saignant, il y brûla les trésors de son Führer. Il reçut la même mission pour Munich et Berchtesgaden. Les yeux humides, il prit congé de nous aussitôt après. Maintenant, les officiers de liaison n'étaient plus là non plus, seuls demeuraient l'ambassadeur Hewel, le Reichsleiter Bormann, le général Krebs, le général Burgdorf, Hermann Fegelein, l'amiral Voss, les aides de camp von Below, Günsche et Heinz Lorenz. Parmi les domestiques, Heinz Linge était resté avec trois ordonnances. Ainsi que le personnel, les petites gens de la cuisine, de l'intendance, du central téléphonique, les chauffeurs, etc. Tous vivaient de façon sommaire sur des lits de camp et des installations provisoires pour la nuit dans les pièces du bunker du Führer situées plus haut. La cuisine aussi était maintenant aménagée sous terre, et la partie antérieure du couloir servait de salle à manger. Nous, les secrétaires, partagions désormais également notre chambre de bunker, de l'autre côté, dans la Nouvelle Chancellerie, avec quelques autres femmes, pour la plupart secrétaires et téléphonistes du bureau des aides de camp de Hitler. Par un long couloir souterrain, nous pouvions atteindre directement le bunker du Führer.

Les heures se traînaient. J'était complètement vide, vidée et hébétée. En fait, j'aurais dû dormir un peu. Mais une inquiétude me retenait dans le bunker. Peut-être une nouvelle décisive allait-elle arriver dans la prochaine heure ? C'était déjà la fin de l'après-midi. Hitler avait-il déjeuné ? Il n'en avait sans doute pas eu le temps. À présent, il était dans son bureau et parlait avec Goebbels. Comment le grand ministre de la Propagande viendrait-il à bout de la décision de Hitler de mourir à Berlin ? Que dirait-il au peuple allemand ? La porte s'ouvrit et Goebbels se dirigea vers le téléphone. Quand il revint, il regarda autour de lui. Il n'y avait personne, en dehors des aides de camp et de moi. Le ministre vint vers moi. « Ma femme va bientôt venir avec les enfants. À la demande du Führer, ils resteront à partir de maintenant dans son bunker. S'il vous plaît, soyez gentille de recevoir ma famille. » Mon Dieu, pensai-je, où tous ces gens vont-ils trouver une place ? Six petits enfants dans ce désordre ! Je montai quelques marches dans la partie supérieure du bunker et cherchai Günsche. Il fit débarrasser l'une des salles qui était pleine à craquer de valises, de caisses, de meubles et de provisions et y disposa quantité de lits.

Dans l'intervalle, Hitler avait fait encore une fois appeler Keitel et Jodl. Les deux généraux eurent un dernier court entretien avec lui. Je les entendis parler ensuite avec Bormann et Hewel. Une fois encore, ils avaient tenté en vain de persuader Hitler qu'il ne pouvait plus rien faire à Berlin. Les postes de commandement de l'OKW allaient partir dans le sud. Il ne pouvait plus continuer longtemps à commander ses généraux de Berlin. [...] Hitler souligna sa décision irrévocable de rester et de mourir à Berlin. Il allait se tuer, car il ne voulait tomber ni mort, ni vif dans les mains de l'ennemi. Il ne pouvait plus lutter, il était physiquement brisé. C'est ainsi qu'il avait congédié ses généraux qui quittèrent alors définitivement le bunker.

Entre-temps, la famille Goebbels était passée du bunker du ministère de la Propagande au bunker du Führer. J'allai à leur rencontre et accueillis les enfants. Mme Goebbels fut aussitôt conduite à Hitler. Les cinq petites filles et le garçon étaient joyeux et candides. Ils se réjouissaient de pouvoir être près d'« oncle Hitler ». Ils remplirent bientôt le bunker de leurs jeux. C'étaient des enfants charmants, bien élevés, naturels. Ils ne savaient rien du destin au-devant duquel ils allaient, et les adultes mettaient tout en œuvre pour ne pas les en laisser prendre conscience. J'allai avec eux de l'autre côté, dans la réserve d'anniversaire où étaient entassés les cadeaux de

Hitler. Il y avait là aussi des jouets et des vêtements. Ils choisirent ce qui leur plaisait.

À notre retour, il y eut à nouveau une alerte. Les attaques étaient maintenant de plus en plus fortes et se concentraient sur la zone de la Chancellerie. Nous nous étions déjà presque habitués aux tirs d'artillerie. C'est seulement quand le grondement cessa que nous devînmes attentifs. Une fois encore, nous nous trouvions chez Hitler. Il m'était de plus en plus incompréhensible et inquiétant. Tout comme, la veille encore, il n'avait émis aucun doute sur la certitude de la victoire, il affirmait aujourd'hui avec la même détermination qu'il n'y avait plus d'espoir. Nous montrâmes le portrait de Frédéric qui regardait du mur, et nous citâmes tous alors la formule que Hitler avait si souvent employée : « Mein Führer, où est le dernier bataillon ? » – « Ne croyez-vous plus aux exemples de l'histoire ? » Il secoua la tête d'un air las. « L'armée m'a trahi, les généraux ne valent rien. Mes ordres n'ont pas été exécutés. C'est définitivement terminé. Le national-socialisme est mort et ne ressuscitera plus jamais ! » Nous fûmes assommés en entendant ces mots. Le revirement était arrivé trop brutalement. Peut-être n'avions-nous pas été de si bonne foi en refusant de quitter Berlin ? Peut-être avions-nous espéré malgré tout en sortir vivants. Maintenant, Hitler lui-même nous enlevait cet espoir.

Eva Braun fut prise d'une sorte de complexe de fidélité. « Tu sais, dit-elle à Hitler, je ne comprends pas qu'ils t'aient tous abandonné. Où est Himmler, où sont Speer, Ribbentrop, Göring ? Pourquoi ne sont-ils pas restés près de toi, là où est leur place ? Et pourquoi Brandt n'est-il pas ici ? » Et Hitler, qui devait bien sentir combien la plupart de ceux qui étaient devenus importants grâce à lui l'avaient quitté facilement et le cœur léger, prit la défense de ses hommes. « Tu ne comprends pas, mon enfant. Ils me servent davantage s'ils sont dehors. Himmler doit diriger ses divisions, Speer a des tâches importantes à remplir, tous ont leurs fonctions qui sont plus importantes que ma vie. » – « Oui, dit Eva Braun. Je comprends. Mais Speer par exemple. C'était pourtant ton ami. Il va sûrement venir, je le connais. »

Pendant la conversation, Himmler appela. Hitler quitta la pièce pour aller au téléphone. Il en revint blême et le visage figé. Le Reichsführer avait une fois encore essayé d'attirer Hitler hors de la ville. De nouveau, le Führer avait clairement refusé. Tout naturellement et froidement, il parla de son intention de se suicider. Et toujours, en même temps que sa mort, nous avions aussi notre mort devant les yeux. Et nous nous y habituions. Mais cette nuit-là, j'ai à peine dormi.

Le lendemain, les tirs d'artillerie se rapprochent encore. Les Russes ont pénétré dans les banlieues de la ville. On lutte désespérément contre le gigantesque déploiement de puissants blindés. Dans le bunker, la situation n'a pas changé. Nous restons là à attendre. Hitler est devenu apathique et indifférent après sa crise de rage de la veille, où il criait à la trahison. On dirait qu'il a baissé les bras. Aucune discussion officielle n'a lieu, la journée n'a pas d'organisation fixe. Dans la lumière crue qui se réfléchit sur les murs en béton blancs, nous ne remarquons pas que la nuit succède au jour. Nous, les secrétaires, nous traînons à proximité de Hitler, toujours dans l'attente sinistre qu'il mette fin à ses jours. Mais, provisoirement, il continue son simulacre de vie. Goebbels a mené son secrétaire d'État, le Dr Naumann, et l'aide de camp Schwägermann. Ils discutent avec Hitler d'une dernière campagne de propagande. La population doit maintenant savoir que le Führer se trouve dans la ville assiégée et a pris en main la défense. Cela doit procurer à la population force et endurance pour tenter l'impossible. Mais tandis que les sans abris désespérés fuient leurs maisons détruites et cherchent refuge dans les tunnels du métro, tandis que chaque homme et chaque garçon se présente au combat avec n'importe quelle arme de fortune et doit engager sa vie, Hitler a déjà enterré tout espoir.

Les six enfants, heureux et satisfaits, jouent dans les couloirs. Ils lisent leurs contes autour de la table ronde, sur un palier à mi-hauteur de la partie la plus profonde du bunker. Ils n'entendent pas les tirs qui deviennent de plus en plus forts, mais se sentent en sécurité près de l'« oncle Führer ». L'après-midi, ils boivent du chocolat avec lui et racontent des aventures de l'école. Helmut, le seul garçon, lit la rédaction qu'il a écrite pour l'anniversaire de Hitler. « Tu l'as chipée à papa », dit sa sœur Helga. Les adultes rient, et le garçon répond : « Ou c'est papa qui me l'a chipée. » Mais la mère garde dans son sac à main le poison qui mettra fin à six petites vies.

Le professeur Morell me manque, tout à coup. Sa chambre est maintenant occupée par le couple Goebbels, le médecin a disparu. Linge, qui n'a pas changé, effectue tranquillement son service, et m'explique qu'après une scène dramatique avec le Führer, Morell a quitté Berlin en avion. La veille au soir, Morell s'était rendu chez le Führer comme d'habitude pour lui administrer la piqûre quotidienne avant le coucher. Et brusquement, Hitler fut envahi par la peur et la méfiance, obsédé par la trahison et le complot. « Morell, quittez ma chambre immédiatement ! Vous voulez m'anesthésier pour qu'on puisse m'emmener de force de Berlin. C'est ce qu'ils veulent tous, mais je ne partirai pas ! », s'écria-t-il. Et alors que Morell, tremblant, manquait d'avoir une crise cardiaque de frayeur, il lui ordonna de quitter Berlin par le prochain avion. Jamais auparavant Hitler n'avait pu se passer, ne serait-ce qu'une journée, de son médecin particulier : il devait l'accompagner sur chaque vol, à chaque voyage. Maintenant, il le renvoyait. Il n'avait plus besoin de médecin, il n'avait plus besoin de médicaments ni de nourriture. Tout lui était égal.

De nouveaux visages apparurent subitement dans le bunker : Arthur Axmann, le chef de la jeunesse du Reich. L'un de ces convaincus dévoués, un idéaliste aveugle ! Il n'avait qu'un bras mais, dans son visage calme et réfléchi, les yeux brillaient, pleins d'enthousiasme combatif. Lui aussi était venu pour être près du Führer à la dernière heure. Puis, il y eut aussi un petit monsieur discret aux tempes grises. Il portait l'uniforme vert-de-gris de la SS et il était toujours présent partout là où deux officiers se retrouvaient pour parler de la situation. C'était le représentant de Kaltenbrunner, l'Obergruppenführer Müller.

Speer fut soudain là de nouveau. Eva Braun alla vers lui la main tendue : « Je savais bien que vous viendriez. Vous ne laissez pas le Führer seul. » Mais Speer sourit tranquillement. « Je repars de Berlin ce soir », répliqua-t-il après un silence. Puis il se rendit près de Hitler. Nous n'apprîmes rien de cette dernière longue discussion.

Un autre événement fut commenté avec excitation : la « trahison » de Göring. Dans le couloir devant la salle de conférence, Goebbels, Hewel, Voss, Axmann et Burgdorf étaient rassemblés. Dehors, dans le vestibule, j'entendis des mots étouffés : Göring aurait trahi le Führer, maintenant, à l'heure cruciale. Que s'était-il passé ? Dans la partie supérieure du bunker, je croisai en chemin Mme Christian. Elle avait été informée par le colonel von Below, un collègue de son mari. Göring avait envoyé un télégramme annonçant qu'il allait prendre la succession de

Hitler car il supposait que le Führer n'était plus en pleine possession de ses capacités. Au cas où une réponse du Führer ne serait pas arrivée avant vingt-deux heures, il considérerait que sa succession entrait en vigueur.

Ce télégramme tomba dans les mains de Bormann. Il le montra à Hitler qui le découvrit sous son vrai jour. Il n'est pas étonnant qu'après cela, Hitler ait compris la perfidie de Göring, qu'il se soit répandu en insultes brutales contre le Reichsmarschall et l'ait relevé de toutes ses fonctions. Bormann devait être ravi, alors que, à minuit moins cinq, il avait une fois encore réussi à renforcer son pouvoir. Sur son ordre, Göring et tout son état-major furent arrêtés sur l'Obersalzberg.

Pendant toute la journée, le télégramme de Göring demeure l'unique sujet de conversation du bunker. On remarque à peine qu'après un long entretien avec Hitler, Speer a de nouveau disparu et a quitté Berlin définitivement. Hitler s'est retiré dans sa chambre et ne veut voir personne. Entre-temps, dans la salle de conférence, les officiers étudient le plan de Berlin et délibèrent sur des opérations salvatrices. Le Führer ne s'y intéresse plus. Mais l'état-major général n'abandonne pas encore. Une armée commandée par le général Wenck doit être quelque part en route pour l'Ouest. Si Wenck est rappelé et qu'il donne l'assaut contre Berlin, nous serions sauvés ! Et l'Obergruppenführer Steiner peut mener une attaque à partir du Nord pour soutenir Wenck ! Avec ce plan, dont je ne comprends pas les détails militaires, mais qui symbolise à nouveau pour moi une petite étincelle d'espoir, les officiers se rendent chez le commandant suprême. Ils parviennent à amener le Führer devant la table des cartes. Une fois encore, il s'arrache à sa léthargie, l'attaque est ordonnée. Wenck va faire demi-tour et dégager Berlin.

Personne d'entre nous ne trouve le sommeil. Comme des ombres, nous errons à travers les pièces, désœuvrés. Parfois, nous nous glissons dans l'escalier, attendons une pause des tirs d'artillerie et nous assistons avec effroi à la désolation qui se répandait. Nous ne sommes plus entourés que de ruines. Sur la Wilhelmsplatz, au milieu du pavé blanc désert, gît un cheval mort. Mais je suis devenue apathique, j'ai l'impression d'être complètement vidée. Rien n'est plus authentique et naturel en nous. Nous sommes indifférents et placides, nous rions parce que nous ne pouvons pas pleurer, et nous parlons pour que la voix de notre cœur désespéré, qui nous rappelle la maison, la mère, la famille, se taise. Quelquefois me vient la pensée furtive que, près d'un lac bavarois, des gens m'attendent, m'aiment et s'inquiètent. Qu'à leurs yeux, il n'y a pas de sentence. Là-bas les femmes n'ont pas à redouter la force d'occupation, la vie continue. Mais cette atmosphère crispée et oppressante du bunker m'a envahie. Le Führer, un homme brisé et à présent sénile, tient toujours les fils invisibles dans la main. Sa présence suffit pour étouffer toute émotion véritable, tout sentiment naturel.

Nous, les femmes, restons ensemble la plupart du temps. Eva Braun aussi se joint à nous. Nous jouons avec les enfants et les chiens. Toutes les pièces nous sont ouvertes, on ne travaille plus officiellement nulle part. Quand une nouvelle survient, quand un officier poussiéreux et suant arrive du front proche pour annoncer la progression des chars russes, Hitler reçoit le communiqué. Silencieux et indifférent. Maintenant, la Chancellerie a un commandant de défense : le Gruppenführer Mohnke. Je me sens complètement faible et désespérée en pensant que nous serons toujours à l'intérieur du piège quand les Russes donneront l'assaut au bâtiment de la Chancellerie. Mais « tête haute tant qu'elle est encore là », dit le dicton, et nous vivons selon lui, raides et hébétés comme des marionnettes. Nous ne savons plus quel jour nous sommes. Parfois, nous volons une heure de sommeil, mais la nervosité nous réveille vite. Nous voudrions être là quand arrivera la nouvelle de l'attaque du général Wenck. À plusieurs reprises, nous nous risquons dehors dans l'enfer et nous prêtons l'oreille pour entendre enfin le grondement des tirs allemands.

On se bat maintenant bien avant dans la ville. Les lourds blindés russes conquièrent rue après rue. À quoi cela sert-il que les garçons des Jeunesses hitlériennes défendent et fassent exploser chaque pont ? Ils reçoivent une décoration du Führer en personne, une paire de chars russes sont détruits, des centaines d'autres arrivent. Et aucune trace de Wenck. Aucune information sur l'attaque de Steiner[1]. Les patrouilles d'éclaireurs qui partent de la Chancellerie reviennent sans résultat. Hanna Reitsch atterrit avec un Fieseler Storch sur l'axe est-ouest, juste devant la Porte de Brandebourg, et amène le général de corps d'armée Greim, un remarquable officier de la Luftwaffe. Je les vois tous les deux pour la première fois ce jour-là. Hanna Reitsch, une petite personne délicate, très féminine, que l'on n'aurait pas cru capable de cette bravoure masculine. Sur le pull-over noir uni, elle porte la croix de fer. Appuyé sur son épaule, Greim entre dans le bunker en clopinant sur une jambe. Il a été blessé par une balle lors d'un vol aventureux de chasseurs russes. À présent, il est venu pour devenir le successeur de Göring et reprendre le commandement de la Luftwaffe.

---

1. Le 21 avril 1945, Hitler ordonna une contre-attaque sur l'avancée de l'armée russe au nord de Berlin. Le SS-Obergruppenführer Felix Steiner devait mettre cette attaque à exécution.

D'abord, il disparaît dans la salle d'opération où il est soigné par le Dr Stumpfegger, le médecin silencieux, pâle et modeste. Mais Hanna Reitsch se précipite chez le Führer. Elle était probablement une de ces femmes idôlatres de Hitler, sans condition et sans réserve. Cela me semble surprenant aujourd'hui, car elle était la seule femme soldat et commandant militaire connue de Hitler. Elle diffusait avec ardeur une disposition fanatique à mourir pour le Führer et son idéal. [...]

Le soir, elle emmena les enfants Goebbels au lit. Eva Braun lui tint compagnie. Leur mère ne pouvait plus voir ses enfants sans s'émouvoir. Elle fondait en larmes à chaque fois qu'elle les quittait. Elle et son mari n'étaient plus que des ombres et déjà voués à la mort.

En passant devant la porte de la chambre des petits, j'entendis chanter leurs six voix claires d'enfants. J'entrai, ils étaient assis dans trois lits à deux étages et se bouchaient les oreilles pour ne pas se gêner les uns les autres dans le chant à trois voix. Hanna Reitsch chantait avec eux et dirigeait. Puis ils se souhaitèrent gaiement « bonne nuit » et finirent par s'endormir. Seule la plus grande, Helga, arborait parfois une expression triste et entendue dans ses grands yeux bruns. Elle était la plus calme, et je pense parfois avec horreur que cette âme d'enfant ressentait au plus profond l'hypocrisie des adultes.

Je quittai la chambre d'enfants en me demandant comment un homme pouvait tolérer que ses créatures innocentes puissent mourir à cause de lui. Mme Goebbels m'en avait parlé. Il n'y avait plus de différence de classe, seulement une solidarité de destin. De nous tous, cette femme souffrait les plus grands tourments. Elle était à la veille d'une sextuple mort, tandis que nous n'en avions qu'une à surmonter. « Il vaut mieux que mes enfants meurent plutôt que de vivre dans la honte et la raillerie. Dans une Allemagne telle qu'elle sera après la guerre, nos enfants n'auront pas de place. »

Nous continuions à accompagner Hitler pendant les repas. Seulement Eva Braun, Mme Christian, Mlle Manziarly et moi. À présent, il n'y avait plus de sujet suffisamment intéressant à débattre. J'entendais ma voix comme celle d'une étrangère. « Croyez-vous, mein Führer, que le national-socialisme reviendra ? » demandai-je. « Non. Le national-socialisme est mort. Peut-être que dans cent ans, une idée semblable verra le jour, avec la force d'une religion qui conquiert le monde entier. Mais l'Allemagne est perdue. Elle n'était sans doute pas assez mûre ni assez forte pour la mission que je lui avais fixée », dit le Führer sans s'occuper de nous, comme pour lui-même. Je ne le comprenais plus.

De l'autre côté, dans les pièces du bunker de la Nouvelle Chancellerie régnait un désordre incroyable. Là habitaient les officiers von Below, Fegelein, Burgdorf, Krebs, Hewel, le capitaine d'aviation Baur et l'Oberführer Rattenhuber, qui se languissaient de leur patrie bavaroise. Tous deux étaient, avec moi, les seuls originaires de Munich. Et puis, il y avait aussi l'amiral Voss, quelques officiers d'état-major inconnus et Heinz Lorenz, de la presse. Quelque part, Bormann avait ses quartiers avec ses collaborateurs. Dans les longs couloirs logeaient des soldats épuisés du Volksturm et de la Wehrmacht. Une cuisine roulante les ravitaillait en boissons chaudes et en soupe. Partout, des silhouettes endormies étaient étendues sur le sol, entre lesquelles circulaient des femmes, des réfugiées, des jeunes filles et des infirmières serviables, qui mettaient la main à la pâte quand il le fallait. Dans l'une des grandes pièces, une salle d'opération avait été sommairement aménagée. L'hôpital de la charité avait été bombardé, et son médecin-chef, Haase, travaillait jour et nuit, amputait, opérait, pansait et aidait où il le pouvait. Les lits qui avaient été installés partout où c'était possible ne suffisaient plus. Bientôt, il n'y eut plus de chemises ni de linge pour les blessés.

Le long couloir qui menait sous terre de cette partie de la Chancellerie au bunker du Führer était déjà troué par les balles en de nombreux endroits, le mince plafond s'était écroulé. Hitler souhaitait que Mme Christian et moi soyons aussi près de lui la nuit. Quelques matelas furent étalés sur le sol de la petite salle de conférence, nous dormions quelques heures avec nos vêtements et, dehors, devant la porte à moitié ouverte, les officiers Krebs, Burgdorf, Bormann, etc. étaient allongés dans des fauteuils, ronflaient et attendaient l'armée de Wenck ! Au lieu de cela, c'était l'enfer au-dessus de nous. Le pilonnage atteignit son apogée les 25 et 26 avril ; les tirs claquaient sans interruption, et chacun semblait viser directement notre bunker. Brusquement, une sentinelle entra en courant et annonça : « Les Russes tirent déjà à la mitrailleuse sur l'entrée. » Mais sa nouvelle ne suscita pas de réaction chez ceux qui attendaient, apathiques. Finalement, il s'avéra que c'était une erreur. Seul un simple tir d'artillerie était passé tout près. Encore un délai de grâce ! Je ne sais plus comment j'occupais les heures. On fumait partout et beaucoup, peu importait que le Führer soit présent ou non. Les épais nuages de fumée ne le dérangeaient plus, et Eva Braun ne cachait plus son « vice ». Quelquefois, un correspondant épuisé arrivait du front. La ligne de combat principale avançait de plus en plus vers la gare d'Anhalt. Maintenant, il nous semblait déjà entendre les cris des femmes et des enfants berlinois quand nous sortions et jetions un coup d'œil dans les flammes et la fumée. Nous apprîmes que des femmes allemandes étaient utilisées comme pare-balles par les blindés russes, et de nouveau nous n'envisagions que la mort comme seule issue.

Quand je pense aujourd'hui que l'on parlait exclusivement et avec une précision démoralisante, constamment et partout, de la meilleure façon de mourir, je ne comprends plus moi-même comment je peux vivre encore. Hitler avait appris la mort outrageante de Mussolini[1]. Je crois que quelqu'un lui avait même montré les photos des cadavres nus, pendus par les pieds au milieu de la place du marché de Milan. « Je ne veux tomber ni mort, ni vivant entre les mains des ennemis. Après ma mort, mon cadavre doit être brûlé et rester introuvable à jamais », décida Hitler. Et tandis que nous prenions nos repas machinalement, sans remarquer ce que nous mangions, nous parlions de la manière de mourir la plus sûre. « Le mieux est de se tirer une balle dans la bouche. Le crâne éclate, on ne s'aperçoit absolument de rien. La mort survient aussitôt », nous expliqua Hitler. Mais cette idée nous faisait frémir, nous, les femmes. « Je veux être un beau cadavre, dit Eva Braun, je prendrai du poison. » Et elle sortit de la poche de sa robe élégante une petite capsule en étain contenant une fiole de cyanure. « Est-ce que cela fait très mal ? J'ai tellement peur de souffrir longtemps, avoua-t-elle. Et si je suis déjà prête à mourir héroïquement, cela doit au moins se faire sans douleur. » Hitler nous expliqua que la mort par ce poison était complètement indolore. La mort survenait en quelques secondes par une paralysie des systèmes nerveux et

1. Benito Mussolini fut abattu avec sa maîtresse Clara Petacci le 28 avril 1945 par des résistants italiens, à Giulino di Mezzegra, près de Dongo, dans la province de Côme. Les corps furent accrochés à un échafaudage sur la place Loreto à Milan.

respiratoire. Cette prise de conscience « rassurante » nous engagea, Mme Christian et moi, à demander également au Führer une de ces ampoules. Il en avait reçu dix par Himmler, et quand nous le quittâmes après le repas, il nous en donna personnellement une à chacune avec ces mots : « Je suis vraiment désolé de ne pas pouvoir vous faire de plus beau cadeau d'adieu. »

26 avril. Nous sommes coupés du monde extérieur, plus qu'une liaison téléphonique avec Keitel. Et aucune trace de l'armée de Wenck ni de l'attaque de Steiner. Il est devenu certain qu'aucune armée ne sera capable de nous sauver. Maintenant, les Russes ont déjà pénétré dans le Tiergarten. Ils trouvent peu de résistance sur leur chemin vers le centre de la ville, et se rapprochent irrésistiblement de la gare d'Anhalt.

Dans le bunker, le Führer continue à vivre dans l'ombre. Sans repos, il erre à travers les locaux. Parfois, je me demande ce qu'il attend encore, pourquoi il n'en finit pas enfin, puisqu'il n'y a plus rien à sauver. Mais l'idée de son suicide me déçoit. Le « premier soldat du Reich » se suicide tandis que des enfants défendent la capitale. Une fois, je lui demande : « Mein Führer, ne pensez-vous pas que le peuple allemand attend que vous tombiez au combat à la tête de vos troupes ? » On peut maintenant parler de tout avec lui. Sa réponse est lasse : « Je ne suis physiquement plus en état de combattre. Mes mains tremblantes peuvent à peine tenir un pistolet. Si je suis blessé, je ne trouverai aucun de mes hommes pour m'abattre. Et je ne veux pas tomber entre les mains des Russes. » Il a raison. Sa main porte le couvert à sa bouche en tremblant, il ne se lève de son fauteuil qu'avec difficulté et, quand il marche, il traîne les pieds.

Eva Braun écrit des lettres d'adieu. Tous ses vêtements préférés, les bijoux de valeur et tout ce à quoi elle tenait a été envoyé à Munich. Elle aussi attend et souffre. Extérieurement, elle montre toujours le même sang-froid, presque de la gaieté. Mais soudain, elle vient me voir, me prend les mains et dit d'une voix tremblante et rauque : « Madame Junge, je suis terrorisée. Si seulement c'était enfin fini ! » Ses yeux montrent tout le tourment caché de son cœur. Elle s'étonne de ce que Hermann Fegelein ne s'occupe plus du tout d'elle. Elle ne l'a plus vu ce deux derniers jours. Et depuis quelque temps, elle avait l'impression qu'il l'évitait. Elle me demande si je l'ai croisé. Non, Fegelein n'était pas dans le bunker ce jour-là. Personne ne sait où il est. On le cherche, mais il demeure introuvable. Peut-être est-il allé en reconnaissance sur le front ? Les officiers qui partagent un local avec lui dans la Nouvelle Chancellerie ne le savent pas. Le 27 avril, Hitler aussi veut voir Fegelein. À présent, le service de sécurité suit sa trace. Dans la nuit, le général SS est de retour à la Chancellerie, mais sans ordres et sans décorations, en civil et complètement ivre. Je ne l'ai plus jamais revu. Mais Eva Braun me raconte, déçue et bouleversée, que Hermann lui a encore téléphoné la nuit précédente de son appartement privé. « Eva, il faut que tu quittes le Führer si tu n'arrives pas à le faire sortir de Berlin. Ne sois pas si bête, il s'agit maintenant de vie et de mort ! » Elle répond : « Hermann, où es-tu donc ? Viens ici tout de suite, le Führer te réclame, il veut te parler ! » Mais la liaison est coupée[1].

1. Hitler supposait que Hermann Fegelein, en tant qu'officier de liaison de Himmler, avait participé ou était du moins au courant des négociations de celui-ci avec le diplomate suédois et président de la Croix-Rouge suédoise, le comte Bernadotte.

Plus aucun journal ne paraît à Berlin. Seule la radio ne cesse de faire savoir que le Führer séjourne dans la ville infortunée, qu'il partage son destin et dirige personnellement la défense. Seule la petite société dans le bunker du Führer sait que Hitler s'est depuis longtemps retiré du combat et attend sa mort. De l'autre côté, dans le bunker de la Chancellerie, les soldats de la compagnie de garde jouent et chantent de vieux chants de combat, des infirmières et des femmes volontaires travaillent comme des possédées. Venus de toute la ville, des réfugiés, des auxiliaires hommes et femmes se rassemblent dans la Chancellerie. Il y a là des gens vivants, qui espèrent, luttent et travaillent encore. Mais le bunker du Führer est un cabinet de figures de cire. Et pourtant, ici aussi il y a encore quelque chose d'humain. C'est l'anniversaire de quelqu'un : le vieux Rattenhuber a soixante ans. Dans le corridor supérieur du bunker, où se trouvent tables et bancs et où le personnel prend ses repas, nous sommes assis et buvons un schnaps avec lui. Eva Braun d'un côté, moi de l'autre. Nous parlons de Munich, de la Bavière, et de la tristesse de devoir mourir si loin de notre patrie. « Justement chez les Prussiens », dit Rattenhuber, et ses yeux gais deviennent humides. Une fois encore, nous rions en essayant de tout oublier pendant quelques minutes.

Brusquement, des hommes arrivent dans le bunker. Des visages en partie étrangers, en partie connus. Une longue rangée se forme qui arrive jusque dans le bunker du Führer. Et puis nous voyons le Führer qui s'approche lentement. Courbé, la main gauche dans le dos, il tend la main à chacun, regarde tous les visages, et n'en voit pourtant aucun. Les yeux des gens s'allument, ils sont contents que le Führer les remercie et retournent à leur travail, fiers et rassérénés. Mais, nous sommes bien placés pour le savoir, ce n'est pas un remerciement pour leur courage et leur zèle, c'est l'adieu. Nous sommes devenus muets. Je demande à Eva Braun : « Est-ce qu'on en est déjà là ? » Mais elle répond : « Non, vous l'apprendrez avant. Le Führer vous fera aussi ses adieux. »

Cette nuit-là a même lieu un mariage. Une aide-cuisinière épouse un chauffeur de la colonne d'automobiles. Un chauffeur courageux est allé chercher la mère et la famille de la mariée dans l'enfer de la ville. Nous montons par des couloirs sombres dans les ruines de l'appartement du Führer. Quelque part se trouve une pièce haute, dans une demi-pénombre, où brûlent des bougies. C'est froid et lugubre. Il y a là des rangées de chaises et un podium. Le secrétaire d'État Naumann tient un discours, le couple réunit ses mains, et les orgues de Staline jouent là-dessus une musique qui fait frémir. Les murs et les fenêtres vibrent, on comprend à peine les paroles solennelles. Puis nous félicitons le jeune couple avant de revenir dans le bunker de la mort. Les invités célèbrent le mariage, l'un a un accordéon, l'autre un violon. Les mariés dansent – sur le volcan.

Je joue avec les enfants Goebbels, leur lis des contes en essayant de les tenir éloignés de toute l'horreur. Leur mère a à peine la force de s'amuser avec eux. La nuit, ils dorment tranquillement dans leurs six petits lits tandis que, dans le bunker, l'attente continue et que le sort fatal se rapproche de plus en plus.

Le 28 avril arrive le dernier grand choc pour Hitler. Il n'est pas encore au clair sur ce qui doit arriver à Hermann Fegelein, par qui il se sent abandonné et trahi, quand Heinz Lorenz, l'homme de la presse, apporte une nouvelle atterrante : selon un communiqué de Reuter, le Reichsführer SS Heinrich Himmler a mené des négociations avec les Alliés par l'intermédiaire du comte Bernadotte.

Je ne sais plus où je me trouvais quand la nouvelle atteignit Hitler. Il doit encore avoir pesté et ragé une dernière fois, mais quand je le revis, il était calme comme avant. Seule Eva Braun avait les yeux gonflés de larmes car son beau-frère avait été condamné à mort. Dans le parc du ministère des Affaires étrangères, sous les arbres en fleurs, près de la mignonne statue de bronze, il avait été abattu comme un chien. Elle avait encore essayé d'expliquer à Hitler combien il était humain de la part de Fegelein d'avoir pensé à sa femme, à l'enfant et de vouloir tenter d'accéder à une nouvelle vie. Mais Hitler s'était montré inflexible. Il ne voyait plus que trahison et tromperie. Le « fidèle Heinrich », qu'il considérait comme un roc de loyauté au milieu de l'océan de faiblesse et de félonie, l'avait lui aussi abusé. Tout à coup, le geste de Fegelein revêtait un autre aspect : il avait participé à une conjuration. Hitler avait une idée épouvantable des intentions de Himmler. Peut-être voulait-il entreprendre un attentat contre lui ? Le livrer vivant à l'ennemi ? Maintenant, il se méfiait de toutes les personnes de l'entourage de Himmler encore près de lui, et même du poison que Himmler lui avait donné. Le Dr Stumpfegger, blême et maigre, qui vivait avec lui dans le bunker, était encore plus silencieux qu'avant. La méfiance de Hitler se dirigeait aussi contre lui.

C'est pourquoi on alla chercher le professeur Haase dans le bunker d'opérations de la Nouvelle Chancellerie. Nous vîmes le Führer parler avec lui, lui donner une des ampoules de poison puis le suivre dans le petit vestibule près des toilettes, où Blondi était à l'abri avec ses petits. Le médecin se pencha sur le chien, une petite vague d'odeur d'amande douce-amère nous parvint, puis Blondi ne bougea plus. Hitler revint. Son visage ressemblait à son propre masque mortuaire. Sans un mot, il s'enferma dans sa chambre. Le poison de Himmler était authentique !

Hanna Reitsch et le général Greim s'apprêtèrent à s'envoler. [...] Après un long entretien avec Hitler, ils quittèrent le bunker. Nous, les femmes, nous réfugiâmes dans la chambre d'Eva Braun avec les enfants et les chiens. À présent, la décision était dans l'air. Nos nerfs étaient tendus à se rompre. Eva dit à Mme Christian et à moi : « Je parie que ce soir, vous allez encore pleurer. » Nous la regardâmes, effrayées : « Ça y est ? » Non, autre chose, nous allions vivre quelque chose d'émouvant, mais elle ne pouvait encore rien révéler, répondit-elle.

Je ne sais plus comment nous avons passé ces nombreuses heures, c'était comme un mauvais rêve. Je ne me rappelle plus aucune conversation, aucun détail. Qu'y avait-il encore à dire ? Maintenant, seul parlait encore le vacarme d'enfer provoqué par les bombes, les grenades, l'artillerie et les blindés. Bientôt, les Russes auraient atteint la Potsdamer Platz, peut-être dans quelques heures seraient-ils à notre porte. Dans le bunker, rien ne se produisait. Désœuvrés, les chefs de la nation étaient assis ensemble et attendaient la dernière résolution de Hitler. Même pour Bormann, toujours occupé, pour Goebbels, le zélé, il n'y avait plus rien à faire. Axmann, Hewel, Voss, les domestiques et les aides de camp, les ordonnances et le personnel, tous attendaient.

Il me semble presque invraisemblable que nous ayons encore pu manger et boire, dormir et parler. Nous le faisions machinalement, et je n'en ai gardé aucun souvenir.

Goebbels tenait de longs discours sur la déloyauté de ses collègues. Il était particulièrement scandalisé par le comportement de Göring. « Cet homme n'a jamais été un national-socialiste, affirma-t-il. Il ne faisait que se repaître de la splendeur du Führer, mais jamais il n'a vécu comme un national-socialiste ni un idéaliste. Il est responsable de la défaillance de la Luftwaffe, c'est à lui que nous devons d'être ici maintenant et de perdre la guerre. » Tout à coup, on s'apercevait que les deux grands avaient vécu dans une hostilité et une rivalité acharnées. Même Mme Goebbels se joignit à cette accusation contre le Reichsmarschall.

Pendant ces heures, nous étions devenus complètement indifférents. Nous avions abandonné l'attente. Le temps se traînait, las, il n'y avait qu'au-dessus de nous que crépitait et vrombissait la marmite de sorcière. Nous restions assis sans rien faire, parlions, fumions, végétions. Cela fatigue. La tension des derniers jours se relâche. Seul demeure un grand vide en moi. Je trouve quelque part un lit de camp et je dors une heure. Ce doit être le milieu de la nuit lorsque je me réveille. Dehors, dans le couloir et dans les locaux du Führer, il règne un va-et-vient affairé des domestiques et ordonnances. Je me lave, me change, il va être temps d'aller boire le thé avec le Führer. Nous continuons à prendre le thé avec lui. Et, toujours, la mort est l'invité invisible. Mais aujourd'hui, c'est une image inattendue qui m'accueille quand j'ouvre la porte du bureau de Hitler. Le Führer vient à ma rencontre, me tend la main et demande : « Vous êtes-vous un peu reposée, mon enfant ? » Quand j'acquiesce, surprise, il ajoute : « Je voudrais vous dicter quelque chose. » J'avais complètement oublié que cette voix fatiguée et faible m'avait précipitée dans des dictées si énergiques que je pouvais à peine suivre. Qu'avait-il encore à écrire maintenant ? Mon regard passe à côté de Hitler, retenu par la table de fête. Dressée aujourd'hui pour huit personnes, avec des verres à champagne. Déjà arrivent les invités, le couple Goebbels, Axmann, Mme Christian, Mlle Manziarly, ainsi que le général Burgdorf et le général Krebs s'approchent. Je suis curieuse de connaître la raison pour laquelle ils ont tous été convoqués. Hitler veut-il célébrer solennellement son adieu ? Il me fait alors un signe. « Peut-être pouvons-nous écrire tout de suite, venez », dit-il, et il quitte la pièce. L'un à côté de l'autre, nous nous rendons dans la salle de conférence. Je veux découvrir la machine à écrire, mais le Führer dit : « Prenez le bloc de sténographie. » Je m'assois seule à la grande table et j'attends. Hitler se tient à sa place habituelle du long côté de la table, s'y appuie des deux mains et fixe le plateau vide qu'aucune carte et aucun plan de la ville ne recouvrent plus. Si le béton, telle une membrane, ne faisait pas résonner impitoyablement en les amplifiant chaque impact, chaque détonation, on n'aurait pu entendre pendant quelques secondes que la respiration de deux personnes. Puis, brusquement, le Führer lance dans la pièce les premiers mots : « Mon testament politique. » Ma main tremble un instant. Je suis à nouveau extrêmement tendue. Ce que nous attendons depuis des jours arrive enfin : l'explication de ce qui s'est produit, un aveu, voire un aveu de culpabilité, peut-être une justification. Dans ce dernier document du « Reich millénaire » devait se trouver la vérité, connue par un homme qui n'avait plus rien à perdre.

Mais mon espérance est vite déçue. Froidement, presque mécaniquement, le Führer prononce des explications, des accusations et des revendications que je connais, que le peuple allemand et le monde entier connaissent. Je lève la tête, étonnée, quand Hitler énumère les membres du nouveau gouvernement. Je ne comprends plus rien du tout à présent. Si tout est perdu, si l'Allemagne est anéantie, le national-socialisme mort à jamais, si le Führer lui-même ne connaît pas d'autre issue que le suicide, que doivent alors faire encore les hommes qu'il nomme ? J'ai du mal à le saisir. Hitler parle et lève à peine les yeux. Il se tait un court moment et commence ensuite à dicter son testament privé. Et j'apprends alors qu'il va épouser Eva Braun avant que la mort les unisse tous les deux. Je me souviens en passant des paroles d'Eva Braun, selon lesquelles nous allions encore pleurer aujourd'hui. Mais je ne trouve pas de larmes. Le Führer répartit ses biens, mais, là, il mentionne soudain la possibilité de la fin de l'État après sa mort. Puis, la dictée est terminée. Il se détache de la table sur laquelle il s'est tout le temps appuyé comme pour essayer de se retenir, ses yeux trahissent subitement une expression d'épuisement et de persécution. « Tapez-moi ça tout de suite, en trois exemplaires, et venez chez moi après. » Il y a quelque chose de pressant dans sa voix et, surprise, je saisis que le dernier écrit de Hitler, le plus important et le plus décisif, doit partir dans le monde entier sans corrections, sans remaniements sérieux. Chaque lettre d'anniversaire à un quelconque Gauleiter, un artiste, etc. était peaufinée, améliorée, corrigée, Hitler n'en a plus le temps maintenant.

Le Führer regagne sa soirée qui, dans peu de temps, sera une soirée de noce. Je m'assois dans la salle de réunion qui se trouve devant le bureau de Goebbels, où je pense être seule, et j'écris la dernière page de l'histoire du Troisième Reich. Entre-temps, la salle de conférence est devenue une mairie, un officier d'état civil que l'on est allé chercher sur le front proche a marié le couple Hitler, Eva a commencé à signer avec un B et il a fallu lui faire remarquer que son nouveau nom commence par un H. Et la noce se rassemble ensuite dans le bureau de Hitler. À quoi vont-ils lever leurs verres de champagne ? Au bonheur du couple de jeunes mariés ?

Le Führer est impatient de lire ce qui est écrit. Il revient sans cesse dans mon bureau, regarde où j'en suis, ne dit rien, mais jette un regard inquiet sur le reste de mon sténogramme et ressort.

Soudain, Goebbels fait irruption. Je regarde, surprise, son visage excité, blanc comme de la craie. Des larmes roulent sur ses joues. Il s'adresse à moi parce qu'il n'y a personne d'autre à qui il puisse vider son cœur. La voix claire est étouffée par les larmes et bouleversée : « Le Führer veut m'ordonner de quitter Berlin, madame Junge ! Je dois assumer un poste de direction dans le nouveau gouvernement. Mais je ne peux pourtant pas quitter Berlin et m'éloigner de lui ! Je suis Gauleiter de Berlin et ma place est ici. Si le Führer est mort, ma vie n'a pas de sens. Et il me dit : “Goebbels, je ne m'attendais pas à cela de vous, que vous non plus n'obéissiez pas à mon dernier ordre...” Le Führer a pris tellement de résolutions trop tard, pourquoi celle-ci, la dernière, trop tôt ? », demande-t-il, désespéré.

Puis lui aussi me dicte son testament, qui doit être joint comme codicille à celui du Führer : pour la première fois de sa vie, il ne va pas exécuter un ordre du Führer, il ne peut pas abandonner sa place à côté du Führer. Pour l'avenir, un exemple de loyauté aurait plus de valeur qu'une vie maintenue... Et lui aussi déclare au monde qu'il préfère la mort avec toute sa famille à la vie dans une Allemagne sans national-socialisme.

J'écris les deux documents aussi vite que possible. Mes doigts travaillent mécaniquement, et je suis étonnée de ne commettre presque aucune faute de frappe. Bormann, Goebbels ainsi que le Führer entrent à tout instant pour voir si j'ai fini, ils me rendent nerveuse et retardent le travail. Finalement, ils m'arrachent presque la dernière feuille de la machine, retournent dans la salle de conférence, signent les trois exemplaires et, la nuit même, les documents partent par courrier dans différentes directions. Le colonel von Below, Heinz Lorenz et Zander, le collaborateur de Bormann, emportent hors de Berlin les dernières volontés de Hitler[1].

Après cela, la vie de Hitler à proprement parler est finie. À présent, il veut seulement attendre la confirmation qu'au moins l'un des documents est parvenu à son destinataire. Nous attendons à tout instant l'assaut des Russes sur notre bunker, tant les bruits de guerre se sont rapprochés. Tous nos chiens sont morts. Le maître-chien a accompli son dernier devoir et abattu nos favoris avant qu'une grenade ou une bombe ennemie ne les déchiquette là-haut dans le parc.

Celui des gardes ou des soldats qui doit encore sortir à l'air libre joue avec sa vie. Il y a déjà des blessés parmi nos gens. Le chef du commando a une balle dans la jambe et ne peut plus bouger de douleur.

Presque plus personne ne pense aux cinq petites filles blondes et au garçon brun qui continuent à jouer là-haut dans leur chambre et sont contents de leur vie. Leur mère leur a dit qu'il était possible de les faire vacciné. Quand tant de gens habitent ensemble dans un espace étroit, il faut se protéger des maladies. Ils le comprennent et ne s'inquiètent pas.

29 avril. Nous sommes prisonniers et attendons.

---

1. Le colonel von Below devait apporter un duplicata du testament à Wilhelm Keitel, Heinz Lorenz, un deuxième à Munich, à la « Maison brune », et Wilhelm Zander le troisième à Karl Dönitz.

Le 30 avril commence comme les jours précédents. Les heures s'écoulent lentement. Personne ne sait plus comment s'adresser à Eva Braun. Les aides de camp et les ordonnances bégaient avec embarras quand ils doivent aborder « Mademoiselle ». « Vous pouvez m'appeler Madame Hitler », dit-elle en souriant.

Elle m'invite dans sa chambre, elle ne peut pas toujours rester seule avec ses pensées. Nous parlons de n'importe quoi pour nous distraire. Soudain, elle ouvre son armoire. Là est accroché le beau manteau en renard argenté qu'elle aime tant. « Madame Junge, je voudrais vous offrir ce manteau en cadeau d'adieu, dit-elle. J'ai toujours tant aimé avoir des dames bien habillées autour de moi, maintenant, c'est à vous de l'avoir et de vous en réjouir. » Émue, je la remercie cordialement. Je suis contente, même si je me demande comment, où et à quelle occasion je pourrai le porter. Puis nous déjeunons avec Hitler. La même conversation qu'hier, avant-hier, que depuis des jours : le banquet de la mort sous le masque d'un sang-froid et d'un calme sereins. Nous nous levons de table, Eva Braun se rend dans sa chambre, Mme Christian et moi cherchons un endroit pour fumer une cigarette. Je trouve un fauteuil vide dans la pièce des domestiques, à côté de la porte ouverte du couloir de Hitler. Il doit être dans sa chambre. Je ne sais pas qui est chez lui. Günsche s'approche alors de moi : « Viens, le Führer veut faire ses adieux. » Je me lève et sors dans le couloir. Linge amène les autres, Mlle Manziarly, Mme Christian, je perçois vaguement qu'il y a d'autres gens. Je ne vois que la personne de Hitler. Il sort très lentement de sa chambre, plus courbé que jamais, apparaît à la porte ouverte, et tend la main à chacun. Je sens sa main droite chaude dans la mienne, il me regarde mais il ne me voit pas. Il semble être très loin. Il me dit quelque chose, mais je ne l'entends plus. Je n'ai pas compris ses derniers mots. Maintenant, le moment que nous avions attendu est arrivé, je suis paralysée et remarque à peine ce qui se passe autour de moi. Ce n'est qu'à l'instant où Eva Braun vient vers moi que la fascination se rompt un peu. Elle sourit et me serre dans ses bras. « Je vous en prie, essayez quand même de sortir, peut-être pouvez-vous encore passer. Et puis, saluez la Bavière pour moi », dit-elle en souriant et avec pourtant un sanglot dans la voix. Elle porte la robe préférée du Führer, la noire avec les roses dans le décolleté, ses cheveux sont lavés et joliment coiffés. Elle suit ainsi le Führer dans sa chambre – dans la mort. La lourde porte se referme.

Je suis brusquement saisie d'une impulsion effrénée : partir d'ici aussi loin que possible. Je m'enfuis presque par les escaliers qui mènent à la partie supérieure du bunker. Mais à mi-hauteur sont blottis, perdus, les enfants Goebbels. Ils se sentent oubliés dans leur chambre, personne ne leur a donné leur déjeuner aujourd'hui. Ils veulent à présent aller à la recherche de leurs parents, de Tante Eva et d'Oncle Hitler. Je les conduis à la table ronde. « Venez avec moi, les enfants, je vais vous donner quelque chose à manger. Les adultes ont tant à faire aujourd'hui qu'ils n'ont pas du tout de temps pour vous », dis-je aussi légèrement et calmement que possible. Je vais chercher un bocal de cerises, je prépare vite quelques tartines et nourris les petits, leur parle et les distrais. Ils parlent de la sécurité du bunker. Cela leur fait presque plaisir d'entendre les explosions dont ils savent qu'elles ne peuvent rien leur faire. Soudain, un coup de feu claque, si fort, si près que nous devenons tous muets. Le bruit se propage à travers toutes les pièces. « Ça, c'était un coup au but », s'écrie Helmut, et il ne se doute pas combien il a raison. Maintenant, le Führer est mort [1].

Je veux être seule. Les enfants, satisfaits, se retirent à nouveau dans leur chambre. Je demeure assise, solitaire, sur le banc étroit devant la table ronde du palier. Il y a là une bouteille de Steinhäger, un verre vide à côté. Mécaniquement, je le remplis et le vide d'un trait. Ma montre indique trois heures de l'après-midi passées de quelques minutes. C'est donc arrivé à présent.

Je ne sais pas combien de temps je reste ainsi. Des bottes d'hommes sont passées devant moi, je ne l'ai pas remarqué. Puis la grande et large figure d'Otto Günsche monte l'escalier et, avec lui, un nuage d'odeur d'essence. Son visage est d'un gris de cendre, les traits jeunes et frais sont creux. Il se laisse tomber lourdement près de moi, prend également la bouteille, sa grande main tremble. « J'ai exécuté le dernier ordre du Führer… son corps est brûlé », dit-il à voix basse. Je ne réponds rien, je ne demande rien.

Il redescend pour voir si les cadavres se calcinent intégralement. Pendant un moment, je reste assise sans bouger, j'essaie d'imaginer ce qu'il peut encore se passer maintenant. Puis je suis subitement poussée quand même à descendre dans les deux pièces vides. En bas, dans le dernier tronçon du couloir, la porte de la chambre de Hitler est encore ouverte. Les porteurs du corps n'avaient pas de main libre pour la fermer. Sur la table se trouve le petit revolver d'Eva, à côté, un tissu de crêpe rose et, par

---

1. Traudl Junge pense avoir entendu la détonation. Des experts ont tenté de reconstruire le déroulement du suicide de Hitler et sont arrivés à la conclusion suivante : « […] Mme Junge était à cet instant éloignée dans l'escalier qui allait d'en bas jusqu'à la partie supérieure du bunker. Cette soi-disant "perception" devrait avoir été une illusion à cause des moteurs diesel qui tournaient ainsi que des violents bombardements permanents sur la Chancellerie. »

terre, près de la chaise de Mme Hitler, je vois briller l'étui en étain de l'ampoule de poison. Cela ressemble à un tube de rouge à lèvres vide. Le capitonnage à motifs bleus et blancs du siège de Hitler est taché de sang : le sang de Hitler. Je me sens mal tout à coup. La lourde odeur d'amande amère me dégoûte. Instinctivement, je cherche ma propre ampoule. Je voudrais la jeter aussi loin que possible et quitter cet épouvantable bunker. Maintenant, il faudrait pouvoir respirer de l'air clair et frais, sentir le vent et entendre les arbres frémir. Mais la liberté, le calme et la paix sont hors d'atteinte.

Soudain, je sens monter en moi quelque chose comme de la haine et une rage impuissante contre le Führer mort. J'en suis moi-même surprise, car je savais bien qu'il allait nous quitter. Mais ce vide et ce désarroi dans lesquels il nous a laissés ! À présent, il est simplement parti, et avec lui a aussi disparu la pression hypnotique sous laquelle nous avions vécu.

Des pas arrivent maintenant vers la porte d'entrée. Les derniers supports du Reich qui ont participé à l'incinération sont de retour. Goebbels, Bormann, Axmann, Hewel, Günsche, Kempka. Je ne veux voir personne et je retourne de l'autre côté par le couloir troué de balles dans ma pièce de bunker de la Nouvelle Chancellerie. D'autres femmes se sont aussi installées là entre-temps. Des secrétaires des aides de camp, que je connais également. Elles ne savent pas encore ce qui s'est passé, parlent de résistance et de bravoure, rient et travaillent. Comme si cela valait encore la peine ! Mes valises sont toutes là, soigneusement bouclées, avec mes affaires, mes livres et cadeaux de mariage. Je voulais les avoir en sécurité et toujours près de moi. Désormais, ils ne m'appartiennent plus. Je ne peux plus rien emporter.

Nulle part dans cette horrible grande maison on ne trouve un endroit isolé. Je me jette sur mon lit de camp et cherche une idée raisonnable. C'est sans espoir, et finalement je m'endors.

Tard dans la nuit, je me réveille. Mes compagnes du bunker se mettent au lit pour dormir quelques heures. Elles ne savent toujours pas que le Führer est mort. On ne peut parler avec personne. Je retourne en face dans le bunker du Führer. Toute la société des survivants y est rassemblée. D'un seul coup, ils sont redevenus des individus qui agissent et pensent par eux-mêmes. Ils sont tous assis ensemble et discutent, Mme Christian et Mme Krüger sont là aussi. Les yeux gonflés de larmes, la jeune Mlle Manziarly est assise dans un coin. Ce 30 avril, elle devait préparer un dîner pour le Führer comme d'habitude, pour que la mort puisse encore être tenue secrète. Mais personne n'a mangé les œufs au plat ni la purée de pommes de terre.

On débat de ce qu'il y a encore à faire maintenant. Le général Krebs doit aller en tant que parlementaire au quartier général russe et proposer la capitulation totale, à la condition que tous les occupants du bunker reçoivent un sauf-conduit. Tard dans la nuit, il se met en route avec un accompagnateur. Nous autres attendons, avec du café, du schnaps et des conversations vides de sens. Je voudrais sortir de ce bunker, je ne veux pas attendre que les Russes arrivent et trouvent mon cadavre dans cette souricière ! J'entends Otto Günsche parler avec le général Mohnke. Ils veulent conduire une troupe de combat et s'échapper de la Chancellerie. Il n'y a aucun espoir de pouvoir réchapper vivant de cette entreprise, mais c'est mieux que le suicide dans ce piège. Presque malgré nous, Mme Christian et moi disons d'une seule voix : « Emmenez-nous ! » Un bref regard de pitié et de compréhension tombe sur nous, puis les deux hommes acquiescent. Pour l'heure, nous attendons ce que Krebs va rapporter[1].

L'attente est longue. Entre-temps, le premier mai est arrivé. Un grand jour de fête ! Hitler n'avait pas pu l'attendre, il avait cru que c'était le jour que les Russes voulaient célébrer avec l'assaut de la Chancellerie. Mais la fusillade n'est pas aussi intense ce jour-là que les jours précédents.

J'emmène Otto Günsche à part et cherche un coin tranquille où l'on peut parler sans être dérangé. Maintenant, je veux savoir comment le Führer est mort. Et Günsche est content de pouvoir parler : « Nous avons encore une fois salué le Führer, puis il est allé dans sa chambre avec Eva et a fermé la porte. Goebbels, Bormann, Axmann, Hewel, Kempka et moi étions dans le couloir et nous attendions. Cela a duré peut-être dix minutes, qui nous ont semblé une éternité avant que le coup de feu ne déchire le silence. Quelques secondes après, Goebbels a ouvert la porte, et nous sommes entrés. Le Führer s'était tiré une balle dans la bouche et, en plus, il avait croqué une ampoule. Le crâne avait éclaté et était épouvantable. Eva Braun n'a pas utilisé son pistolet, mais n'a pris que le poison. Nous avons enveloppé la tête du Führer dans une couverture et Goebbels, Axmann et Kempke ont monté le cadavre par les nombreuses marches dans le parc. J'ai pris le corps d'Eva Braun. Elle était lourde comme je ne l'aurais jamais cru de cette personne délicate. En haut, dans le parc, à quelques pas de l'entrée du bunker, nous avons allongé les deux cadavres l'un à côté de l'autre. Nous ne pouvions pas

1. Dans la nuit du 30 avril au 1er mai 1945, sur ordre de Joseph Goebbels, le général Hans Krebs mena des pourparlers de capitulation avec le général russe Vassili I. Tchuikov.

aller loin tant les tirs étaient forts, nous avons donc choisi un cratère d'obus tout près. Puis Kempka et moi avons versé de l'essence sur les corps, et j'ai lancé depuis l'entrée un chiffon allumé. Aussitôt, les deux cadavres étaient en flammes… »

Günsche se tait, et je médite sur la fragilité des hommes : encore quelques jours auparavant, l'homme le plus puissant du Reich, et maintenant, un petit tas de cendres qui se dissipe à tous vents. Je ne doutai pas un instant des paroles de Günsche. On ne peut pas feindre son émotion profonde, et surtout pas lui, ce garçon simple et costaud. Et où aurait pu être le Führer ? Pas de véhicule, pas d'avion, plus rien n'était accessible, aucun passage souterrain secret ne menait du bunker à l'extérieur, vers la liberté. Et Hitler ne pouvait même plus marcher correctement, son corps ne lui obéissait plus…

Enfin, Krebs apparaît. Il semble exténué et las, et nous n'avons nullement besoin de demander quelle nouvelle il apporte. Sa proposition a été rejetée. Nous nous préparons donc à partir. Goebbels annonce maintenant à la radio que le Führer est mort, « tombé à la tête de ses troupes ». Dans toute la maison, les autres occupants des bunkers le savent aussi à présent. […] On vide maintenant les grandes réserves de provisions faites par l'intendant. Il y a à peine assez de preneurs pour les nombreuses conserves, bouteilles de vin, de champagne et de schnaps et le chocolat. Ces choses ont désormais perdu de leur valeur. Mais chacun se fait donner une arme par le chef du détachement d'escorte. Nous aussi, les femmes, recevons chacune un pistolet. Nous ne devons pas tirer, nous dit-on, seulement en dernière extrémité. Puis nous nous faisons donner des vêtements pratiques. Nous devons aller dans le magasin de l'autre côté, à l'arrière du bunker, sur la Vosstrasse. Il faut traverser la salle d'opérations. Je n'ai encore jamais vu de cadavre auparavant, et je me suis toujours sauvée à la vue du sang. À présent, je vois deux soldats morts, les yeux vides, affreusement abîmés, étendus sur des civières. Le professeur Haase ne lève pas la tête à notre arrivée. En sueur et concentré, il travaille à l'amputation d'une jambe. Il y a partout des seaux avec du sang et des membres humains. Les scies traversent les os en crissant. Je ne vois ni n'entends rien, les images ne pénètrent plus dans ma conscience. Mécaniquement, dans le local attenant, je me laisse mettre dans la main un casque d'acier, un pantalon et une courte veste, j'essaie des bottes, et je reviens dans l'autre bunker.

Les nouveaux habits me pendent sur le corps, étrangers. Maintenant, les messieurs aussi sont habillés en tenue de campagne. Beaucoup ont ôté leurs épaulettes et décorations. Le commandant de bord Baur place la toile du « grand Frédéric », qu'il a détachée du cadre, dans un cylindre. Il veut l'emporter en souvenir. Hewel hésite. Il a toujours été indécis. Maintenant, il ne sait pas où il doit mourir, s'il doit prendre son poison ou se joindre à notre groupe de combat. Il se décide pour la dernière solution, tout comme l'amiral Voss. Bormann, Naumann, Kempka, Baur, Schwägermann, Stumpfegger, tous veulent aussi sortir.

Je pense tout à coup aux enfants. Mme Goebbels s'est enfermée dans sa chambre. Les enfants sont-ils encore avec elle ? Une fille de cuisine ou une femme de chambre s'étaient proposées pour emmener les enfants. Les Russes ne leur feraient peut-être rien. Mais je ne sais pas si Mme Goebbels a accepté cette offre.

Nous restons assis et attendons le soir. Seul Schädle, le chef blessé du détachement d'escorte, s'est déjà tiré une balle. Brusquement s'ouvre la porte qui donne sur les locaux de Goebbels. Une infirmière et un homme en manteau blanc en sortent une énorme et lourde caisse. Une deuxième suit. Mon cœur s'arrête un instant. Instinctivement, je pense aux enfants. La taille de la caisse pouvait correspondre. Mon cœur insensible est donc encore capable d'éprouver quelque chose, et j'ai une grosse boule dans la gorge.

Krebs et Burgdorf se lèvent, lissent leurs vestes d'uniformes, tendent la main à chacun pour prendre congé. Ils ne veulent pas partir mais se tuer ici. Ensuite, ils sortent et s'isolent de ceux qui veulent continuer à attendre. Nous devons encore patienter jusqu'à la tombée de la nuit. Goebbels, agité, déambule en fumant, comme un propriétaire d'hôtel qui attend, discret et silencieux, que les derniers clients quittent le local. Il ne se plaint plus et ne peste plus. Enfin, c'est l'heure. Nous lui tendons tous la main. Avec un sourire crispé, il me souhaite bonne chance. « Peut-être vous en sortirez-vous », dit-il à voix basse, cordialement. Mais je secoue la tête avec doute. Nous sommes déjà complètement encerclés par l'ennemi, les blindés russes sont sur la Potsdamer Platz…

L'un après l'autre, nous quittons ce lieu de l'horreur. Pour la dernière fois, je passe devant la porte de Hitler. Là, sur le portemanteau en fer, le modeste manteau gris est suspendu comme d'habitude, avec sa grande casquette portant l'insigne de souveraineté et ses gants de daim clair par-dessus. La laisse pend à côté : on dirait une potence. J'aimerais emporter les gants en souvenir, au moins l'un des deux. Mais ma main tendue retombe, je ne sais pas pourquoi. Dans l'armoire de la chambre d'Eva est accroché mon manteau de renard bleu. Sa doublure porte le monogramme doré E.B. Il ne peut pas me servir, plus rien ne peut me servir en dehors du pistolet et du poison.

Nous passons ainsi dans la grande cave à charbon de la Nouvelle Chancellerie. Otto Günsche nous guide à travers la cohue ; avec ses larges épaules, il fraye un chemin à nous, les quatre femmes (Mme Christian, Mlle Krüger, Mlle Manziarly et moi) entre les soldats qui sont prêts à se mettre en marche. Parmi eux, je vois les visages connus de Bormann, Baur, Stumpfegger, Kempka, Rattenhuber, Linge, tous coiffés de casques de fer. Nous nous faisons un signe de tête, et je n'ai plus jamais revu la plupart d'entre eux.

Puis nous attendons dans notre salle du bunker que l'on vienne nous chercher. Nous avons détruit tous nos papiers. Je n'emporte pas d'argent, pas de vivres, pas de vêtements, seulement des cigarettes et quelques photos dont je ne peux pas me séparer. Toutes les autres femmes se préparent de petites sacoches et sachets. Elles aussi veulent tenter de traverser l'enfer. Seules les infirmières restent là.

Il est peut-être huit heures et demie du soir. Nous devons former le premier groupe qui va quitter le bunker. Quelques soldats étrangers du bataillon de garde, nous, les quatre femmes, Günsche, Mohnke, Hewel et l'amiral Voss se poussent parmi la foule qui attend, le long des couloirs souterrains. Nous montons des escaliers à moitié détruits, de plus en plus haut à travers des murs troués et des ruines, et c'est l'extérieur. Enfin, le vaste espace de la Wilhelmplatz étincelle à la lumière de la lune. Le cheval mort est toujours étendu sur le pavé. Mais ce n'est plus qu'une dépouille. Des gens affamés sortis des tunnels de métro ont découpé des morceaux de viande…

Nous traversons la place en silence. Des coups isolés claquent ; au loin, les tirs sont plus forts. Puis nous avons atteint la bouche de métro devant les ruines du Kaiserhof, nous descendons et nous progressons de plus en plus dans le tunnel obscur, passant au-dessus de blessés et de sans-abris, à côté de soldats endormis, jusqu'à la gare de la Friedrichstrasse. C'est là que la bataille est terminée, et c'est là que l'enfer commence. Il faut que nous traversions, et nous y parvenons. Tout le groupe de combat arrive indemne de l'autre côté de la trajectoire du tramway. Des centaines de tireurs d'élite tirent sur ceux qui nous suivent.

Pendant des heures, nous rampons à travers des soupiraux, des maisons en flammes, des rues sombres et étrangères ! Quelque part dans une cave abandonnée, nous faisons halte, dormons quelques heures. Puis nous continuons, jusqu'à ce que des chars russes barrent la route. Aucun d'entre nous n'a d'arme lourde, nous n'avons que des pistolets. La nuit se passe ainsi et, le matin, c'est le calme. Les tirs ont cessé. Nous n'avons pas encore vu de soldat russe. Finalement, nous nous retrouvons dans la vieille cave à bière d'une brasserie, qui est maintenant utilisée comme bunker. C'est ici la dernière halte. C'est ici que se trouvent les blindés russes, et il fait jour. Nous parvenons encore dans le bunker sans être vus. En bas, Mohnke et Günsche s'assoient dans un coin et commencent à écrire. Hewel s'allonge sur l'une des couchettes, fixe le plafond et se tait. Il ne veut pas continuer. Deux soldats ramènent à l'intérieur Rattenhuber, blessé. Il a reçu une balle dans la jambe, il a de la fièvre et délire. Un médecin le soigne, l'étend sur un lit de camp. Rattenhuber sort son pistolet, enlève la sûreté et le pose à côté de lui.

Un général entre dans le bunker, découvre le commandant de défense Mohnke et parle avec lui. Nous apprenons que nous nous trouvons dans le dernier nid de résistance de la capitale du Reich. À présent, les Russes ont complètement encerclé le complexe de la brasserie et exigent la reddition. Mohnke rédige un dernier rapport. Il reste encore une heure. Nous autres sommes assis et fumons. Tout à coup, il lève la tête, regarde les femmes et nous dit : « Maintenant, il faut que vous aidiez. Nous portons tous un uniforme, aucun de nous ne sortira plus d'ici. Mais vous, vous pourriez essayer de traverser, d'aller trouver Dönitz et de lui transmettre ce dernier rapport. »

Je ne veux plus continuer, mais Mme Christian et les deux autres me pressent, me secouent, et je finis par les suivre. Nous laissons là les casques de fer et les pistolets. Nous enlevons aussi les vestes militaires. Puis nous tendons la main aux hommes, et partons.

Dans la cour de la brasserie, une compagnie de SS, immobile et de marbre, se tient à côté de ses véhicules et attend les ordres pour la dernière attaque. Le Volkssturm, les hommes de l'Organisation Todt et les soldats jettent leurs armes sur un tas et sortent pour aller vers les Russes. À l'autre bout de la cour, les soldats russes distribuent déjà du schnaps et des cigarettes à des soldats allemands, invitent à la reddition, fêtent la fraternisation. Nous passons à travers comme si nous étions invisibles. Puis nous nous trouvons à l'extérieur du cercle, au beau milieu des hordes sauvages de vainqueurs russes, et je peux enfin pleurer. Vers où devons-nous nous tourner ? Je n'avais encore jamais vu de morts, ils étaient maintenant étendus partout. Personne ne s'en occupait. Il y avait encore des tirs isolés. Parfois, les Russes mettaient le feu à des maisons et cherchaient des soldats cachés. À tous les coins de rue, nous étions menacées. Je continuai à errer, longtemps et sans espoir, jusqu'à échouer dans une prison russe. Quand la porte de la cellule se ferma derrière moi, je n'avais plus mon poison [1]. Et pourtant, je vivais encore.

Une période épouvantable et terrible allait commencer, mais je n'avais plus envie de mourir. J'étais devenue curieuse de ce que l'homme pouvait encore avoir à vivre. Et le destin me fut clément. Comme par miracle, j'échappai au transport à l'Est. La bonté désintéressée d'un seul homme m'en a préservée. Après de longs mois, je pus enfin rentrer à la maison, et construire une nouvelle vie.

1. Comme elle le raconte dans l'entretien avec Melissa Müller, le poison ne fut enlevé à Traudl Junge que lors d'une visite de cellules dans l'établissement de détention pour femmes et jeunes de Lichtenberg.

Chronologie d'un travail sur la culpabilité – 2001

par Melissa Müller

Depuis les années cinquante ne cessent de paraître les récits du genre « j'y étais » d'anciens responsables du Troisième Reich, justifications d'amis de Hitler, idéalisations de ses soutiens intellectuels. Des aveux plus ou moins sincères, raillés par les critiques comme mémoires de quatre sous.

« La vieille Junge[1] à l'appareil. » Traudl Junge est au téléphone. Elle appelle pour – une fois encore – faire part de ses doutes. À quoi bon *encore* un titre sur le national-socialisme ? Pourquoi faire étalage de sa maîtrise personnelle du passé ? Et pourquoi justement maintenant ?

C'est devenu une routine pour elle que de donner des informations sur Hitler et Eva Braun. Depuis cinquante ans, elle a répondu de manière répétée aux historiens et journalistes. Mais elle a évité jusqu'à présent

1. Junge = « jeune ». *(N.d.T.)*

de rendre publique sa propre vie. Cela tient probablement au fait qu'elle-même n'a pas définitivement fini d'assimiler à l'événement-clef de son existence – ces deux ans et demi à proximité immédiate d'Adolf Hitler – et les contradictions qui l'accompagnent.

Traudl Junge a servi un régime criminel, mais n'a jamais participé aux actions meurtrières des nazis. Cela ne l'excuse certes pas, mais il faut en tenir compte si l'on veut comprendre ce qui s'est passé. Tout en ayant été si proche de l'événement, elle ne cadre pas dans le schéma de pensée de ces hommes qui se divisent entre canailles nationales-socialistes et héros antifascistes.

Elle ne s'est jamais plainte, dit-elle, même dans les heures et les journées chaotiques de l'effondrement du Troisième Reich. « Ce serait le comble », peut penser le lecteur. Cela la différencie pourtant non seulement de beaucoup de ses collègues les plus proches de l'époque, mais aussi de la grande masse de contemporains qui se désignèrent ultérieurement comme « victimes ». « C'était une période difficile… » « C'est que c'était la guerre… » Des formules qui, après 1945, en aidèrent beaucoup à refouler ou du moins à minimiser la réalité de la persécution des juifs, des camps de concentration et d'autres atrocités nationales-socialistes. Ils avaient vécu la « guerre totale » et ses destructions matérielles et morales comme un « effondrement total » et s'étaient consolés avec la fiction d'une « heure zéro ». Ils parlaient de « spectre écarté » et de « fascination rompue ». Ils rattachaient leurs espoirs à la nouvelle époque d'« après la guerre », coupables comme persécutés, suiveurs passifs ou aides exécutifs, comme Traudl Junge.

Elle ne s'est jamais sentie innocente après la guerre. Mais autant la honte et le regret des atrocités nazies la tourmentaient, autant il lui fut difficile de situer sa coresponsabilité au-delà d'une auto-accusation diffuse et abstraite. Sa défaillance personnelle, finit-elle par constater, fut d'avoir recours à l'aide d'Albert Bormann. En 1941, elle voulait à tout prix partir à Berlin, furieuse des difficultés que son employeur munichois avait mises sur son chemin, elle était obstinée et têtue. Pour atteindre son but – Berlin, et non pas la Chancellerie du Reich ou même Adolf Hitler –, elle fit taire en elle la voix qui la mettait en garde et lui avait très bien parlé : ne t'embarque pas dans le parti, cela ne *peut* pas bien se passer. Lorsque, finalement, après une série de hasards, elle se trouva devant Hitler, il était trop tard pour résister, dit-elle. Aujourd'hui, elle sait qu'elle s'est laissé éblouir par lui, non par ses intentions idéologiques et politiques, car elles ne l'intéressaient pas particulièrement, mais par l'homme. Elle ne minimise pas le fait de lui avoir servi de dame de compagnie tandis que lui-même et ses auxiliaires pratiquaient la « solution finale ». Elle avoue n'avoir rien su de l'ampleur de la persécution des juifs uniquement parce qu'elle ne voulait pas le savoir. Malgré tout, dans ses efforts pour retracer, après coup, les événements meurtriers ou même pour les mettre en relation avec sa personne, se glissent toujours les impressions immédiates vécues pendant cette époque auprès de Hitler qui, comme on peut le conclure de son manuscrit, furent essentiellement positives. Cela ne doit pas surprendre, c'est là finalement que se trouve le combat avec elle-même auquel Traudl Junge n'a mis fin qu'aujourd'hui : accepter que cet homme lui ait donné l'impression que son bien-être à elle lui tenait à cœur et qu'il ait en même temps causé le malheur de millions de personnes avec une volonté de destruction sans limites.

« L'effondrement total, les réfugiés, le malheur – bien entendu, j'ai rendu Hitler responsable de cela. Son testament, son suicide – à l'époque, j'ai commencé à le haïr. En même temps, j'ai ressenti une pitié folle, pour lui aussi. Mais quand l'amour pour un être, pour le conjoint par exemple, se change subitement en haine, on essaie aussi, en général, de conserver les souvenirs de la période agréable des débuts. Ce devait être semblable en ce qui concernait mes relations avec Hitler… Il n'avait pas de rayonnement érotique sur moi, mais je voulais naturellement lui plaire. C'était un ami paternel, il me donnait une impression de sollicitude et de sécurité. Dans le quartier général du Führer, là-bas, au milieu de la forêt, je me suis sentie à l'abri dans cette communauté, avec cette "figure du père". J'en conserve un souvenir chaleureux. Cette impression d'être à ma place quelque part, je ne l'ai plus jamais rencontrée par la suite. »

Pendant les mois mouvementés qui suivent le suicide de Hitler et la fin de la guerre, elle se sent personnellement déçue par « son Führer ». En janvier 1945 encore, dans une lettre à sa mère et à sa sœur, elle s'en était faite l'écho : « […] *je vais bien et il n'y a justement rien d'autre que vaincre ou tomber* ». Puis il s'était lâchement retiré de l'aventure. Les sentiments qui dominent chez elle en été et en automne 1945 sont évidemment très graves : la crainte des occupants russes et les besoins primordiaux, comme la faim. Le suicide, que nombre de ses collègues ont choisi comme issue dans les jours qui ont suivi le 1er mai 1945, n'est pas une solution à ses yeux. Il est vrai qu'elle aussi garde comme un trésor la capsule de poison que Hitler lui a remise personnellement en guise de cadeau d'adieu, mais elle veut vivre.

« Je ne faisais pas partie de ces idéalistes qui ne pouvaient pas s'imaginer que cela puisse continuer sans le Führer ; des gens comme Magda Goebbels, qui tiraient manifestement les conséquences de leur idéologie. Pour moi, la mort par suicide n'était qu'une planche de salut tout à fait vague au cas où je serais maltraitée – torturée ou violée. C'était rassurant de porter le poison sur moi. »

Dans la nuit du 1er au 2 mai 1945 commence le départ des survivants du bunker hors des catacombes de la Chancellerie du Reich. Des groupes d'environ vingt personnes prennent la fuite devant les Russes. Comme elle le décrit en détail dans son manuscrit, Traudl Junge fait partie du premier groupe, dirigé par le chef de brigade SS Mohnke. Le deuxième soir, elle est séparée de ses compagnes – sa collègue Gerda Christian, Else Krüger, la secrétaire de Bormann, et Constanze Manziarly. La cuisinière de Hitler correspondait à l'image idéale de la femme russe, imposante, avec des joues rondes, et elle avait eu la folie de porter une veste de la Wehrmacht. Elle veut se procurer un vêtement civil, Traudl Junge doit l'attendre, tandis que les deux autres femmes font la queue à un point d'eau et essaient de trouver un lieu où dormir pour la nuit suivante. Quand Traudl Junge revoit « la Manziarly » peu de temps après, deux soldats russes la conduisent en direction d'une bouche de métro. « Ils veulent voir mes papiers », crie-t-elle à Traudl Junge, puis elle disparaît aux côtés des Russes. Depuis, elle est considérée comme disparue.

Traudl Junge perd aussi de vue les deux autres collègues et continue à marcher seule. Elle veut aller vers le nord, à l'écart de la zone russe, dans la zone anglaise, où doivent séjourner le successeur de Hitler, le grand amiral Dönitz, et ses hommes. Elle est en chemin sans argent, sans papiers, sans bagages, seulement vêtue d'un pantalon et d'un chemisier à carreaux. Des milliers de fugitifs sont dans la rue, les uns fuient la cité bombardée, les autres viennent des territoires occupés par les Russes et cherchent refuge dans la ville. Traudl Junge cherche à faire des connaissances, elle ne connaît pas les lieux, elle n'a jamais entendu avant les noms des villages qu'elle traverse et les oublie aussitôt. Pendant un moment, elle marche à côté d'un ancien prisonnier de camp de concentration. Il porte encore son uniforme à rayures de détenu.

« Cet homme et moi étions à ce moment-là compagnons d'infortune, nous avions tous deux peur des Russes et nous avons fait un bout de chemin ensemble. Nous n'avons pas parlé de notre passé immédiat. À l'époque, je n'avais pas encore idée de la situation réelle dans les camps de concentration. J'avais dans l'oreille les paroles de Himmler, qui avait parlé de camps de travail bien organisés. Vu d'aujourd'hui, c'est à peine imaginable, mais à ce moment-là, je n'ai posé aucune question à ce prisonnier. Et surtout, je ne me suis pas posé de questions à moi-même. »

Pendant des jours, elle est en route dans la plaine. Elle n'apprend rien de la capitulation de l'Allemagne et de la fin officielle de la guerre. Le contraste entre la nature printanière exubérante, avec ses prairies, ses arbres joliment fleuris, et la misère des gens, les maisons détruites, les mugissements de douleur des vaches qui n'étaient pas traites, se grave en elle. La nuit, elle cherche un abri chez des étrangers, elle dort dans des granges, parfois même dans un lit, des gens serviables lui servent des pommes de terre, quelqu'un lui offre même un vieux manteau. Pendant les journées clémentes, il est vrai que c'est une charge, mais la nuit, c'est une couverture bienvenue. Elle croise des soldats allemands qui ont déserté dans le chaos des derniers jours de guerre et, en habits civils, essaient de se débrouiller pour rentrer chez eux. Dans une ferme, elle rencontre son témoin de mariage, Erich Kempka, le chauffeur personnel de Hitler, en vêtements déchirés – lui aussi est en fuite. Il lui raconte qu'il voudrait traverser l'Elbe à la nage et se livrer aux Américains. Il devrait finalement avoir réussi à passer en Allemagne du Sud, il tombe entre les mains des Américains à la mi-juillet, à Berchtesgaden.

Les fugitifs se réunissent en petits groupes, cela leur donne de l'assurance. Traudl Junge se lie bientôt d'amitié avec Katja, mariée à un officier SS et elle-même « membre du parti », qui a quitté Berlin dans la panique quand les Russes sont arrivés. Elle lui raconte qu'elle était secrétaire de Hitler, mais ce qui se passe dans la journée les préoccupe davantage. Qu'est-ce que nous allons manger ce soir, où allons-nous dormir ? Ensemble, elles tentent d'atteindre la zone anglaise par la frontière verte, sans succès, elles continuent à longer l'Elbe jusqu'à Wittenberge, à mi-chemin environ de Hambourg, et cherchent une possibilité de traverser le fleuve. Sur l'autre rive commence la zone américaine. Traudl Junge souffre de gale, depuis l'évasion elle n'a plus vu de savon, sans parler d'en avoir utilisé. Le médecin qu'elle consulte prescrit une pommade ainsi que des bains et un changement de linge quotidien. Pour ces conseils bien intentionnés, il demande cinq marks dont elle restera redevable.

Sur l'Elbe, il n'y a pas de bacs, Traudl et Katja n'osent pas nager jusqu'à l'autre rive. Le fleuve est trop large et trop froid. Au lieu de cela, elles décident de retourner à Berlin. Traudl Junge doit se tenir cachée dans l'appartement de son amie jusqu'à ce que le trafic ferroviaire pour Munich ait repris. Au bout d'environ un mois et de plus de trois cents kilomètres de marche à pied, elle est à nouveau à Berlin sous le nom de Gerda Alt. Elle a adopté ce pseudonyme en route, quand elle s'est fait délivrer dans un village une carte qui lui donne le droit de percevoir des rations de nourriture – dans l'espoir naïf que celui qui la cherchera et entendra peut-être le nom de Gerda Alt aura l'idée qu'il s'agit de Traudl Junge.

Elle reste à Berlin une semaine. Pendant la journée, Katja doit aller débarrasser les décombres, elle-même quitte à peine la maison. De petits moments de bonheur : le premier shampoing après de nombreuses semaines, un sachet de café en grains que Katja découvre dans l'armoire de la cuisine. Premier espoir : une espèce de normalité semble revenir dans sa vie. Le 9 juin, jour où le commandant suprême des troupes d'occupation soviétiques, le maréchal Giorgij Schukov, constitue l'« Administration militaire soviétique en Allemagne », deux civils frappent à la porte de l'appartement de Katja, un jeune homme et une jeune fille, qui, avec un net accent russe, prétendent être journalistes.

« J'ai compris aussitôt que j'allais être faite prisonnière. Jusqu'à aujourd'hui, je ne sais pas qui m'a trahie. Je n'emportais pas ma carte avec le faux nom, car on disait que celui qui se faisait surprendre en train de mentir allait dans l'enfer russe. Mais c'était normal ces jours-là de ne pas avoir de papiers. J'ai déposé un message pour Katja chez la concierge et je les ai suivis. Naturellement, j'étais dans des transes mortelles, mais je ne me sentais pas arrêtée à tort. Ce qui était angoissant, c'était l'imprévisibilité des Russes. »

L'odyssée de Traudl Junge dans différentes prisons temporaires commence. La première étape de son arrestation est une kommandantur russe dans la Nussbaumallee, où elle est retenue pendant une nuit. De là, on l'amène dans l'ancien centre de détention pour femmes et jeunes, Lichtenberg. Elle reste quatorze semaines dans la cellule individuelle – effectivement seule au début, plus tard avec sept autres femmes –, c'est seulement par la suite qu'on s'intéresse à elle et qu'on la conduit au premier interrogatoire, pour la questionner d'abord sur les circonstances de la mort de Hitler. Elle entend sans cesse les tragédies personnelles des gardiens russes : leurs enfants avaient été fusillés par des soldats allemands, les femmes déportées, des villages entiers détruits. Pour la première fois et avec une horreur grandissante, Traudl Junge apprend que les massacres en Prusse orientale avaient connu un prologue non moins brutal en Russie, et qu'elle s'était laissé abuser par la propagande nationale-socialiste.

Une nuit, on vient la chercher sans préavis et on la transfère au rez-de-chaussée du Rudolf-Virchow-Institut. Dans une grande cellule collective sont retenus les « cas spéciaux », des soi-disant espions par exemple. On dort par terre, quelqu'un enlève à Traudl Junge son alliance, son dernier bien.

À Lichtenberg, son poison a définitivement disparu : déjà à la kommandantur de la Nussbaumallee, la commissaire de service avait ordonné une fouille corporelle. Traudl Junge sortit de l'étui protecteur en laiton la capsule de poison fabriquée en verre très fin, la fit glisser dans un mouchoir et la mit sous sa langue en se mouchant. C'est seulement ensuite qu'elle se dévêtit. Après le contrôle, elle parvint à faire disparaître dans sa poche la capsule sans l'étui en laiton et à l'emporter intacte dans la prison de Lichtenberg.

« Ma compagne de cellule avait connaissance de la capsule. Je lui avais dit qu'en cas de besoin, j'avais encore le poison et que ma peur en était atténuée. Je crois qu'elle m'a trahie. En tout cas, on m'a enlevé la capsule après une fouille de cellule. À ce moment-là, j'ai été complètement désespérée. C'est que j'entendais toutes les nuits les cris des suppliciés et les appels dans la cour quand on rassemblait les convois en direction de la Russie. Brusquement, je me suis sentie à leur merci, car l'ultime décision m'avait été retirée. »

Traudl Junge n'est pas emmenée en Russie. La garde-t-on comme « témoin précieux » ? Ou bien les occupants la jugent-ils trop inoffensive pour la punir sérieusement ? Des questions qui ne peuvent être nettement clarifiées après coup. En tout cas, le destin lui veut du bien, surtout quand il lui envoie un Arménien, qui s'appelle Arkadi. L'homme habillé en civil travaille comme interprète pour la force d'occupation russe, il la fait sortir une nuit d'octobre 1945 de la cave du Rudolf-Virchow-Institut et l'amène à la kommandantur russe de la Marienstrasse dans une cave plus grande. Sur le chemin, il dit à peine un mot, mais elle remarque quand même ses manières excellentes et sa façon recherchée de s'exprimer. Autant l'homme lui paraît inquiétant au début, autant elle lui est finalement redevable. Durant les mois suivants, il est son ange gardien, lui procure des vêtements, une chambre, des papiers, et même, par la suite, du travail. La seule restriction : elle doit rester dans la zone russe. Quand, une fois, il lui offre une tomate, la dénomination poétique « pomme de paradis » prend pour elle d'un seul coup un sens littéral.

« Arkadi m'a interrogée une seule fois à la kommandantur, tandis qu'un officier en uniforme était assis dans l'autre coin de la pièce. Je devais simplement raconter ce qui s'était passé pendant les derniers jours dans le bunker du Führer. Ensuite, j'ai dû signer un accord selon lequel je me déclarais prête à donner à l'Armée rouge les noms des survivants de l'environnement du quartier général du Führer. »

Elle passe à peu près une semaine dans une partie de la cave de la kommandantur de la Marienstrasse transformée en cellule, puis Arkadi décide : « Il faut que vous sortiez d'ici », et il réquisitionne dans la première maison venue une petite pièce dans laquelle elle habite désormais. Sa logeuse, d'abord hostile et qui, plus tard, se réjouit de la compagnie de Traudl, est Mlle Koch, professeur de piano. Quand Arkadi, lors de l'« occupation de la chambre », vérifie si le lit est confortable, Traudl Junge éprouve un mauvais pressentiment. Mais Arkadi ne l'importune pas. Au lieu de cela, dans les semaines qui suivent, il veille à ce qu'elle soit engagée comme collaboratrice à la kommandantur, car il peut ainsi lui donner chaque midi un repas à la cantine. Le 5 octobre, elle reçoit une « carte de remplacement pour le livret de travail », en vertu de laquelle elle est employée de dix à douze heures par jour comme « ouvrière » de la kommandantur. Le 4 décembre 1945, elle raconte ses journées dans une lettre détaillée à sa mère, en Bavière, avec laquelle elle est enfin de nouveau en contact après presque un an d'incertitude. Ni dans cette lettre, ni dans les suivantes, elle ne mentionne sa fuite, les expériences en prison ou Arkadi : elle sait que le courrier est toujours censuré par les occupants.

« [...] *Tu dois vouloir savoir comment je vis : eh bien, je vis ! Je ne peux pas te dire grand-chose là-dessus, mais j'ai suffisamment à manger, et je grossis. Mon occupation principale est l'activité ménagère, et pour le reste, je tricote des gants et des pull-overs, je fabrique des poupées et des animaux en tissu et j'emploie, ma foi, mes multiples talents de dilettante. Si je rentre un jour à la maison, il y aura peut-être une place vacante de dame des toilettes ou des vestiaires pour moi. Mes souvenirs me ramènent la plupart du temps aux années munichoises et je ne me cramponne pas au passé récent. Le don le plus précieux de l'homme est l'oubli.*

J'habite chez une fille d'un certain âge, une vieille fille en bon allemand. Elle est très bonne et au moins tout aussi bête. Mais terriblement bigote. Néanmoins, elle me porte dans son cœur car je remplace pour elle pas mal d'ouvriers, je cloue fenêtres et portes, je coupe du bois et, justement, je me rends utile. [...] *J'ai une vie difficile, mais je me sens toute ragaillardie depuis que je sais que vous m'attendez, aussi longtemps que cela doive encore durer.* [...] »

Il est vrai qu'elle s'efforce d'adopter un point de vue humoristique sur la situation, mais malgré tout, ses nerfs lâchent courant novembre : elle préférerait être à nouveau enfermée dans la cave que de traîner sans rien faire, jusqu'à ce qu'on lui demande de dénoncer quelqu'un, se plaint-elle. Elle se sent livrée à Arkadi et le redoute toujours. Mais, encore une fois, il la surprend. Il fait alors la prochaine démarche : « Il vous faut du travail. » Puis il lui fait faire une photo d'identité et établir des papiers à son nom. À partir du 10 décembre 1945, sur son intervention, elle travaille comme employée d'administration, plus tard à l'accueil et finalement au guichet de la caisse de la polyclinique de la Charité.

« Cet homme m'a sauvée tout à fait volontairement et il n'avait manifestement aucune intention personnelle en le faisant. Il disait des choses complètement étranges, il parlait de Providence. Et quand je lui ai demandé pourquoi il intervenait tant pour moi, il a seulement répondu : "Je ne suis pas votre ennemi. Et peut-être pourrez-vous aussi m'aider." »

Pour la première fois depuis l'effondrement du Troisième Reich, elle peut à nouveau subvenir sommairement à ses besoins, le produit de la vente des poupées qu'elle bricolait elle-même couvrait à peine le loyer. Elle gagne maintenant 100 Reichsmarks par mois et reçoit des timbres d'alimentation. En tant que secrétaire de Hitler, elle percevait à la fin 450 Reichsmarks, nourrie et logée. À cette époque, une miche de pain coûte environ 40 Reichsmarks au marché noir, un kilo de sucre, près de 90, une cartouche de cigarettes de la marque Chesterfield, jusqu'à 1 500 Reichsmarks. La fumeuse qu'est Traudl Junge n'a pas de relations de marché noir, il lui manque pour cela argent et biens à troquer.

Dans sa solitude, tout son potentiel d'amour se dirige vers sa mère. Dans ces derniers mois d'incertitudes extérieures et intérieures, sa relation avec celle-ci est la seule constante à laquelle elle se raccroche avec une force presque puérile. Le 11 décembre, elle écrit dans l'une de ses nombreuses lettres de cette époque pour Breitbrunn, sur l'Ammersee, où sa mère habite depuis que sa maison a été bombardée à Munich.

« Pour ma part, je me suis toujours relativement bien sortie de toutes les difficultés [...] *et je suis à nouveau active.* [...] *je suis satisfaite d'avoir au moins de l'occupation pour empêcher mes pensées de vagabonder. De toute façon, elles*

sont la plupart du temps auprès de vous [...] *J'ai vraiment peur des jours de fête. Probablement resterai-je au lit et passerai-je ces journées lourdes de souvenirs à dormir.* [...] *On ne peut même pas s'offrir une bougie ici, et un sapin coûte si cher que je ne peux pas me le payer.* [...] *Chère mère, préparez-vous quelque chose d'aussi agréable que possible et soyez heureuses de pouvoir passer ces journées ensemble. C'est la plus belle chose qui existe de ne pas devoir être seule parmi des personnes étrangères. Cela irait encore si je pouvais m'enfermer dans ma petite chambre et être alors vraiment seule avec moi et avec mes souvenirs. J'arriverais bien à m'occuper. Mais à cause du grand froid, nous sommes obligés de passer notre temps libre dans une cuisine sombre, qui, en plus, n'est jamais rangée et qu'on n'arrive jamais à chauffer. C'est encore pire pour les gens qui ont le chauffage central* [froid] *et aucune autre possibilité de chauffage.* [...] »

Dans les semaines qui suivent, la pensée et l'activité de Traudl Junge tournent autour d'un nouveau début à Munich. C'est avec des sentiments mêlés qu'elle cherche à renouer avec son ancien monde, sa vie d'avant la mauvaise grande décision. « *Une seule pensée anime perpétuellement mon cerveau : rentrer à la maison* », écrit-elle le 30 décembre. Quelques lignes plus loin suit l'explication de son attachement : « *Seuls toi et Inge me manquez, car je redoute la pitié et la malice des autres.* » Elle passe la Saint-Sylvestre 1945 chez des amis de son défunt mari dans le quartier de Wilmersdorf, occupé par les Anglais. Elle s'est déjà rendue à plusieurs reprises en secret dans la zone interdite, elle y reste cette fois près de deux mois car, le jour du Nouvel An, elle est couchée avec 41 degrés de fièvre et des maux de gorge. Le jour même, elle est emmenée à l'hôpital Robert-Koch avec une diphtérie. Le fait que l'on ne remarque manifestement pas son absence en zone russe la renforce dans son intention de fuir en Bavière le plus tôt possible. « *La plupart du temps, j'essaie de dormir pour détourner mes pensées des souvenirs amers du passé et des soucis de l'avenir. Ou bien je rêve des bons moments près de vous à la maison et je bâtis des châteaux en Espagne* » (15 janvier 1946). Ensemble avec sa voisine de lit, également attirée par Munich, elles forgent des projets concrets de fuite.

« *Depuis hier, je retravaille à la Charité, mais mon emploi ne m'empêchera pas d'entreprendre mon voyage au pays quand je pourrai* », écrit-elle le dernier jour de février 1946. « *Mais tu peux tranquillement manger tous les choux avant qu'ils ne moisissent, je me régalerai des premiers radis.* » Et le 1er mars, à sa sœur : « *Tu demandes si je suis complètement libre et si j'ai des papiers de libération. Malheureusement ni l'un ni l'autre, sinon je serais déjà partie depuis longtemps, si c'était si simple.* »

Pendant ce temps, la mère s'occupe du permis de séjour de Traudl en Bavière et d'une autorisation de résidence à Breitbrunn. Les deux papiers sont la condition pour fuir de Berlin, car c'est d'eux que dépend la délivrance d'un permis de travail, de timbres d'alimentation, etc. dans son pays. Le 2 avril, le document ardemment désiré parvient à Traudl Junge : « *Hourra ! Il est là, le permis de séjour !* » Dès le 15 mars, jour de son vingt-sixième anniversaire, tenant compte du préavis d'un mois, elle a remis sa démission à la Charité. Une dernière rencontre furtive avec Arkadi la renforce dans l'idée de risquer la fuite. Elle le croise dans la rue, le salue déjà de loin, il ne réagit pas. C'est seulement quand il est à sa hauteur qu'il lui fait savoir en quelques mots que le commandant a changé et que les dossiers de Traudl

Junge ont disparu. Puis il se hâte de continuer son chemin.

Le 15 avril 1946 est mentionné sur sa « carte de remplacement pour le livret de travail » comme « jour de cessation d'activité ». Aussitôt après, elle s'enfuit de nouveau. Avec Erika – c'est le nom de son amie de la clinique –, elle prend le tramway à la limite de la zone, où elles se confient à un passeur. Celui-ci, délibérément ou non, les amène entre les mains d'un garde frontière russe. Il ne leur fait aucun mal, mais les renvoie dans la zone russe. Une deuxième tentative connaît plus de succès. Dans un village, elles font la connaissance d'un paysan dont le champ se trouve à la frontière entre zone russe et zone anglaise. Elles passent la nuit chez lui, le lendemain matin, il part en tracteur épandre du fumier sur le champ. Traudl et Erika se cachent dans la remorque, elles sautent à la frontière sur les instructions du fermier serviable et courent dans les buissons en zigzaguant comme des lièvres.

« Cela devait être à proximité de Göttingen et d'Hannoversch Münden. Là, de grand matin, j'ai entendu un rossignol pour la première fois de ma vie. Les gens étaient si serviables à l'époque. Nous sommes ensuite arrivées à une maison, là on nous a offert une grande marmite pleine de pommes de terre. Avec du sel. C'était mon premier pas hors de la zone russe. Puis nous avons enfin attrapé un train – les trains circulaient encore très irrégulièrement – et nous sommes parties pour la Bavière en passant par Kassel. Ni les Anglais, ni les Américains ne nous ont contrôlées. De Munich, j'ai tout de suite continué pour Herrsching sur l'Ammersee, et de là en autostop pour Breitbrunn. Le dimanche de Pâques, j'étais de nouveau à la maison. »

*

La joie des retrouvailles. Le temps de l'oubli ? Traudl est de retour, indemne – mère et sœur ne posent guère de questions sur son passé berlinois. D'un côté, elles ont elles-mêmes enduré pas mal de choses : le bombardement – presque tous les biens de la mère sont perdus ; la fin de la carrière de danseuse d'Inge après une inflammation des gaines tendineuses et le retour de la sœur à Munich ; la pénurie générale de ravitaillement. D'un autre côté, elles veulent ménager Traudl et ne posent donc pas de questions.

« Jamais, ni tout de suite après mon retour, ni plus tard, nous n'avons parlé de ce qu'elles avaient imaginé de mon destin après la mort de Hitler. Elles ne se doutaient pas non plus qu'une épidémie de suicides avait éclaté dans le bunker du Führer. Je me sentais pourtant en sécurité auprès de ma mère, parce que je savais qu'elle me soutiendrait toujours, quoi que j'aie fait. Et naturellement, après ces événements terribles, j'avais grand besoin de me confier. Elle m'a écoutée sans jamais me faire de reproches. »

De quoi la famille, de quoi la population en général ont vécu dans l'après-guerre, demeure aujourd'hui une énigme pour Traudl Junge. Il est clair dans son souvenir, en revanche, qu'il s'agit d'une période très humaine, très joyeuse, solidaire. En permanence passent des réfugiés qui trouvent refuge dans la famille. Après son évacuation, la mère, Hildegard, a loué un petit morceau de prairie à la commune de Breitbrunn, sur laquelle elle a aménagé un potager : *« [...] notre petite parcelle me rassure énormément. Je vais rassembler mes forces pour, plus tard – n'importe quand – réserver le champ »*, écrit Traudl

Junge dans une de ses lettres (4 décembre 1945). *« J'ai toujours souhaité, s'il m'est possible un jour de rentrer à la maison, que vous soyez à la campagne, et non pas dans une grande ville en ruines. À l'extérieur, dans la forêt et les prairies, on oublie plus facilement le malheur et la misère de la guerre et de la paix. »*

Il lui faut toutefois encore interroger sa mémoire sur les détails de son passé pendant la guerre. Quelques jours après son retour, elle va à Munich pour rendre visite à de vieux amis. Elle retrouve aussi son ami de jeunesse d'origine grecque, dont la compagne travaille comme secrétaire d'un officier du gouvernement militaire américain. Le Grec lui parle du rôle de Traudl dans le bunker du Führer, pour s'apercevoir aussitôt après de ce que son indiscrétion pourrait coûter et il la met en garde.

Effectivement, un gendarme se présente à Breitbrunn pendant que Traudl est à Munich. La mère le renvoie, prétendant que sa fille séjourne dans la ville. Quelques jours plus tard, c'est le dimanche de Pentecôte, il revient pourtant à Breitbrunn, elle est cette fois à la maison et se rend tout de suite. La mère lui glisse un morceau de camembert et une pomme, puis le gendarme armé l'emmène à Inning sur le siège passager de sa moto. Elle passe une nuit dans la cellule du dépôt local des lances à incendie et, le matin du lundi de Pentecôte, elle est enfermée dans une grande cellule collective de la prison de Starnberg. Après une rafle des Américains pendant le week-end, celle-ci est remplie de prostituées. Elles doivent toutes subir un examen médical le lendemain, Traudl Junge aussi. Après de longues discussions, les gardiens reconnaissent toutefois qu'elle est une prisonnière politique. Elle échappe à l'épreuve.

Pendant trois semaines environ, les Américains la retiennent dans une cellule double. Sa codétenue se présente à elle comme nièce du grand amiral Erich Raeder, elle est soupçonnée d'espionnage. Les deux jeunes femmes font passer le temps en cousant des soutiens-gorge qui, à cette époque, sont, comme tant de choses, une marchandise rare et convoitée. Un officier américain d'origine germano-juive mène un seul interrogatoire de plusieurs heures avec Traudl Junge, puis il l'invite à consigner par écrit ses souvenirs des derniers jours dans le bunker du Führer. Elle résume les événements en trois pages, l'officier est tellement conquis par son texte qu'il lui offre 5 000 dollars pour les droits de publication. Mais Traudl, effrayée, refuse, de peur d'attirer l'attention des occupants russes, dont elle a illégalement quitté le territoire. Contre toute attente, l'officier garantit la discrétion. Des prisonniers comme Traudl Junge profitent des conflits d'intérêts entre les puissances d'occupation.

« Chez les Américains, je n'ai à aucun moment appréhendé la déportation ou la torture. Ils se comportaient correctement, on ne ressentait pas de haine, pas d'hostilité. J'ai été surprise par leur ingénuité – politiquement ignorants, mais curieux et avides de sensations. Je ne pouvais pas non plus leur dire grand-chose, je n'avais aucune idée en 1946 de ce qu'il était advenu de gens comme Bormann, Göring ou Goebbels. Le destin des aides de camp, des domestiques, des chauffeurs, des secrétaires n'intéressait encore personne à ce moment-là, ce n'est venu que beaucoup plus tard. Quand je fus enfin libérée, les officiers américains m'ont invitée à faire de la voile à Starnberg [...] *j'étais une jeune femme, brunie par le soleil du printemps* [...] *mais je n'ai pas accepté la proposition. Je suis ensuite encore restée un certain temps assignée à résidence à Breitbrunn. »*

*

Munich, 1947. Vie quotidienne dans les décombres de la ville. Inge, qui a pris entre-temps des cours de théâtre, fait partie, sous le nom d'artiste Ingeborg Zomann, d'une troupe de cabaret autour de Ralph Maria Siegel. Traudl aussi essaie au cours de l'année de reprendre pied dans sa ville natale. Ensemble, les sœurs occupent la mansarde de la maison de Walter Oberholzer, ce sculpteur à qui Traudl a servi de modèle à quinze ans et avec lequel toute la famille est liée d'amitié depuis. Il procure à Traudl Junge une première occasion de gagner de l'argent dans une entreprise d'électricité, qui fabrique ce qu'on appelle des marmites norvégiennes, récipients revêtus de zinc, chauffés électriquement et récupérateurs de chaleur, à l'aide desquels on peut mettre sur la table des repas chauds même pendant les coupures de courant. Les « rouleaux de chaleur » se vendent bien aussi, sous forme d'un petit rouleau à pâtisserie, que l'on branche une minute sur le courant et que l'on emporte ensuite avec soi pour s'y chauffer les mains. Ils rendent un grand service à Traudl Junge lorsqu'elle devient secrétaire à l'atelier-théâtre Helge Peters-Pawlinin, sa sœur appartenant aussi à la compagnie fondatrice. Il y fait si froid qu'elle ne peut absolument pas utiliser la machine à écrire si elle ne dégèle pas d'abord ses doigts sur le rouleau de chaleur.

« C'était magnifique pour moi de vivre la démocratie sous les Américains. Auparavant, je n'avais pas du tout conscience de ne pas avoir le droit d'écouter des compositeurs polonais ou russes, de lire de la littérature juive [...] *que tant de choses étaient interdites ou réprouvées. Tout à coup, le monde intellectuel était à nouveau libre.*

À cette époque, le monde du théâtre et du cabaret s'est réuni à Munich [...] *Une nouvelle joie de vivre s'est fait effectivement sentir. Ce que Hitler avait prophétisé, que l'Allemagne serait anéantie et redeviendrait un pays agricole, ne s'est pas confirmé* [...] *Les Américains ont bien sûr apporté aussi leur musique moderne* [...] *et leurs auteurs* [...] *Hemingway par exemple. Nous nous sommes débrouillés, mais notre vie était très remplie.* »

Traudl Junge ne manque pas de travail, même si elle est mal payée. De 1947 à 1950, elle exécute des travaux de secrétariat, entre autres pour la *Medizinisch-Technische Vertriebsgesellschaft Meto*, pour Davoud Monchi-Zadeh, journaliste iranien et chargé de cours à l'université de Munich, pour la *Münchner Verlagsbuchhandlung* ou l'imprimerie *Majer & Finckh Geschäftsbücherfabrik*, le plus souvent à mi-temps et avec plusieurs emplois en parallèle. Manifestement, aucun des employeurs ne craint son contact. Le fait qu'elle ait travaillé pour le premier homme de l'État parle en faveur de ses compétences, « [...] *qui la rendent à même d'occuper à mi-temps le poste autrefois constamment occupé à temps plein* », attestent *Majer & Finckh* dans le certifcat de travail. « *Madame Junge a été pour nous une collaboratrice extrêmement précieuse, que nous n'avons perdue qu'à regret* », s'enthousiasme-t-on à la *Münchner Verlagsbuchhandlung.* « *Elle jouissait d'une estime particulière tant auprès de la direction que des collègues. Par son caractère aimable à l'égard de tout le monde, elle était appréciée partout.* »

Pendant un moment, elle aide aussi Hans Raff dans ses travaux d'écriture. Il est avocat et l'époux d'Ulla, son amie proche qu'elle n'a plus vue depuis 1942. Hans a aussitôt accepté Traudl, raconte Ulla Raff. Ce n'était pourtant pas évident pour la raison qu'en tant que demi-juif, il a été persécuté sous le Troisième Reich. En 1933, on avait expulsé de l'université l'ingénieur mécanicien et futur juriste huit semaines avant son examen d'État. En 1941, il fut démobilisé de l'armée comme « indigne du service militaire ». Jusqu'en 1944, il dirigea une fabrique de toile pour peintres qu'il avait reprise à des parents juifs, puis, en tant que détenu d'un camp de travail, il lui fallut travailler dans une usine de sel. En 1946, il réussit son examen, écarte son projet professionnel initial de devenir ingénieur-conseil en propriété industrielle, se spécialise dans les affaires d'indemnisation et, en peu de temps, il devient l'un des avocats les plus réputés du pays pour les indemnisations et les restitutions.

Ils ont évité toute conversation avec Traudl sur la période qu'elle avait passée auprès de Hitler, dit Ulla Raff. Vue d'aujourd'hui, la raison en est surprenante : « Nous voulions la ménager. Elle nous faisait de la peine parce que nous avons vu combien elle souffrait intérieurement. » Au lieu de l'affronter, Hans Raff la soutient financièrement. Et il glisse aussi à plusieurs reprises de l'argent à sa mère, dont il connaît les difficultés matérielles.

« Quand je suis revenue de Berlin, je me sentais petite et misérable et j'étais reconnaissante envers toute sympathie humaine. Je n'ai jamais entendu de reproches personnels de mon entourage. Tous ont dit : Écoute, tu étais si jeune. Tu ne pouvais quand même pas savoir ce qui s'est passé [...] *Personne ne m'en a parlé plus en détails. Quand j'ai ensuite écrit mes souvenirs, personne ne voulait les lire. Ce fut confortable pendant de nombreuses années, parce que je pouvais apaiser ma conscience avec ce réconfort. Au bout du compte, le subconscient ne se laisse pourtant pas duper. »*

Ce qui marque le plus Traudl Junge est sa relation de travail avec Karl Ude, qui se développe bientôt en une amitié sincère pour lui et sa famille. Elle fait la connaissance de l'écrivain en 1948, quand elle trouve refuge avec sa mère et sa sœur dans la Bauerstrasse, à Schwabing. La maison du numéro 10, dans laquelle elles emménagent – illégalement –, a été tellement détruite par les bombes pendant la guerre qu'elle a été rayée des dossiers du service du logement avec la mention « perte totale ». Un prêtre catholique nommé Berghofer, qui habitait à l'origine au quatrième étage, a réparé sommairement le rez-de-chaussée et cède aux trois femmes deux pièces, qu'elles doivent d'abord couvrir avec du carton bitumé pour avoir au-dessus de la tête le toit proverbial. « Du Berghof à Berghofer. C'est une ascension », plaisantent les amis de Traudl. Au premier étage, Karl Ude s'est aménagé un bureau de fortune entre des restes de murs ; il publie entre autres la revue littéraire *Welt und Wort.* C'est un démocrate exemplaire, mais à part cela un homme apolitique, décrit son fils Christian, l'actuel maire de Munich, et, pendant le Troisième Reich, il a attendu tranquillement jusqu'à ce que le mal soit passé. Certes, il a montré pendant toute sa vie un grand intérêt pour l'actualité, mais, par principe, il n'a pas pris position. Il était beaucoup trop diplomate pour cela. Par ailleurs, il s'est consacré au rôle d'artiste. L'après-midi, Traudl Junge est la secrétaire de Karl Ude, le matin, elle est employée comme assistante de rédaction aux éditions Rolf Kauka et prépare une revue criminelle.

« Karl Ude avait des idées très libérales et démocratiques et, comme écrivain et homme de culture, il a beaucoup influencé ma pensée. Il savait bien sûr que j'étais secrétaire de Hitler – je l'ai toujours dit tout de suite aux

gens avec qui j'avais affaire de plus près, car je ne voulais pas que mon passé pèse sur notre relation. Mais Ude ne m'a jamais interrogée sur des détails ou sur mes motivations. Le passé immédiat n'était pas un sujet de conversation. Nos pensées, nos sentiments et toutes les activités étaient dirigés vers l'avenir. Nous étions occupés à reconstruire pierre après pierre une vie normale [...] *Par l'intermédiaire des Ude, je suis du reste aussi entrée en contact avec le forum culturel du SPD. J'en suis toujours membre.* »

Le fils, Christian Ude, n'a qu'un an quand Traudl Junge entre dans la vie de la famille. Il a trouvé abri avec ses parents et sa sœur Karin dans la maison d'en face, Bauerstrasse 9. Dès l'âge de l'école primaire, il commence à s'intéresser à l'histoire et à la politique, à lui poser des questions sur la période qu'elle a passée auprès de Hitler. Lors de nombreuses conversations avec elle, raconte-t-il rétrospectivement, il s'est imprimé dans sa conscience que « Adolf Hitler et la Deuxième guerre mondiale n'étaient pas des événements historiques d'une force supérieure, mais que la politique se jouait à ma portée, qu'elle était pour ainsi dire palpable pour moi. » Quand, plus tard, il participe en tant qu'interlocuteur pris au sérieux aux conversations de ses parents et de leurs amis, il est frappé par Traudl Junge, « un esprit éveillé et critique [...] plus prête à la discussion et plus engagée que beaucoup d'autres dans notre cercle de connaissances ».

« La vie consciente n'a commencé pour moi qu'après la guerre. La réflexion sur l'essentiel. Le questionnement. La valeur des relations humaines. Jusque-là, j'ai tout accepté comme cela venait. J'ai atterri d'un emploi à un autre sans avoir sciemment d'influence là-dessus. Où que je me sois

trouvée, j'ai essayé de développer de l'intérêt pour la chose et de faire de mon mieux. »

L'absolution – et même en double exemplaire – est aussi donnée à Traudl Junge en 1947 par les autorités officielles. Comme tous les Allemands de plus de dix-huit ans, elle doit répondre au « questionnaire » du Military Government of Germany, un formulaire long de 86 centimètres, imprimé des deux côtés, avec 131 questions sur le passé nazi personnel. Elle remplit deux fois la feuille, une fois en tant que Traudl Junge, une deuxième fois en tant que Traudl Humps – pourquoi, elle l'a oublié aujourd'hui. Conformément à la vérité, elle indique comme profession à cette époque « secrétaire à la Chancellerie du Reich », car c'est en tant que telle qu'elle fut engagée et « détachée » auprès du Führer. Elle reçoit donc deux décisions administratives de dénazification. Une fois, en tant que « jeune suiveur », elle tombe sous le coup de l'amnistie de la jeunesse, décrétée à la fin du mois d'août 1946, dont profitent tous ceux qui sont nés après 1919. Dans l'autre procédure, elle est « déchargée », comme du reste 94 % des Bavarois. Traudl Junge ne remarque pas que la dénazification, tentative unique jusqu'alors de soumettre presque tout un peuple à une épuration nationale à cause de son attitude politique, se transforme en farce de réhabilitation. Pour elle, remplir les formulaires est avant tout une formalité, elle ne s'attendait pas de toute façon à une condamnation : après tout, elle n'était pas membre du NSDAP.

Pour la plupart des Allemands, la procédure est comprise comme un point final à partir duquel règne un silence collectif sur la période nazie. D'une part, cette évolution favorise les intérêts propres des Alliés : à l'Est et à l'Ouest, on a besoin des Allemands comme partenaires d'une alliance dans la guerre froide. D'autre part, les politiciens allemands de l'ère Adenauer briguent la faveur des électeurs, et c'est plutôt celui qui demande de « tirer un trait » qui l'obtiendra. « Et c'est donc ainsi qu'en considérant rétrospectivement ces années-là, un soupçon irrépressible surgit, à savoir que l'ère Adenauer, jusque dans les années soixante, fut une espèce de gigantesque offre de subornation du pouvoir conservateur à un peuple d'électeurs qui répugne majoritairement à la discussion », comme le formule Ralph Giordano. « Une sorte d'offre de moratoire, qui a résulté, en partie sans mot dire, de l'atmosphère générale de conspiration, mais qui fut en partie aussi vigoureusement organisée. » Giordano nomme cela la « grande paix » avec les coupables. C'est seulement la génération d'après-guerre qui, vers la fin des années soixante, va essayer d'obliger ses grands-parents à prendre position : pour Traudl Junge aussi, ce sera la fin brutale de la période de paix illusoire avec elle-même. Jusque-là, elle vivra près de vingt années qu'elle qualifie des plus heureuses.

Si Traudl Junge gagne plus d'assurance, c'est particulièrement à Heinz Bald qu'elle le doit. Il est « fille à tout faire » – « manager » selon la conception actuelle – du groupe du cabaret de Ralph Maria Siegel, où Traudl Junge a aussi ses entrées. Il s'occupe d'elle avec dévouement. Pendant le Troisième Reich, il s'est engagé dans la résistance et l'accepte malgré son passé : cela la soutient. Quand il émigre en Amérique, il exige qu'elle l'y réjoigne dès qu'il aura pris pied : il veut l'épouser.

*

Années cinquante, pleines d'espérance. Les réserves du monde à l'égard de l'Allemagne diminuent petit à petit, le miracle économique prend son essor. « Nous sommes à nouveau des personnes », ressentent beaucoup d'Allemands. La vie de Traudl Junge connaît des hauts et des bas, comme il y en a dans toute biographie. En 1951, Inge quitte l'Allemagne pour l'Australie, où elle épouse son fiancé polonais qui a émigré un an auparavant. Traudl l'a souvent enviée dans son jeune âge, parce qu'elle pouvait s'accomplir dans une carrière d'artiste. À présent, sa sœur lui manque. Elle-même a déposé une demande de visa pour les États-Unis, le patron américain de Heinz Bald s'est déclaré prêt à signer l'affidavit. Quand, en 1954, la ruine de la Bauerstrasse doit être rasée et donc évacuée, la mère profite de l'occasion pour rendre visite à sa fille en Australie. Elle y reste presque deux ans. Étant donné que Traudl Junge n'avait pas le droit d'habiter officiellement dans ce logis, elle doit s'estimer heureuse de se voir attribuer un logement social à Munich-Moosach, un « affreux logement de bas quartier », comme elle dit. Elle emménage quand même, car sa seule alternative est le « Gîte Frauenholz », un foyer pour sans-abri.

Professionnellement, de belles occasions s'offrent à elle dans l'intervalle. Même si, à trente ans, elle n'a pas d'objectif professionnel concret en vue, elle tombe toujours sur des mentors qui l'apprécient et l'aident. Willi Brust, graphiste pour *Quick*, la recommande à l'illustré, un magazine de reportages en vue à cette époque, qui garantit la mise en œuvre d'investigations et une information critique – toujours sur des personnes au passé nazi. Bien que les journalistes et rédacteurs de *Quick* connaissent les antécédents de leur collègue, elle n'est pas questionnée une seule fois sur ses expériences sous le Troisième Reich.

« Je me souviens que la rédaction, un mardi de carnaval, travaillait à un grand reportage sur les différents procès de criminels de guerre et les exécutions à Landsberg. J'ai appris alors pour la première fois des détails sur ce qui s'était passé pendant le Troisième Reich dans les coulisses. Et surtout derrière la façade de ces gens dont j'avais fait connaissance comme gentils et raffinés. Le Dr Karl Brandt, par exemple, l'un des médecins personnels de Hitler, que j'avais pris pour un homme cultivé et humain, et qui fut pendu en 1948 pour sa participation à des expériences médicales sur des prisonniers de camps de concentration et à l'euthanasie. J'étais décontenancée. »

Pendant trois ans, Traudl Junge est le bras droit du rédacteur en chef, puis, au mécontentement de celui-ci, elle est débauchée comme assistante par un collaborateur indépendant du département scientifique. Lors d'un voyage de recherche de deux semaines en Italie, tous les deux se rapprochent aussi sur le plan privé : c'est le début d'une relation de treize ans.

« J'étais pour la première fois en Italie : le lac de Garde, les cyprès, les citronniers et les orangers [...] *mon cœur débordait littéralement de reconnaissance et de joie, et là, on en vint aussi à un flirt intense. Quand il me demanda ensuite si je voulais travailler pour lui, j'ai dit au revoir à* Quick... »

La décision ne lui est pourtant pas tout à fait aussi facile qu'elle se le représente dans son souvenir. Après tout, elle est fiancée et doit bientôt émigrer en Amérique. « [...] *si vous deviez être envahie non seulement par la douleur de la séparation, mais aussi par un doute sur votre décision, avalez-les l'un et l'autre* [...] *Mais n'oubliez pas pourtant la gorgée – paisible – la plus importante : celle de la période qui commence le lundi suivant* », lui écrit le futur employeur à la fin septembre 1953.

Pendant un moment, elle peut retarder et laisser ouverte à son fiancé Heinz Bald une décision définitive : « *Heinz écrit d'une manière charmante, gentille et affectueuse. Je suis heureuse d'avoir ses lettres* », note-t-elle le 16 octobre dans son journal. Et, exactement deux mois plus tard : « [...] *Heinz a écrit une lettre pleine de reproches, qui m'a quand même fait plaisir. Son amour pour moi est toujours considérable.* » Son cœur appartient certes depuis longtemps au journaliste, mais il a une femme et des enfants – les lettres d'Amérique sont pour Traudl Junge un vague soutien. « *Malgré tout reviennent sans cesse* [...] *le doute et les pensées nocturnes, comme des ombres lugubres qui me font perdre toute assurance. L'appartenance intérieure, oui, la passion exclusive pour un homme inatteignable me plonge dans une solitude extérieure qui est bien souvent accablante et à peine supportable. J'aspire quelquefois à une histoire d'amour de tous les jours, tout à fait banale, mais le matin, en partant au bureau, tout est à nouveau chassé par le grand bonheur* » : une inscription de novembre 1954 dans le journal, l'une parmi beaucoup d'autres à teneur d'une ambivalence identique.

Au cours de l'année 1955, elle obtient son visa, mais elle s'est déjà décidée à ne pas partir en Amérique : les liens avec l'Allemagne, avec sa profession, avec son nouvel amour sont trop forts, le sentiment de responsabilité envers sa mère, qui a annoncé son retour d'Australie, est trop important. Et la puissance d'attraction de Heinz Bald a pâli avec les années. Le fait que ce dernier se console rapidement rend Traudl perplexe : « *À Noël* [1956], *il* [Heinz Bald] *vient pour se fiancer avec*

Manuela et éventuellement l'épouser tout de suite. Cela fait un peu mal, moins parce que je le ressens comme une perte personnelle et que je dois enterrer mes propres espoirs, que parce que je ne jouis pas moi-même du courage d'une telle vie à deux et que j'en traîne pourtant le désir avec moi. Mais c'est quand même une petite satisfaction pour moi que Heinz ait maintenant lui-même la "sensation bizarre dans la région de l'estomac", que je ressens comme condition de l'amour et qui m'a toujours manqué. Comme j'aimerais enfin une fois vivre un tel sentiment du bonheur de l'affinité », est-il écrit dans son journal. Quant à savoir s'il lui arriva jamais d'y être prête après la Seconde Guerre mondiale, elle-même en doute entre-temps.

« *J'avais manifestement une forte angoisse de me lier, précisément parce que je m'étais précipitée si inconsidérément dans mon premier mariage. Hans Junge et moi n'avons pas eu la moindre occasion de nous rapprocher intellectuellement. Je n'ai jamais eu avec lui de conversations approfondies, je savais aussi bien trop peu de choses sur ce qui l'intéressait. Nous n'avons même pas eu l'occasion de forger des projets d'avenir. Sur le moment, il est vrai que sa mort m'a profondément bouleversée, mais je m'y suis assez vite résignée. C'est que je n'avais encore jamais partagé ma vie avec lui. Après sa mort, en août 1944, les événements se sont tellement aggravés que cette perte a été repoussée à l'arrière-plan. Ensuite, quand la guerre fut finie, le chapitre fut pour ainsi dire clos* [...] *Plus tard, je n'ai plus jamais rencontré un homme dont j'aurais pu dire avec conviction : c'est avec lui que je veux partager ma vie.* »

Il n'y a guère d'inscription dans le journal qui révèle aussi clairement son désaccord avec elle-même que celle du début janvier 1956 : « [...] *Dans les archives, j'ai trouvé aujourd'hui une coupure sur la graphothérapie. Il y est dit que, puisque l'écriture se modifie avec le caractère, ce devrait aussi être l'inverse : c'est-à-dire que si l'on s'oblige à changer son écriture, le caractère subirait aussi le changement. Je vais essayer. Peut-être que je deviendrai plus grande et plus énergique si mon écriture le devient.* » De fait, à partir de ce jour-là, elle change son écriture, du moins dans son journal. Extérieurement, c'est une personne enjouée, heureuse de vivre. Elle n'échappe pourtant plus non plus, désormais, aux hauts et aux bas des sentiments. Elle n'arrive pas à se détacher affectivement de son employeur, bien qu'elle ne se fasse aucune illusion sur sa situation de maîtresse cachée. Cela grâce au fait que, malgré des frustrations occasionnelles, l'aspect professionnel du partenariat la comble. Elle travaille en toute indépendance, écrit des articles, même si c'est rarement sous son propre nom, et, en 1959, elle publie un livre : *Tiere mit Familienanschluss* (« Les animaux accueillis dans une famille ») paraît aux éditions munichoises Franz Ehrenwirth et, tout en n'étant pas un succès commercial, laisse percevoir son talent pour l'écriture et son humour.

« Pour la première fois de ma vie, j'avais le sentiment de ne pas seulement faire un "job", mais que le contenu de mon travail m'intéressait beaucoup. Étudier la biologie aurait été pour moi ! J'aurais pu probablement aussi devenir une bonne guérisseuse ou monitrice de gymnastique médicale, mais il me manquait les moyens financiers pour la formation de trois ans. »

Dans les années cinquante, Traudl Junge est occupée du seul présent. On lui rappelle rarement sa période de secrétaire privée de Hitler, elle évite plus qu'elle ne recherche le contact avec ses collègues survivantes du quartier général du Führer.

« Les autres secrétaires ne voulaient ou ne pouvaient pas abandonner leur loyauté envers le Führer. Je ne comprenais pas ça. Christa Schroeder, par exemple, a bien fait l'examen critique de l'ensemble de la littérature sur Adolf Hitler, mais elle n'a pas vraiment pris ses distances. Il n'y a qu'avec la cuisinière de Hitler, Mme von Exner, que je suis restée amie : je l'ai rencontrée de temps en temps après la guerre pendant mes séjours de vacances à Pörtschach, sur le Wörther See. Et avec Hans-Bernd Lanze. Il était dans l'état-major de Dietrich, le chef de la presse, et après la guerre, il a habité un moment chez nous à Breitbrunn. Otto Günsche s'est manifesté de nouveau en 1955, après avoir été libéré de sa capitivité par les Russes. Mais je l'ai rarement vu ces dernières années. »

Différents historiens et journalistes se présentent pourtant, qui travaillent à des livres sur Hitler et sont intéressés par les souvenirs de Traudl Junge. En 1954 ont lieu aussi des rencontres répétées avec le capitaine de marine américain Michael A. Musmanno. Il participait en tant que juge aux procès de Nuremberg et, entre 1945 et 1948, il interrogea près de deux cents témoins sur Hitler et sa fin dans son bunker, parmi lesquels Traudl Junge. En 1950, il publia son livre *Ten Days to Die* (« Dix jours pour mourir »). Musmanno reprend contact avec elle à l'automne 1954, quand Georg Wilhelm Pabst veut tirer un film de l'ouvrage. Le témoin de l'époque qu'est Traudl Junge doit conseiller le metteur en scène autrichien. À plusieurs reprises, elle rencontre Pabst et Musmanno à Munich et, après avoir longuement hésité, elle accepte la proposition de passer quinze jours aux côtés de Pabst comme assistante de régie lors du tournage à Vienne. En fin de compte, l'Autriche est toujours occupée par les Alliés, et elle ne peut s'empêcher de craindre d'attirer sur elle l'attention des militaires russes, dont elle a fui illégalement la zone d'occupation berlinoise. Les 1 500 marks qu'elle reçoit comme honoraires sont de loin la plus grosse somme d'argent qu'elle ait jamais gagnée d'un seul coup jusque-là, et ils lui permettent de quitter le logement social de Moosach pour emménager dans un coquet studio du Schwabing familier.

En avril 1955, *Der letzte Akt* (« Le dernier acte ») est représenté pour la première fois, avec Albin Skida et Oskar Werner dans les rôles principaux, et rejeté par la critique en raison de l'attitude extrêmement controversée de G.W. Pabst sous le Troisième Reich. Dans les années vingt, avec *La Rue sans joie* et l'adaptation cinématographique de *L'Opéra de quat'sous*, il avait atteint à la gloire comme le metteur en scène allemand le plus critique de la société. Émigrant en 1933, il avait tenté sa chance d'abord à Paris, puis à Hollywood, mais, faute de succès, il était revenu en Allemagne et avait tourné jusqu'à la fin de la guerre *Komödianten* (« Les Comédiens ») et *Paracelsus*, deux films dans l'esprit des nationaux-socialistes.

« Pabst et moi n'avons absolument pas parlé à l'époque de nos propres expériences sous le Troisième Reich. Le tournage est un travail si fiévreux, il faut faire attention à tant de choses qu'on ne pouvait pas du tout s'attendre à une conversation calme et approfondie. Aujourd'hui, je le regrette, bien sûr. »

Une autre rencontre avec le passé a lieu vers la fin des années cinquante, lorsqu'elle revoit Erika Klopfer, qui s'appelle désormais Stone et vit à New York comme photographe. Par la mère de Traudl – elle est rentrée d'Australie à Munich en 1956 –, Erika apprend que son ancienne amie « était secrétaire privée de Hitler jusqu'à la fin ». Elle n'a d'abord pas pu le croire, dit l'émigrante malgré elle, et, pour cette raison, elle n'a pas eu envie de prendre contact avec elle sur le moment. Finalement, elle est quand même curieuse et rend visite à Traudl, sans « éprouver la moindre réserve », comme elle le raconte dans le livre *Heimat wider Willen. Emigranten in New York* (« Une patrie malgré soi. Émigrants à New York ») (Berg am See, 1991). Elle s'est entendue avec elle d'une façon extraordinaire et demeure convaincue qu'à cette époque, aucune jeune fille n'aurait refusé une situation pareille. « Cela aurait pu m'arriver aussi », dit-elle même. Un acquittement de plus pour Traudl Junge – elle ne l'a toutefois plus en mémoire. Traudl Junge n'était probablement pas quelqu'un d'heureux, conclut Erika Stone : « En réalité, la période auprès de Hitler a gâché sa vie. »

*

Les années soixante, des années coûteuses.

En 1962 meurt le père de Traudl Junge. Sa mort ne la chagrine pas beaucoup car, même pendant les dernières années de sa vie, elle entretient toujours peu de contacts avec lui. Tout de suite après la fin de la guerre, marquée par ce qui s'était passé dans le bunker du Führer, elle supposait même que lui aussi s'était suicidé. « [...] *Bien que, pour beaucoup, la mort peut être plus facile que la vie qui vous attend. Pour mon père aussi, dont ce serait l'anniversaire aujourd'hui* », écrivit-elle le 4 décembre 1945. De fait, en tant que membre du NSDAP et de la SS, ainsi que directeur de la sécurité affecté spécial, c'est-à-dire exempté du service militaire, Max Humps faisait partie de ces plus de 300 000 activistes du régime nazi qui sont arrêtés et provisoirement internés par les forces d'occupation alliées. Comme beaucoup de compagnons d'infortune, il se perçoit davantage comme victime d'une politique d'occupation mal dirigée et injuste que comme coupable du régime nazi.

« Après la guerre, je ne me suis guère inquiétée du destin de mon père, jusqu'à ce que sa femme se présente chez nous. "Eh bien, vous ne vous faites pas du tout de souci pour votre père ? Le pauvre bougre est en camp de concentration. Les Français l'ont arrêté et maltraité." Elle faisait exactement comme s'il avait été retenu innocent dans un camp de concentration. Cette sorte de refoulement était bien typique de l'époque. Mon père a été vite libéré, mais il était très marqué. Sa femme a dû alors gagner seule de l'argent. Elle a d'abord ouvert une petite boutique de loto à Friedrichshafen et, au fil des ans, elle en a fait un élégant magasin dans la Bahnhofstrasse, où étaient vendus des cigarettes, des journaux et de l'alcool. Mon père était son meilleur client. Après sa mort, ma sœur et moi avons établi des rapports affectueux avec sa femme, notre Tante Miezl. C'était l'épouse idéale pour mon père. »

La mort de la mère, en 1966, atteint Traudl Junge beaucoup plus durement, bien qu'il s'agisse d'une délivrance pour la vieille dame, qui souffre à la fin de sa vie de la maladie de Parkinson et loge dans une maison de soins.

« Elle est restée assise pendant des années les yeux tournés vers la porte et elle attendait que j'entre. Par sa bonté, elle est arrivée à me donner constamment mauvaise

conscience. S'il arrivait que je veuille partir un week-end, elle disait, peinée : "Ah, va donc, j'ai l'habitude d'être seule." Alors je partais quand même, mais je ne pouvais absolument pas me réjouir. Malgré tout, elle m'a fait terriblement pitié parce qu'elle n'avait pas eu une vie réussie. À soixante-cinq ans, elle a gagné son premier argent à elle comme couturière. Elle a aussi cousu pour mes amies. C'était pour elle une grande satisfaction. »

La rupture dans sa vie survient déjà trois ans plus tôt, quand son ami meurt d'une défaillance cardiaque. Sa mort brutale la prive d'une personne de référence à la fois privée et professionnelle. *« J'ai toujours très bien surmonté le deuil,* constate-t-elle. *Il est vrai que j'ai toujours éprouvé le besoin de parler de ma souffrance. »*

Le lieu qui lui donne le plus d'élan, sa famille de remplacement pour ainsi dire, est, pendant ces années-là et toutes celles qui suivent, la famille Lanzenstiel. Luise Lanzenstiel est une sœur de Heinz Bald et – indépendamment de la relation tout à fait sincère de Traudl Junge avec son ancien fiancé – c'est une amie extrêmement compréhensive, la meilleure de toutes pendant de nombreuses années.

« Luise était mariée avec un pasteur et elle a mis six enfants au monde. Elle rayonnait d'une gaieté et d'une assurance incroyables. La famille a vécu la période nazie avec un courage inouï, sans abandonner ses idéaux. Luise m'a raconté que pendant tout ce temps, elle n'a jamais dit "Heil Hitler". Toute la famille était ancrée dans sa foi d'une manière cosmopolite, pas du tout bigote. Avant le repas, on priait toujours, je me suis vraiment sentie mal à l'aise avec ça au début, puis je me suis de plus en plus habituée à la famille. C'est à Heinz Bald que je dois d'avoir aujourd'hui

une famille de remplacement, car je suis aussi amie avec les six enfants et les treize petits-enfants. Je suis leur “Tante Traudl”.

C'est chez les Lanzenstiehl que j'ai connu pour la première fois ce que c'est que de posséder la foi. Je les ai énormément enviés de cette “capacité à croire”, cela ne m'est pas donné. Mais ils n'étaient pas missionnaires, ils m'ont toujours acceptée telle que je suis. C'est aussi chez Luise que je suis allée quand je me suis cachée du reste du monde. Chez elle, je me suis sentie en sécurité et comprise. »

Traudl Junge parle de ces phases de dépressions qui la tourmentent depuis environ le milieu des années soixante jusqu'à aujourd'hui. Au début, elle éprouve un sentiment général d'avoir failli. « Aucune biographie n'est contraignante au point de ne pas laisser le choix », écrit Claus Leggewie, expert en sciences politiques. Traudl Junge se reproche d'avoir emprunté une mauvaise voie, pire encore, d'avoir laissé simplement la vie couler sur elle au lieu de décider elle-même aux moments critiques.

C'est seulement plus tard qu'elle met sa dépression en relation avec les atrocités du régime nazi, qui contrastent si douloureusement avec son rôle dans le Troisième Reich, ressenti comme inoffensif. Des sentiments de culpabilité de plus en plus concrets l'accablent, la longue période de l'alibi confortable, « mais tu étais si jeune », s'effondre d'un seul coup.

« Je dois être souvent passée autrefois devant la plaque commémorative de Sophie Scholl dans la Franz-Joseph-Strasse, sans la remarquer. Un jour, elle m'a frappée et quand j'ai réalisé qu'elle avait été exécutée en 1943, alors que ma vie auprès de Hitler ne faisait que commencer vraiment, j'ai été profondément choquée. Sophie Scholl était

aussi à l'origine une fille du BDM [Ligue des jeunes filles allemandes], *elle avait un an de moins que moi et elle avait très bien compris qu'elle avait affaire à un régime de criminels. Tout à coup, l'excuse a disparu pour moi.* »

Les années de prise de conscience. De longues phases dépressives, des séjours en clinique et des thérapies qui n'amènent aucune amélioration. Entre 1967 et 1971, Traudl Junge est responsable du *Drogerie Journal*, destiné aux clients, aux éditions Wort und Bild.

« Brusquement, je n'arrivais plus à écrire. Même la phrase la plus anodine me posait des difficultés. À l'idée de ne plus pouvoir exercer mon métier, mon état s'est encore aggravé. Alors j'ai voulu fuir, en Australie, trouver refuge auprès de ma sœur. J'ai donné mon congé et j'ai loué mon appartement... »

Les autorités australiennes refusent à Traudl Junge un permis de séjour définitif, prétextant son rôle dans le Troisième Reich. Après plus de vingt-cinq ans, elle se heurte pour la première fois à un refus à cause de son passé. Elle finit par partir à Sydney en touriste, y séjourne plusieurs mois et se dit qu'à la longue, elle préférerait de toute façon vivre en Allemagne. En 1975, on diagnostique un cancer de l'abdomen qui sera guéri. En 1981, après plusieurs autres emplois dans le journalisme, elle prend sa retraite à soixante et un ans.

Mais elle ne trouve toujours pas la paix. La « mise à jour du passé » en public se met peu à peu en marche en Allemagne. Comme l'un des derniers témoins de l'époque à avoir vécu la fin dans le bunker berlinois du Führer, Traudl Junge est invitée à plusieurs reprises devant les caméras. Phénomène concomitant négatif : des fanatiques nazis et chasseurs d'autographes ne cessent de la pister et veulent serrer la main que le Führer a déjà serrée. Traudl Junge ne veut pas être une « personne publique ». Elle vit retirée, s'occupe d'une vieille amie aveugle, fait de la poterie et enregistre des cassettes audio pour l'association des aveugles. Pour ce faire, elle lit des livres entiers dans le micro.

Aussi paradoxal que cela puisse sembler, Traudl Junge a accompli une distanciation radicale du national-socialisme, auquel elle ne s'est jamais sentie appartenir, tout en ayant contribué à son système. Elle n'a pas construit une existence fictive, mais s'est employée à la franchise vis-à-vis de son prochain. Les années de tourment de sa confrontation avec elle-même ont pris leur sens : elle est devenue plus mûre.

« Je me suis retirée et j'ai ravalé en moi les sentiments de culpabilité, la tristesse et le chagrin. Tout à coup, je suis devenue intéressante en tant que témoin de l'époque, ce qui m'a conduite à un conflit difficile avec ma culpabilité. Car dans ces entretiens, il n'était jamais question de culpabilité, mais de faits historiques. Je pouvais donc raconter sans devoir me justifier. Cette circonstance m'a pesé – et m'a davantage donné à réfléchir. Aujourd'hui, je suis doublement affligée : du destin de ces millions de gens qui ont été assassinés par les nationaux-socialistes. Et de la jeune fille Traudl Humps, à qui l'assurance et la circonspection ont manqué pour protester au bon moment. »

Remerciements

Les auteurs remercient leur lectrice Ilka Heinemann, ainsi que Jochen et Maria Maass. Sans ces trois personnes, ce projet n'aurait pas vu le jour.

Melissa Müller remercie André Heller pour ses sages conseils, Christian Ude et Ursula Raff pour leurs souvenirs instructifs de Traudl Junge, ainsi que les premiers lecteurs, Cjristian Brandstätter, Barbara Bierach et Rüdiger Salat pour leurs remarques précieuses et leurs questions appropriées.

Traudl Junge remercie de tout cœur ses amis, qui remplacent pour elle sa famille. Tous savent de qui il s'agit.

*Ce volume a été composé
par Facompo à Lisieux
et achevé d'imprimer en février 2005
par Bussière à Saint-Amand-Montrond (Cher)
pour le compte des éditions Lattès*

N° d'Édition : 62736/01. — N° d'Impression : 050656/4.
Dépôt légal : février 2005.

Imprimé en France